이 책을 쓴 저자 비 존슨
BEA JOHNSON

존슨 씨네 가족

2011년 1년간 나온 이 집의 쓰레기 총량

이곳이 쓰레기 없는 집

2012년 1년간 나온 이 집의 쓰레기 총량

KB071833

« 부엌

일반 부엌을 쓰레기 제로 부엌으로 만드는 것은 생각만큼 힘들지 않다.

« 욕실

캐비닛과 서랍을 비우고 뭐가 정말로 필요한지 평가하는 것에서부터 시작한다.

옷장 »

완벽하고 다목적으로 이용 가능한 옷들을 갖추는 데는 시간과 연습이 필요하다.

안방과 아이들 방

침실을 친환경화하기 위해 따로 쇼핑할 필요는 없다. 그저 줄이기만 하면 된다.

« 작업실

일은 생산성에 근거하여 평가되어야 한다. 작업 공간은 그걸 최대화해야 한다.

식탁 »

다년간 모아들인 장식품들을 생각해보자. 시각적으로 어수선하고 먼지가 쌓이는 것 외엔 아무 목적이 없다.

« 장난감

정리 체계가 갖춰지고 거기 더해 아이들 장난감 숫자가 적으니 치우기가 빠르고 쉽고 힘들지 않게 되었다.

아이들 옷 »

아이들 옷을 최소한으로 유지하는 것이 소규모 장난감 컬렉션만큼이나 이점이 많다는 것을 알게 되었다.

거실

간소함은 참으로 매력적이다. 일단 작은 집의 이점과 시간 절약 가능성을 깨닫게 되자, 나는 일상 활동을 꼼꼼히 뒤져 더 간소화할 기회를 찾았다.

1. 도시락
도시락을 싸는 데 따로 도시락통을 살 필요는 없다. 필요한 물품은 이미 다 갖고 있을 것이다.

2. 크리스마스 트리
처음에는 트리 대신 관목을 장식하려니 이상하게 여겨졌다. 하지만 요즘은 달리 하는 건 상상도 되지 않는다.

3. 와인
깨끗한 빈 와인 병을 와이너리의 '보틀링 이벤트' 기간에 리필한다.

4. 홈메이드 화장품
일단 내 필수품을 파악하고 나서, 갖고 있는 화장품들을 하나씩 다 쓴 다음에 식품 선반에서 대체품을 찾았다.

나는
쓰레기
없이
살기로
했다

Zero waste home

생활은 가벼워지고 삶은 건강해지는 가장 확실한 방법

나는
쓰레기
없이
살기로
했다

비 존슨 지음 | 박미영 옮김

청림Life

Contents

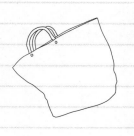

| 한국 독자들에게 |

애초에 나는 미국에서 경험한 쓰레기 없는 생활의 여러 가지를 공유하고자 하는 마음에서 이 책을 썼다. 하지만 쓰레기 줄이기는 미국인들만의 걱정거리가 아니다. 지구에 사는 모든 사람들의 걱정거리이다. 지역이나 경제적인 차이와 상관없이 세계 어디에서라도 이 책에 소개된 간단한 단계를 밟아나가면 가정의 쓰레기를 줄이고 더욱 풍요로운 삶을 살 수 있을 것이다. 한국 독자들과 이 책을 통해 만나게 되어 매우 기쁘다.

불과 몇 해 전까지만 해도 상황은 달랐다. 내겐 280제곱미터 집과 차 2대, 테이블 4개, 의자 26개가 있었다. 그리고 매주 240리터짜리 쓰레기통이 꽉 찼다.

요즘 나는 가진 것이 적을수록 더 부자가 된 기분이다. 쓰레기를 내갈 필요가 없다. 이 모든 것이 몇 년 전에 바뀌었다. 커다란 집이 불타버린 것도 아니고, 내가 불교에 귀의한 것도 아니다.

여기 나의 이야기가 있다.

나는 프랑스 프로방스 지역의 막다른 골목 끝에 위치한 마치 쿠키 틀로 찍어낸 듯한 집에서 자랐다. 작은 농장에서 어린 시절을 보낸 아버지나, 독일의 프랑스군 기지에서 자란 어머니의 환경과도 매우 달랐다. 아버지는 교외 땅을 최대한 활용하고자 애썼다. 따뜻한 계절에는 농가 출신답게 여가 시간을 전부 정원일에 쏟아부으며, 채소를 재배하고 땀으로 흙을 일구었다. 겨울이면 아버지는 나사와 볼트와 부품이 가득 든 서랍장이 벽을 가득 메운 창고로 향했다. 분해하고 고치고 재사용하는 것이 아버지의 취미였다. 아버지는 길가에 버려진 진공청소기, 라디오, 텔레비전, 세탁기를 발견하면 주저하지 않고 차를 세우는 분이었고, 지금도 그렇다. 만약 보기에 고칠 만하다 싶으면 차 뒤에다 싣고는 집으로 가져와, 분해하고 다시 조립한 뒤 어떻게 해서든지 작동하게 만들었다. 심지어 필라멘트가 타버린 전구까지 고쳤다. 아버지는 재주가 있었지만 그 지역에선 그런 능력이 특별하지 않았다. 프랑스 시골 사람들은 물건 수명을 늘리는 손재주를 갖고 있었다. 예를 들어 내가 어렸을 때, 아버지는 오래된 세탁기에서 통을 꺼내 달팽이 덫을 만들어주었고, 세탁기 빈 케이스는 (좀 작고 덥지만) 플레이하우스로 썼던 기억이 난다.

　어린 눈에 우리 집은 어린 시절 재방송으로 열심히 본 〈초원의 집〉[1870년대를 전후한 미국 농촌의 삶을 그린 외화-옮긴이]의 현대판이었다. 비록 교외에 살았고, 두 남자 형제와 나는 잉걸스 남매들처럼 도움이 되지는 못했지만(오빠는 심지어 설거지 수세미 공포증까지 있었다), 아버지는 손재주가 있는 편이었고 어머니는 빠듯한 살림을 꾸려나가는 데 뛰어난 주부였다. 점심과 저녁이면 어머니는 세 코스짜리 식사를 차려냈다. 로라 잉걸스의 어머니처럼, 우리 어머니의 한 주는 교회, 요리, 빵 굽기, 청소, 다리미질, 바느질, 뜨개질, 제철 식품 요리를 중심으로 돌아갔다. 목요일마다 어머니는 직거래 장터에 나가 싸게 파는 천과 실을 찾아 돌아다녔다. 수업이 끝나면 나는 어머니가 옷 패턴을 표시하는 것을 돕고 천으로 정교한 옷을 만들어내는 것을 지켜보았다. 나는 방에서 어머니가 하던 것을 따라 오래된 나일론과 거즈[부모님이 혈액은행에서 받아오신 것]로 바비 인형의 옷을 만들었다. 열두 살에 처음 옷을 바느질했고, 열세 살엔 처음 스웨터를 완성했다.

이따금 벌어지는 남매간의 아웅다웅만 제외하면 행복한 가족으로 보였다. 하지만 오빠와 동생 그리고 내가 인식하지 못했던 부모님 사이의 틈새가 결국은 슬픈 이혼 분쟁으로 끝나고 말았다. 열여덟 살 때, 정신적이고 금전적인 고난에서 벗어나기 위해 나는 일 년간의 오페어외국 가정에 입주하여 언어를 배우며 가사 일을 하는 젊은 여성-옮긴이 계약을 맺고 캘리포니아로 향했다.

그 한 해 동안 나는 이상형의 남자 스콧과 사랑에 빠졌는데, 나중에 결혼하게 될 줄은 꿈에도 몰랐다. 그는 프랑스 여자애들이 꿈에 그리는 서퍼 타입은 아니었지만, 정 많은 사람으로 내게 무척이나 필요하던 정서적 안정감을 주었다. 우리는 함께 세계를 여행했고 외국에서 살았지만, 내가 임신하자 TV에서 봤던 미국식 열혈 엄마로서의 삶을 살아보고 싶다는 마음에 미국으로 돌아왔다.

나의 아메리칸 드림

우리 아들들, 맥스와 곧 이어 레오가 나의 아메리칸 드림의 혜택 속에 태어났다. 높은 천장, 거실과 응접실, 붙박이장, 차가 세 대나 들어가는 차고, 잉어 연못이 딸린 샌프란시스코 교외 막다른 골목 끝에 위치한 280제곱미터의 현대적인 집에서 우리는 SUV와 대형 텔레비전, 그리고 개 한 마리를 갖고 있었다. 커다란 냉장고 두 대에 음식을 채워넣고 업소용만큼 큰 세탁기와 건조기를 일주일에 몇 번씩 돌렸다. 우리 집에 잡동사니가 가득 들어차 있었다거나 내가 무조건 새것만 샀다는 뜻은 아니다. 부모님에게 물려받은 근검 정신으로 나는 중고 가게를 돌아다니며 옷이며 장난감과 가구를 샀다. 그럼에도 불구하고 집 옆에 놓인 지나치게 큰 쓰레기통에는 산더미 같은 쓰레기가 매주 쌓였다. 하지만 우리는 재활용을 하기 때문에 환경 영향 차원에서 잘하고 있다고 믿었다.

7년 동안 스콧은 회사 내에서 승진을 거듭하여 반년에 한 번씩 해외여행과 화려한 파티를 즐겼다. 또한 비싼 육류 위주의 기름진 식단을 유지하고 회원제 수영장을 이용했으며 매주 마트에서 쇼핑하고 한 번만 쓰고 내던진 물품들을 칸칸이 선반에 쌓아두는 등 아주 안락한 삶을 누렸다. 우리는 금전적 걱정 없이 살았고, 금발머리에 인공 태닝, 입술을 부풀리는 시술에 이마 보톡스 시술까지 바비 인형 같은 외모를 돈으로 유지할 수 있을 만큼 넉넉한 삶을 살았다. 심지어 머리 길이를 연장한다거나 비싼 네일아트, '유럽 래핑'^{비닐 랩을 온몸에 단단히 감고 실내 자전거 운동기구를 타는 것}까지 해봤다. 우리는 건강했고 근사한 친구들이 있었다. 모든 것을 가진 듯했다.

그러나 무언가 이게 아니라는 느낌이었다. 나는 서른두 살이었고, 마음 깊은 곳에선 내 인생이 이대로 고정된다는 생각에 두려워졌다. 우리는 거의 앉아서 생활했다. 큰 도로와 상점가가 자리한 베드타운인 동네에서, 너무 많은 시간을 차 안에서 보냈고 걷는 시간은 부족했다. 스콧과 나는 활동적인 삶을, 외국에서 살 때 도시의 거리를 누비던 때를 그리워했다. 카페와 빵집에 걸어서 다니던 것이 그리웠다.

간소함으로의 변화

우리는 샌프란시스코 만 건너편, 활동적인 유럽 스타일 시내를 자랑하는 밀 밸리로 이사가기로 결정했다. 집을 팔고 딱 필요한 물품만 들고 임시 아파트로 이사한 다음, 나머지 이삿짐은 나중에 무어^{아프리카 북부}^{이슬람-옮긴이} 실내장식 스타일과 거기 맞춘 가구 세트가 다 들어갈 집을 찾을 수 있으리라 믿고 일단 보관창고에 맡겼다.

이 과도기에 우리는 가진 것이 적을수록 즐겨 하던 일들을 할 시간이 생긴다는 깨달음을 얻게 되었다. 매주 주말마다 잔디를 깎고 커다란 집과 거기 들어찬 물건들을 관리하며 시간을 보낼 필요가 없게 되니, 온 가족이 함께 자전거를 타고, 산책하며, 소풍가고, 새로 이사 온 해안 지역을 돌아보며 시간을 보냈다. 가슴이 확 뚫리는 듯했다. 드디어 스콧은 아버지의 말씀에 담겨 있던 진실을 깨우쳤다.

"잔디밭 가꾸기에 그렇게 많은 시간을 쏟아붓지 않았더라면 좋았을 것을……."

부엌 구석을 장식하고자 사들였던 수많은 식기 세트들과 예전 집 뒤뜰에 있던 파티오^{집 뒤쪽에 만드는 테라스 형태-옮긴이} 두 개를 보자, 나 역시 친구 에릭의 말이 떠올랐다.

"집 하나에 앉을 데가 몇 군데나 필요한 거야?"

나는 보관창고에 둔 물건 상당수가 아쉽지 않다는 것을, 집에 필요하지도 않은 물건을 채워넣느라 어마어마한 시간과 엄청난 자원을 썼음을 깨달았다. 예전 집을 꾸미기 위한 쇼핑은 쓸모없는 시간 낭비,

외출해서 분주하게 시간을 보내기 위한 구실이었다. 우리가 창고에 두고 있는 물건들의 상당수가 커다란 방을 채우는 것 외에는 실제 쓸모가 없음이 분명해졌다. 우리는 '물건'에 지나치게 높은 가치를 두고 있었고, 간소함을 추구하는 편이 우리에게 좀 더 충만하고 의미 있는 삶을 가져다주리라는 것을 깨달았다.

1년 동안 250채의 집을 둘러보고 마침내 우리와 딱맞는 집을 찾았다. 1921년에 지어진 137제곱미터의 주택으로, 잔디밭은 없으며, 원래 우리 예산에 맞는 매물이 없다고 들은 중심가 바로 근처였다. 밀밸리의 집값은 플레전트 힐의 두 배였고, 우리 옛날 집을 판 돈은 집값의 절반밖에 되지 않았다. 하지만 산책로, 도서관, 학교, 그리고 카페에 걸어서 갈 수 있는 곳에 사는 것이 꿈이었고, 집 크기를 줄여 이사할 각오가 되어 있었다.

처음 이사왔을 때 차고와 지하실에는 이전 살림 가구가 들어차 있었으나 우리는 천천히 새집에 맞지 않는 것들을 팔아버렸다. 진짜로 사용하지 않거나 필요하지 않은 것들은 치워버려야 했다. 이것이 우리 정리정돈의 모토가 되었다. 우리가 정말로 자전거 트레일러, 카약, 롤러블레이드, 스노보드, 태권도 장비, 권투 글러브, 자전거 거치대, 킥보드, 농구 골대, 보체 공, 테니스 라켓, 스노클, 캠핑 장비, 스케이트보드, 야구 배트와 글러브, 축구 골대 네트, 배드민턴 세트, 골프 클럽, 그리고 낚싯대를 쓰고, 필요로 한단 말인가? 스콧은 처음에 그것들을 떠나보내길 힘들어했다. 그는 스포츠 활동을 좋아했고, 힘들여 그 모든 장비를 갖추었다. 하지만 결국엔 자신이 정말 즐거워하는 일

을 하기 위해선 결정을 내려야 하고 골프 클럽에 먼지나 쌓이게 두느
니 좀 더 적은 활동에 집중하는 쪽이 낫다는 것을 깨달았다. 그래서
몇 년 사이, 우리는 소유물의 80퍼센트를 처분했다.

간소함에서
쓰레기 줄이기로

간소화를 실천에 옮기면서, 나는 엘레인 제임스의 간소함에 관한 책
으로부터 도움을 얻었고, 로라 잉걸스 와일더의 『초원의 집』시리즈
를 다시 찾아보았다. 이 책들은 우리로 하여금 일상을 되돌아보는 계
기가 되었다. 텔레비전을 끊고 카탈로그와 잡지 정기 구독을 취소했
다. TV와 쇼핑이 시간을 차지하지 않으니, 이제 우리 관심 영역 밖에
있었던 환경 문제에 대해 스스로 공부할 시간이 생겼다. 『자연 자본
주의』『요람에서 요람으로』『마이클 폴란의 행복한 밥상』 같은 책들
을 읽었고, 넷플릭스를 통해 〈지구 *Earth*〉 〈홈 *Home*〉 같은, 살 곳을 잃은
북극곰이나 혼란스러워하는 물고기를 그린 다큐멘터리를 보았다. 건
강하지 못한 식단과 무책임한 소비의 지대한 영향에 대해 배웠다. 지
구가 얼마나 심각한 위험에 처해 있는지, 그뿐만 아니라 우리의 부주
의한 일상에서의 결정이 아이들에게 남겨줄 세상의 상황을 더욱 악
화시키고 있다는 것을 처음으로 이해하게 되었다.

　우리는 자동차를 광범위하게 사용하고 있었으며, 일회용 비닐봉

지에 점심을 싸서 다니고, 페트병에 든 물을 마시고, 종이타월과 휴지를 마구 뽑아 쓰고, 집 청소와 몸 가꾸기에 셀 수 없이 많은 독성 성분을 이용해왔다. 내가 플레전트 힐에서 식품 봉지로 가득 채웠던 쓰레기통과 비닐에 싸인 채 전자레인지에 데운 냉동 요리도 뇌리를 스쳤다. 아메리칸 드림의 모든 혜택을 누리는 사이, 우리가 얼마나 생각 없는 시민이자 소비자가 되었는지 깨달았다. 어떻게 우리 행동의 결과에 대해 이렇게도 무심할 수 있었을까? 아니, 신경 쓴 적이 있었던가? 우리 아들들, 맥스와 레오에게 뭘 가르치고 있었단 말인가? 한편으로는 새로 알게 된 사실로 인해 눈물이 나고 그렇게 오랫동안 까맣게 모른 채 살았다는 것에 화가 났다. 다른 한편으로는 아이들의 미래를 위해 우리의 소비 습관과 생활방식을 극적으로 바꿀 힘과 결의를 얻었다.

스콧은 자신의 이론을 실천에 옮기고 싶은 마음이 굉장히 강했고, 지속가능성 컨설팅 회사를 세우기 위해 다니던 직장을 그만두었다. 우리는 이제 비용을 감당할 수 없게 된 사립학교에서 아이들을 전학시켰고, 나는 우리 가정을 친환경화하는 데 매진했다.

재활용이 우리의 환경 위기에 대한 해답이 될 수 없으며 플라스틱이 해양 생태계를 망치고 있다는 새로운 지식을 접하고, 일회용품을 재사용 가능한 물병과 장바구니로 바꾸었다. 그저 필요할 때 잊지 않고 챙겨가기만 하면 되었다. 쉬웠다. 그다음 나는 유기농 매장에서 쇼핑을 시작했고, 지역 생산품과 유기농 제품이 비용을 좀 더 지불할 만한 가치가 있으며, 벌크 코너에서 쇼핑하면 낭비 심한 포장재 사용을 피할 수 있다는 것을 알았다. 그래서 나는 농산품을 담을 그물망 주머니를 마련하고 벌크 제품용으로 오래된 시트를 꿰매 천 주머니를 만들었다. 나는 이 주머니들을 일회용 케이블타이가 필요하지 않은 디자인으로 만들었다. 빈 병들과 저장용 유리병을 모으는 사이, 나는 천천히 포장제품 소비를 줄여갔으며 곧 식품 저장 선반이 벌크 제품으로 가득 차게 되었다. 어쩌면 나는 벌크 쇼핑에 중독되었다고 말할 수도 있었다. 구매처를 찾아 먼 지역까지 차를 몰고 다녔다. 오래된 시트를 자르고 바느질해서 10여 장의 주방타월을 만들고 극세사 천을 사서 종이타월 사용을 끊었다. 스콧은 뒷마당에 퇴비 더미를 만들기 시작했고, 나는 산책 중에 눈에 띄는 들풀의 쓸모를 배우려고 식물학 수업에 등록했다.

부엌 쓰레기에 집착하면서, 욕실은 그냥 넘겼지만 곧 그곳에서도 쓰레기 없는 대안을 시도해보기에 이르렀다. 6개월간 나는 베이킹소다로 머리를 감고 사과식초로 헹궜지만 스콧이 침대에서 나는 식초 냄새를 더 이상 견디지 못하게 되어, 대신 유리병에 벌크 샴푸와 린스를 채우는 것으로 낙착을 보았다. 플레전트 힐에서 쇼핑으로 맛보던 흥분은 이제 우리 집을 친환경화하고 스콧의 창업으로 인해 허리띠를 졸라매고 돈을 절약할 새로운 방법을 익히는 흥분으로 대체되었다.

맥스와 레오도 자기들 몫을 해내어 자전거로 학교에 다니고, 누가 더 짧게 샤워하나 경쟁하고, 전등을 끄고 다녔다. 하지만 어느 날 지역 유기농 매장에 현장학습을 나간 레오네 반 보호자로 따라갔을 때, 벌크 식품 코너에서 아이가 "왜 벌크로 사는 게 친환경적일까?"라는 선생님의 질문에 더듬거리는 것을 보았다. 우리가 아이들에게 아직 쓰레기 줄이기 노력에 대해 알려주지 않았음을 그 순간 깨달았다. 집에서 구운 쿠키를 매일 주니까 아이들은 가공식품을 아쉬워할 일이 없었던 것이다. 그날 밤 나는 우리 집의 별난 식품 선반 구성의 이유와 방법에 대해 설명해주고 아이들이 의식하지 않은 채 이미 수용한 다른 변화에 대해 이야기했다. 이제 아이들이 의식하게 되고 전 가족이 적극적으로 참여하게 되자, 우리는 '쓰레기 제로'에 도전할 수 있었다. 모든 쓰레기를 없앨 수 있을지는 모르지만, 제로를 향해 노력하다 보면 최대한 가까운 목표가 생기고, 우리의 쓰레기 처리 과정을 면밀히 검토하고 아주 작은 것 하나까지 검토해볼 수 있을 것이다. 우리는 전환점에 도달했다.

쓰레기 제로의
한계를 시험하다

다음 단계로 나아가는 데 참고하려고 나는 우리 쓰레기통과 재활용통에 남은 것들을 조사해보았다. 쓰레기통에선 고기, 생선, 치즈, 빵, 버터, 아이스크림 포장과 화장실 휴지가 나왔다. 재활용통에선 종이, 토마토 캔, 빈 와인 병, 머스터드 병, 두유 팩이 나왔다. 나는 그 모든 것을 없애버리기로 마음먹었다.

  마트 육류 카운터에서 유리병을 내미는 것으로 시작했다. 그러자

지나가던 사람들과 직원들로부터 눈길을 받으며 이런저런 말을 들었다. 담당 직원에게 "쓰레기통이 없어서요."라고 설명하는 것이 나의 예비 전략이 되었다. 매주 주문하는 빵을 담으려고 베이커리 코너에 가져간 천 주머니는 처음엔 이런저런 말을 들었지만 곧 일상적인 관례로 받아들여졌다. 새 직거래 장터가 열린 참에 도전하여 신선한 토마토를 겨울에 먹을 병조림으로 만들어두었다. 빈 병에 레드와인을 리필해주는 와이너리를 찾아냈고, 아이들이 학교에서 가져온 출력물로 이면지를 만들었으며, 우편함에 들어오는 광고 우편물들과 씨름했다. 나는 빵을 반죽하고, 재료를 섞어 머스터드를 만들고, 요구르트를 발효시키고, 치즈를 만들고, 콩즙을 걸러 두유를 만들고, 크림을 저어 버터를 만들고, 재료를 녹여 립밤을 만들었다.

어느 날 손님이 포장제품 디저트를 들고 우리 집에 나타났다. 그때 깨달았다. 친구와 가족들의 도움 없이는 쓰레기 제로 목표를 달성할 수 없으리라는 것을. 가게에서 '벌크 제품'을 그리고 일회용보다는 '재사용 가능한 물품'을 살 때 쓰레기 제로가 시작된다는 것을. 또한 친구들에게 내 집에 쓰레기를 들이지 않도록 부탁하고 필요 없는 공짜를 거절하는 것에서부터 시작한다는 것을. 우리는 지속가능성을 위한 주문 즉 '줄이기, 재사용하기, 재활용하기, 썩히기'에 '거절하기'를 추가했다. 그리고 우리 생활방식의 논리를 알리기 위한 블로그를 시작하여 친구와 가족들에게 우리의 노력은 진심이며 쓰레기 제로 목표가 진지하다는 것을 알리고자 했다. 나는 원치 않는 케이크 상자나 파티 참석 선물, 광고 우편물이 더 이상 들어오지 않기를 바랐고,

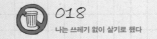

내 아이디어를 전파하고 다른 이들이 생활을 간소화하는 것을 돕기 위한 컨설팅 사업을 시작했다.

우리는 곧 재활용품에서 이따금 오는 우편물, 학교 출력물, 빈 와인 병을 걸러냈다. 나는 재활용 제로를 목표로 하였고, 매년 가는 프랑스 여행을 앞두고는, 돌아와서 재활용통을 아예 없애버리고 쓰레기 제로의 다음 단계로 나아가는 것을 꿈꿨다.

균형을 찾다

공항과 기내에서 본 그 많은 쓰레기에 나는 현실로 돌아왔다. 나는 허상 속에 살고 있었다. 세상은 언제나 그랬듯이 쓰레기 투성이였다. 하지만 '보통' 가정(어머니 집)에서 보낸 두 달은 긴장을 풀고 비판과 짜증을 털어버리기 위해 필요했던 휴식이 되었다. 또한 한 발짝 물러나 쓰레기 제로를 향한 나의 절박한 시도를 좀 더 넓은 관점에서 볼 수 있게 되었다. 나의 실천 중 많은 부분이 사회적으로 제한적이고 시간이 걸려 지속불가능하다는 것을 분명히 알게 되었다. 매주 쿠키를 굽는 데 필요한 양을 생각하면 버터 만들기는 비용이 너무 들었고, 치즈는 카운터에서 그냥 살 수 있다는 점을 고려하면 공이 많이 들고 불필요했다. 쓰레기 제로를 과도하게 실천했음을 나는 깨달았다. 심지어 화장실 휴지 대신 쓰려고 이끼를 모으기까지 했으니. 맙소사!

결국, 우리 자신이 편하게 마음먹고 어떤 균형을 찾는다면 쓰레기 제로를 지속할 가능성이 좀 더 높아 보였다. 쓰레기 제로는 생활방식의 선택이며, 오랜 기간 실천에 옮기려면 실제 생활 속에서 실행가능하고 편한 것으로 만들어야 했다. 집으로 돌아와서 나는 쓰레기 줄이기로 얻은 이점을 놓치지 않으면서 극단적인 요소는 털어내는 데 집중했다. 먼 곳까지 가서 벌크 제품을 사오는 경향을 재점검하고 대신 가능한 지역 공급자를 찾는 것으로 만족했다. 또한 아이스크림 만들기를 그만두고 근처 배스킨라빈스에 가 병에 담아 사왔다. 우리는 손님들이 가져온 와인을 받아들이고 재활용 제로는 포기했다. 버터 만들기 역시 그만두고 상점 제품의 포장지를 퇴비화하는 것으로 양보하였다. 한 달 안에 쓰레기 제로는 쉽고 재미있으며 간단하고 스트레스 없는 일이 되었다.

포장 쓰레기를 줄이려고 직거래 장터와 친환경·유기농 벌크 상품에 열광하던 나로 인해 결국은 살림이 거덜날지도 모른다는 두려움에 시달리던 스콧은 시간을 내어 우리 집의 지출을 분석했다. 그는 우리의 예전 생활2005년과 새로운 생활2010년의 비용을 비교했으며, 지난 은행 입출금 내역과 아들 둘이 훨씬 더 많이 먹게 되었음을 고려했다. 그런데 놀라웠다. 연간 지출의 거의 40퍼센트를 절감했던 것이다. 그의 분석적 사고 덕분에 우리는 금액과 시간을 절약하고 두려움을 떨치게 되었다.

요즘 우리는 쓰레기 제로를 편안하게 여기고 있다. 우리 가족 네 사람은 일상에서 습관처럼 실천하고 생태학적으로 뿌듯하다는 측면을 뛰어넘어 생활방식의 혜택을 온전히 누릴 수 있게 되었다. 쓰레기

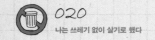

제로 대안을 성취함에 따라 우리는 뚜렷하게 삶이 개선되는 것을 알아챘다. 분명한 건강 측면에서의 이점과 상당한 금전과 시간상의 절약. 우리는 쓰레기 제로가 궁핍하지 않다는 것을 알았다. 쓰레기 제로를 통해 나는 삶의 의미와 목적의식을 찾았다. 나의 삶은 변화했다. 물건보다 경험에, 현실을 부정하고 고개를 돌리기보다 변화를 기꺼이 수용하는 것에 기반한 삶으로.

이 책에 관하여

우리의 환경, 경제, 건강은 위기에 처해 있다. 천연자원은 바닥을 드러내고 있고, 경제는 불안하며, 건강 수준은 하락하였고, 삶의 질은 낮아졌다. 이런 어마어마한 문제들에 직면하여 한 개인이 무엇을 할 수 있을까? 감당할 수 없는 이러한 현실에 둔해질 수도 있겠지만, 개별 행동이 중요하며 변화는 우리 손에 달렸음을 명심해야 한다.

천연자원은 바닥을 드러내고 있으나 우리는 석유제품을 구입하고 있다. 경제는 허약하지만 우리는 비싼 명품에 빠져 있다. 보편적 건강 수준은 하락하고 있으나 우리는 가공식품을 섭취하고 집에 독성물질을 사들이고 있다. 우리는 소비 활동을 통해 특정 제조양식을 지지하고 더 많은 수요를 창출함으로써 곧장 우리의 환경, 경제, 건강에 영향을 준다. 달리 말하면 쇼핑은 투표이며, 우리가 매일 내리는 결정이 영향을 준다는 것이다. 우리에게는 우리 사회를 병들게 하거나 낮게 할 선택권이 있다. 친환경적 생활방식을 도입하지 않더라도 우리는 굳이 재활용 이상의 많은 것을 할 수 있는 방법을 찾고 싶어 한다. 쓰레기 제로는 우리가 직면한 도전을 맞이할 때 뭔가 해냈다는 기분을 즉각적으로 느낄 수 있는 방법이다.

　이 책은 다른 책들에서 다룬 전형적인 친환경적 대안 이상의 것을 알려줄 것이다. 이 책은 단지 더 나은 환경만이 아니라 더 나은 삶을 만들기 위해 잡동사니를 떨쳐내고 재활용하도록 이끌고 있다. 오늘날 우리가 선택할 수 있는 유지 가능하며 쓰레기 없는 자원을 이용하여 더욱 풍요롭고 건강한 삶을 살아갈 수 있는 실용적이고 검증된 해결책을 제공한다. 다음의 단순한 체계를 따르기만 하면 된다. (필요하지 않은 것을) 거절하기, (필요한 것을) 줄이기, (소비한 것을) 재사용하기, (거절하거나 줄이거나 재사용할 수 없는 것을) 재활용하기, 그리고 나머지는 썩히기(퇴비화).

　지난 몇 년간 나는 사람들이 우리의 생활방식을 제각각 받아들인다는 것을 알게 되었다. 예를 들자면 어떤 이들은 우리가 정크푸드를 사지 않는다고 너무 극단적이라고 생각한다. 다른 이들은 우리가 화장실 휴지를 사거나 일주일에 한 번 고기를 먹거나 가끔 비행기 여행을 하기 때문에 충분하지 못하다고 말한다. 우리에게 중요한 것은 다른 사람들의 생각이 아니라 우리가 하는 일에 대해 스스로 얼마나 뿌듯하게 느끼느냐다. 우리가 쓰레기 제로에 공을 들일 만한 가치가 있다고 느낀 부분은 기존에 형성된 제약이 아니라 그 무한한 가능성이다. 그리고 나는 우리가 배운 것을 공유하여 다른 사람들이 더 나은

삶을 살 수 있게 된다는 생각에 들떠 있다.

이 책은 완전한 쓰레기 제로를 성취하고자 하는 내용이 아니다. 현재의 제조업 실상을 고려해보면, 완전한 쓰레기 제로는 분명 오늘날 가능하지 않다. 쓰레기 제로는 이상적인 목표로, 가능한 한 가까이 다가가기 위한 당근 같은 것이다. 이 책을 읽는 이들이 전부 내가 언급한 모든 것을 실행에 옮기거나 연간 가정 쓰레기를 우리 가족처럼 1리터 병까지 줄이는 정도에는 도달하지 못할 것이다. 하지만 한 사람이 얼마나 많은 쓰레기를 배출하는지는 중요하지 않다. 요점은 환경에 우리의 구매력이 미치는 영향을 이해하고 그에 맞춰 행동하는 것이다. 모든 이들이 자신의 삶에서 가능한 변화를 도입할 수 있다. 그리고 지속가능성을 향한 변화라면 작은 것이라도 우리 지구와 사회에 긍정적인 영향을 미칠 수 있다.

나 같은 관점을 지닌 사람이 종이책을 출간하기로 결정했으니 많은 이들이 의아하게 여기리라고 본다. 하지만 가치 있는 정보가 전자 기기로 읽을 수 있는 사람들에게만 공개되어야 할까? 이 시점에서 종이책은 내게 최대 다수의 독자에게 닿을 수 있는 방법이다. 나는 쓰레기 제로를 가능한 한 널리 전파하는 것이, 우리의 과소비 패턴을 바꾸기 위해 모든 노력을 기울이고, 우리 건강에 영향을 미치고 유한한 자원을 이용하는 기업체들이 제품에 책임을 지도록 장려할 수 있다고 생각하고, 이것이 나의 도덕적 의무라고 믿는다.

이 결정에 대해 오랫동안 생각했다. 그리고 한 사람이 매일 배출하는 생활 쓰레기를 줄이도록 이끌 수 있다면 책 한 권의 환경 측면

대가를 치를 만하다고 믿는다. 나 자신이 열렬한 도서관 이용자임을 감안하면 종이책으로 내지 않는 쪽이 위선적이라고 생각하며, 당신이 책을 다 읽고 나서 더 이상 필요하지 않게 되면 도서관에 기증하거나 친구에게 주길 바란다.

이 책은 과학책이 아니다. 통계와 확고한 자료는 내 전문 분야가 아니다. 수많은 저자들이 우리 사회가 쓰레기 제로를 수용해야 할 긴박한 상황에 놓여 있다는 증거를 훌륭하게 분석했다.『102톤의 물음』에서는 우리 쓰레기 문제 뒤에 가려진 추악한 진실을 폭로했고,『슬로우 데스』에서는 일상 가정용품에 들어 있는 독성물질에 대한 경계심을 촉구했다. 이 책은 다르다. 이 책은 내 경험에 근거한 실용적 가이드이다.

가정에서 최대한 쓰레기 제로에 가까워질 수 있는 검증된 방법을 독자들에게 제공하는 것이 나의 목표이자 야심이다. 성공한 방법과 완전히 실패한 방법을 알려줄 것이다. 어떤 사람들은 발만 담그는 정도에 머무르고 또 어떤 사람들은 끝까지 밀어붙이기로 실천할 수도 있을 것이다. 어떤 경우든 간에 개인적 혹은 지리적 환경에 관계없이 뭔가 유용한 대안을 이 책에서 찾을 수 있기를 바란다.

가정은 성역이어야 한다. 어머니로서, 아버지로서, 시민으로서 우리는 일상적 결정과 행동을 통해 세계에 긍정적인 변화를 가져올 의무까지는 아니라 해도 그럴 권리가 있고, 분명히 그럴 힘이 있다. 더 밝은 미래는 가정에서 시작된다. '쓰레기 없는 우리 집'에 온 것을 환영한다.

｜알림｜

- 이 책에서는 식품에 한정하지 않고 어떤 형태든 비포장으로 판매되는 모든 상품을 벌크 Bulk라고 칭한다.

- 벌크 판매점을 찾는 무료 앱 '벌크Bulk'를 참고하여 미국이나 캐나다 어디에서든 가까운 벌크 판매점 위치를 알 수 있다.

- 장마다 언급된 사이트는 책의 뒤쪽 참고자료에 정리해두었다.

Chapter
01

:

쓰레기 제로의
삶은
어떤 변화를
불러올까?

우리는 밤이면 쓰레기통을 길거리에 내놓고, 다음날 아침 일어나 보면 시리얼 봉지와 더러운 종이타월은 마치 마법처럼 사라지고 없다. 하지만 "그건 내다 버렸어"라고 말할 때 그 의미는 정확히 무엇인가? 내다 버림으로써 쓰레기가 우리의 시야에서 사라졌을지는 몰라도, 우리의 머릿속에서도 사라진다면 곤란하다. 환경미화원이 쓸어간다 한들 폐기물이 그냥 증발하는 것은 아니기 때문이다. 우리의 쓰레기는 매립지에 이르러 소중한 환경을 파괴하고, 독성 화합물을 공기와 토양에 퍼뜨리고, 그 버려진 상품들을 만들기 위해 쓰였던 자원을 헛되게 만들며, 처리하는 데 매년 수십 억 달러가 들어간다.

그렇기에 '쓰레기 제로'가 중요하다. 쓰레기 제로란 무엇인가? 이는 가능한 한 쓰레기 발생을 피하려는 여러 실천에 기반을 둔 사상이다. 제조업에서는 '요람에서 요람으로'^{C2C, 제품이나 원료 사용 후 폐기하여 무덤으로 향하}는 것이 아니라 재탄생(요람)으로 되돌리자는 국제적 친환경 인증-옮긴이_로 표현되며, 집에서는 소비자들이 책임감을 갖고 행동하는 것이다. 많은 이들이 이것을 그저 광범위한 재활용과 관련된 것이라고 오해하지만 오히려 그 반대로, 쓰레기 제로는 재활용을 우선시하지 않는다. 그보다는 재활용 과정에서의 불확실성과 비용을 고려한다. 재활용은 폐기물 처리에서 하나의 대안일 뿐이고(아예 생기지 않게 하는 것이 이상적이다), 쓰레기 제로 모델에 포함되어 있기는 하지만 매립^{퇴비화} 전의 마지막 방법일 뿐이다.

가정 내 쓰레기 줄이기는 다음의 다섯 가지 단계를 따르면 상당히 쉽고 간단하다. 필요하지 않은 것은 거절하기^{Refuse}, 필요하며 거절할 수 없는 것은 줄이기^{Reduce}, 소비하면서 거절하거나 줄일 수 없는 것은

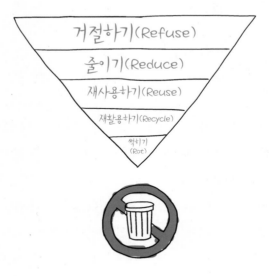

재사용하기^{Reuse}, 거절하거나 줄이거나 재사용할 수 없는 것은 재활용하기^{Recycle} 그리고 나머지는 썩히기^{Rot, 퇴비화}. 다섯 가지 R을 차례대로 실행하면 자연스럽게 아주 약간의 쓰레기만 배출된다. 첫 번째와 두 번째 단계는 쓰레기 발생을 막으며, 세 번째 단계는 신중한 소비, 네 번째와 다섯 번째 단계는 폐기물 처리를 다루고 있다.

첫 번째 단계 : 거절하기

...

집에서 텔레비전 앞에 앉아 먹고 싶은 것 먹고, 모조리 다 쓰레기통에 집어넣고, 청소차가 가져가게 그냥 길에 내놓기란 아주 쉬운 일이다. 하지

만 그 쓰레기는 어디로 갈까?

_다큐멘터리 〈쓰레기 세상〉 중

우리 가족이 쓰레기 제로의 길에 나섰을 때, 가정에서의 쓰레기 제로 실행은 사실상 집 밖의 행동에서부터 시작한다는 것을 곧 깨달았다.

소비 축소는 쓰레기 줄이기의 중요한 측면이지만(소비하지 않으면 결과적으로 버릴 것도 없다), 소비는 온전히 쇼핑을 통해서만 벌어지지 않는다. 집 문고리에 걸린 세탁소 광고지나 마당에 떨어진 조경 관리 서비스 팸플릿 봉지를 집어드는 순간부터 소비는 시작된다. 직장에선 여기저기서 명함을 받고 회의가 끝날 무렵엔 한 무더기가 생겨난다. 컨퍼런스에선 참가 기념품 봉투를 집어든다. 이미 집에 평생 쓰고도 남을 펜이 있는데도 '와, 펜이다!'라고 생각한다. 집에 돌아가는 길에 와인 한 병을 산다. 우리가 뭐라 말하기도 전에 이미 이중 쇼핑백에 영수증과 함께 포장된다. 그런 다음 차로 돌아와 앞유리 와이퍼 아래 끼워진 광고지를 빼낸다. 집에 도착해서는 우편함을 확인해보고 광고물이 가득한 것을 발견한다.

쓰레기 제로는 직간접적인 형태의 소비를 다 고려한다. 첫 번째 단계인 거절하기는 간접적 형태, 우리 삶에 파고드는 전단지와 광고지 등을 다룬다. 이 중 상당수를 재활용할 수는 있겠지만, 쓰레기 제로는 더 많이 재활용하자는 운동이 아니다. 불필요한 쓰레기에 대해 조치를 취하고 애초에 우리 집에 들어오지 못하게 막자는 것이다.

우리가 받아들고 가져갈 때마다 더 많이 만들라는 수요가 창출된다. 달리 말하자면, 이런 충동적인 수용이 소모적인 관행을 용납하고 강화시키는 것이다. 식당에서 우리가 마시지도 않을 물을 잔에 따르고 쓰지도 않을 빨대를 꽂아주는 것을 그냥 방치함으로써 우리는 '물은 중요하지 않아요' '더 많은 일회용 빨대를 만들어주세요'라는 메시지를 말하는 셈이 된다. 호텔 방에서 '공짜' 샴푸를 가져오면 대체품을 만들기 위해 더 많은 석유를 채굴하게 될 것이다. 수동적으로 광고지를 받아들면 어딘가에서 더 많은 광고지를 만들기 위해 나무가 채벌될 것이며, 하찮은 것을 처리하고 재활용하느라 우리 시간을 불필요하게 쓰게 될 것이다.

소비 지향적인 사회에서 거절할 기회는 널려 있고, 여기에 고려해 볼 만한 영역 네 가지가 있다.

일회용 플라스틱

일회용 비닐봉지, 플라스틱 병·컵·뚜껑·빨대·식기류. 잠깐 이용하고 버려지는 플라스틱 사용은 독성 산업을 지원하고, 우리 토양이나 식품, 몸으로 유독한 화학물질이 스며들도록 방조하는 것이다. 그리고 종종 재활용되지 않거나 재활용할 수 없으며 생분해되지 않는 물품 생산을 보조하는 셈이 된다. 이러한 물품들은 태평양의 거대 쓰레기 섬과 같은 해양 오염과 일상에서 우리 주위에, 길가에, 시내에, 공원과 숲에 보이는 환경오염의 근원이다. 이 문제는 어마어마하게 위압적이지만, 우리는 일회용 플라스틱을 거절하고 다시는 쓰지 않겠다고 결심할 수 있다. '결심'은 목적 달성에 지극히 효율적이다. 일회

용 플라스틱은 어느 정도의 계획성과 재사용으로 쉽게 피할 수 있다.

증정품

호텔 방의 세면용품, 파티 참석 선물, 식품 샘플, 컨퍼런스·시상식·이벤트·축제에서의 기념품…. 당신이 무슨 말을 할지 짐작한다. "아, 하지만 그건 공짜인데요!" 정말 그럴까? 무료 증정품은 주로 플라스틱 제품이고 싸구려로 만들어져 금방 부서진다(파티 참석 선물은 일회용 플라스틱 제품보다 더 오래 가지 못하는 경우도 잦다). 제조품이나 플라스틱 생산품은 무엇이든 상당한 탄소 발자국을 남기며 그와 관련되어 환경 면에서 대가를 치러야 한다. 그런 증정품을 가져오면 또한 집에 잡동사니가 늘어나고 보관과 처리 비용이 발생한다. 증정품을 거절하려면 강한 의지가 필요하지만, 몇 번 시험 삼아 실행에 옮겨보면 곧 개선된 삶을 접하게 될 것이다.

광고 우편물

수많은 사람들이 별 생각 없이 광고 우편물을 우편함에서 꺼내 곧장 재활용함에 갖다 넣는다. 하지만 이 간단한 행동이 집약되어 매년 1000억 통의 광고 우편물의 발송을 지속가능하게 하는 결과를 낳는다. 광고 우편물은 삼림 파괴에 기여하며 귀중한 에너지 자원을 소모한다. 도대체 무엇을 위해? 근본적으로 이는 우리의 시간과 세금을 낭비하는 일이다. 또한 나의 쓰레기 제로 과정에서 가장 짜증나는 부분이었다. 내 집에 쓰레기가 들어오지 못하게 막을 수는 있는데 우편함은 막지 못한다는 사실을 도무지 받아들일 수 없었다.

지속가능성을 무시한 관행

'전통'이라는 이유로 아이들의 행사에 개별 포장된 간식을 가져가는 것에서부터, 결코 다시 들여다보지 않을 영수증이나 명함을 받는 것, 과대포장 상품을 구매하며 제조사에게 변화를 촉구하지 않고 그냥 버리는 일 등이 포함된다. 소비자들은 또한 생산자와 판매자에게 원하는 바를 알림으로써 소모적 과정을 변화시킬 수 있다. 예를 들어, 영수증을 거절하는 사람들이 늘어나면 대안에 대한 필요가 생겨날 것이고, 영수증을 인쇄하는 대신 이메일로 발송할 것이다.

이 책에서 다룰 다섯 가지 R 중 아마도 '거절하기'가 사회적으로 제일 실행하기 어려울 것이며, 아이가 있는 가정이라면 특히 그럴 것이다. 악의 없이 무언가를 받았을 때 남들과 엇나가거나 무례하게 굴고 싶은 사람은 아무도 없다. 하지만 약간의 연습과 짧은 해명으로 예의에 어긋나지 않게 거절할 수 있다. 그냥 "미안하지만 집에 쓰레기통을 두지 않아서요." "미안해요, 저희는 종이 안 쓰기 운동 중이거든요." "미안해요, 저는 생활 간소화를 실천 중이에요." "고맙습니다만이미 집에 많이 있어요."라고만 하면 된다. 사람들은 보통 이해하거나 개인적 선택을 존중하여 강요하지 않을 것이다. 어떤 경우엔 광고 우편물이 날아오기 전에 우리 이름을 발송 목록에서 뺀다거나 하는 식으로 사전 조치를 취해두는 것이 제일 잘 통한다.

　거절하기는 우리를 사회적으로 불편한 기분에 빠지게 만들고자 하는 목적이 아니다. 우리로 하여금 일상의 결정을, 우리가 참여하는 간접적 소비를, 그리고 집단으로서 우리가 갖는 힘을 되돌아보고자 하는 의도이다. 개인의 거절 행동이 실제적으로 쓰레기를 없애지는 못하겠지만, 대안을 찾아야 한다는 목소리에 힘을 보태게 될 것이다. 거절하기는 집단의 힘에 기반을 둔 개념이다. 만약 우리 모두가 호텔 무료 비치품을 거절한다면 제공되는 일이 없어질 것이다. 우리 모두가 영수증을 거절한다면 인쇄할 필요가 없어질 것이다. 거절하기를 시도해보자. 기회는 무궁무진하다.

　몇 년 전, 나는 쓰레기 제로를 전파한 공로로 그린상 후보자로 지명받아 2만 5000달러의 상금을 받을지도 모르게 되었다. 행사는 그린 자이언트 사가 후원했으며, 로스앤젤레스에서 열리는 시상식에 나와 동반자 한 명의 비행기표를 제공해주었다. 나는 아들 맥스를 데려가기로 하고 기념품과 혹시나 상을 받는다면 상패를 정중하게(관대한 주최자들의 심기를 거스르지 않고) 거절할 계획을 갖고 떠났다. 기념품 거절은 쉬웠지만, 다음날 밤 내 이름이 마이크로 울려퍼졌을 때, 흥분과 조명에 정신이 나가 유리 상패를 받아들었다(정중하게 거절할 여지가 없었다). 나는 언론사 사진 촬영을 위해 상패를 손에 들고 포즈를 취했고, 늘 트로피를 원해온 맥스는 그날 저녁 내내 자랑스럽게 상패를 옆구리에 끼고 다녔다. 나는 아이에게 우리는 실물 상패가 아니라 상금을 받을 기회 때문에 온 거라고 일깨워주었다. 아무튼 아이는 트로피를 집에 가져가자고 우겼다. 하지만 몇 달 후, 수상의 흥분이

가라앉자 트로피에 대한 아이의 집착도 사라졌다. "내년 시상식에 재사용하라고 그런 자이언트에 되돌려 보낼까?" 나는 물었다. 아들은 "네."라고 말했다. 그래서 나는 그렇게 했다. 아이는 한순간도 후회하지 않았고 나도 마찬가지였다. 그날 밤 찍은 사진, 우리가 함께한 추억 그리고 그 상금으로 이룬 여러 의미 있는 노력이 그 멋진 저녁의 기념이었다. 그리고 이런 기념들은 먼지 떨 필요도 없다.

두 번째 단계 : 줄이기

...

가진 것이 적다면 걱정할 일도 적은 듯하다. 가진 것이 많다면 그만큼 잃을 것도 많다.

_다큐멘터리 〈달라이 라마에게 하는 열 가지 질문〉 중에서

줄이기는 우리가 처한 환경 위기에 즉각 도움이 된다. 쓰레기 문제의 핵심 이슈를 다루고 인구 증가에 따른 어마어마한 환경적 영향, 연관된 소비, 그리고 세계의 필요를 충족시키지 못하는 한정된 지구 자원을 고려하게 된다. 줄이기는 양보다 질에, 물건보다 경험에 집중하는 간소한 생활방식을 가져온다. 또한 우리로 하여금 과거, 현재, 미래의 필요와 이용에 대해 의문을 갖게 한다. 우리가 갖고 있는 것들은 필요로 했기 때문에 구입한 것이다.

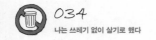

여기에 우리 집에서 줄이기를 적극적으로 도입하기 위한 세 가지 실행법칙이 있다.

과거의 소비를 평가한다

집 안의 모든 것에 대해 진정한 쓰임새와 필요를 가늠하고 불필요한 것은 처분한다. 꼭 있어야만 한다고 생각했던 것들 없애는 것을 고려해보자. 예를 들어 우리는 채소 탈수기가 필요없다는 것을 깨달았다. 집 안의 모든 것에 의문을 가져보면 많은 발견을 하게 될 것이다.

- 줄이기는 더 나은 쇼핑 습관을 낳는다. 과거의 구매에 들인 시간과 공을 평가함으로써 뭐든 새로 집에 들이기 전에 한 번 더 생각해보게 된다. 이 과정을 통해 자원 소모적인 비축을 자제하고 (일회용) 양보다 (수리 가능한) 질을 택하는 방법을 배웠다.
- 줄이기는 다른 이들과 함께 나누기를 장려한다. 이전 구매 물품을 기증하거나 판매하여 중고 시장과 커뮤니티에 보탬이 된다. 이미 소비된 자원을 공유함으로써 기부하는 사회 분위기를 육성하고 중고 재고품을 늘려 중고품을 구매하기가 쉬워진다.
- 줄이기는 쓰레기 제로를 가능하게 한다. 간소화는 쓰레기 제로 실행 계획과 정리를 쉽게 해준다. 가진 것이 적다면 걱정하고, 깨끗이 하고, 보관하고, 수리하고, 나중에 버릴 것이 줄어든다.

양과 크기 면에서 소비를 억제한다

새것이든 중고든 쇼핑 활동을 자제하면 확실히 귀중한 자원을 절약
할 수 있다. 새 상품을 만드는 데 필요한 자원을 절약하고 중고품을
다른 사람들이 쓸 수 있게 해준다. 구매하려는 것에 의문을 가져보
고, 수명을 고려하고, 되도록 재사용이 가능하거나 최소한 재활용 가
능한 상품을 고른다.

- 포장 줄이기 : 비포장 벌크 상품으로 살 수 있을까?
- 자동차 사용 : 자전거로 다닐 수 있을까?
- 집 크기 : 줄여서 이사할 수 있을까?
- 개인적 영향 : 이게 정말 내게 필요할까?
- 기술 : 이것 없이도 괜찮을까?
- 종이 사용 : 꼭 인쇄해야 할까?
- 좀 더 적은 양을 사도 될까? (혹은 농축 제품으로?)
- 양이나 크기가 적합할까?

소비를 조장하거나 소비로 이어지는 활동을 줄인다

TV나 잡지 등 미디어 노출과 레저를 위한 쇼핑은 굉장한 영감을 불러
올 수 있다. 하지만 미디어에 자본을 대는 타깃 마케팅과 레저 쇼핑을
지원하는 영리한 판촉 전략은 우리로 하여금 뒤떨어지고, 쿨하지 못
하고, 어색하다고 느끼게 만드는 것을 목적으로 하고 있다. 이러한 감
정으로 인해 그 제품이 필요하다는 생각이 들면서 유혹에 쉽게 넘어

가버린다. 미디어 노출 제한은 우리의 소비만이 아니라 행복에도 크나큰 영향을 미친다. 이미 갖고 있는 것에서 만족을 찾자.

거절의 실행은 상당히 단도직입적이다. 그냥 아니라고 말하면 된다. 그에 반해, 줄이기는 훨씬 개인적인 행위이다. 가족생활의 현실, 경제적 상황 그리고 지역적 요소를 고려하여 편의 레벨을 가늠해야 할 필요가 있다. 예를 들어, 자가용 사용의 완전 중단은 대중교통 수단이 충분하지 않은 시골이나 시외에 사는 사람들에게는 가능하지 않을 것이다. 하지만 줄이기를 고려하다 보면 차를 한 대로 줄이거나 아예 운행을 줄이게 될 수도 있다. 즉 현재의 소비 습관을 인식하고 지속불가능한 소비는 줄일 방법을 찾자는 것이다.

줄이기는 나의 쓰레기 제로 과정에서 가장 깨달음을 준 요소이며 '강력한 비밀 병기'였다. 자발적 간소화의 많은 이득 중에서 어떤 것은 전혀 예측하지 못한 가운데 드러났다.

경기침체 와중에 스콧이 지속가능성 컨설팅 사업을 시작하려고 직장을 그만두었을 때, 우리는 이미 자발적 간소화를 열심히 실행 중이었지만 경제적인 이유 때문에라도 지출을 더욱 줄여야만 했다. 그 결과 삶을 흥미진진하게 해주고, 일에서 벗어나 정신적 휴식을 제공하며, 우리 사회에 대해 새로운 시각을 제공하는 가족 휴가나 여행을 떠날 비용을 댈 수가 없게 되었다.

우리는 쓰레기 제로 생활의 확연한 이점을 만끽하는 것으로 위안을 삼았다. 집을 줄여온 덕분에 이웃 환경이 더 나아졌고, 생활을 간소화하자 살림이 편해졌다. 하지만 어느 사이에 우리는 이러한 결합된 이점으로 예상 밖의 보너스를 얻었음을 깨달았다. 가끔 집을 단기간 월세를 줄 수 있게 된 것이다. 처음에는 라벨을 만들어 붙이거나 '쓰레기 제로 홈 운영 가이드'를 쓰고, 세입자들을 위해 다시 쓰레기통·재활용함을 놓는 등의 준비가 필요했다. 하지만 우리의 노력은 충분한 보상을 받았다. 집을 세놓음으로써 프랑스에 있는 내 가족들을 방문하고 아이들이 제2국어에 빠져들게 할 비행기 값과 숙박비를 마련할 수 있었다. 집 세놓기로 주말여행과 심지어 휴가철 따뜻한 휴양지 행까지 감당할 수 있게 되었다. 이런 생활방식으로 얻은 전혀 예상치 못했던 이득이었다.

세 번째 단계 : 재사용하기

...

다 써라, 닳도록, 그걸로 때우거나, 아니면 없는 대로 살아라.

_옛 속담

많은 이들이 '재사용'과 '재활용' 개념을 혼동하지만 보존 측면에서 아주 다르다. 재활용은 재가공을 거쳐 물품을 새로운 형태로 만든다고 정의할 수 있다. 반면에 재사용은 물품의 원래 생산된 형태대로 여러 번 활용하여 이용을 최대화하고 그 유효 수명을 늘림으로써, 그

렇지 않을 경우 재활용 과정에서 낭비되는 자원을 절약하는 것이다.

사람들은 '히피' 생활방식이나 쟁여놓기를 연상하면서 재사용에 대해 나쁜 인상을 갖고 있다. 가끔 나는 '보존'을 '자원 비축'과 혼동 하고, '쓰레기 제로'를 '부엌 싱크대에 널린 음식 용기'와 연관 짓곤 했다. 그래야 할 필요는 없다. 재사용은 간단하고 아름다울 수 있다.

거절하기와 줄이기로 불필요한 것을 없앴으니, 다섯 가지 R의 순 서에 따라 재사용으로 이어간다. 예를 들어, 마트 비닐봉지는 에어 캡 대용으로 포장에 쓰거나 진흙 묻은 신발 싸는 용도로 변경할 수 있다. 하지만 이 또한 쉽게 거절할 수 있는 물품이므로 쓰레기 제로 가정은 그걸 보관하거나 용도를 찾을 필요가 없다. 마찬가지로 진정 으로 필요한 지점까지 줄이게 되면 재사용품의 양을 조절하는 문제 와 맞닥뜨리게 된다. 재사용 가방이 진정 몇 개나 필요할까? 줄이기 를 통해 나의 사용 정도를 가늠하니, 장바구니는 세 개면 된다는 것 을 발견했다.

재사용은 쓰레기 제로의 정점이다. 소비와 보존 노력을 동시에 다 루면서 일회용품에 대한 궁극적 대안을 제시한다.

낭비적인 소비 없애기

- 재사용품 지참 : 필요한 재사용품을 가게에 가져감으로써 물품 포 장의 필요를 줄이거나 없앨 수 있다.
- 일회용품을 재사용품으로 교체 : 모든 일회용품에 대해 재사용이 나 리필 가능한 대체품이 존재한다.

자원 고갈 늦추기

- 공동 소비(공유) 참여 : 우리가 소비하는 상당수의 물품은 몇 시간 혹은 며칠씩 사용하지 않은 채 놓여 있곤 한다. 빌리기와 빌려주기, 거래, 맞교환, 개인간 세놓기를 통해 최대한 활용하고 심지어 이익을 남길 수도 있다. 자동차, 집, 사무 공간, 연장 등이 있지만 이외에도 공유할 것은 많다.
- 중고품 구매 : 중고 가게, 차고 세일, 위탁 판매점, 앤티크 시장, 크레이그리스트, 이베이, 아마존은 중고품을 사기에 훌륭한 곳이다.
- 현명한 구매 : 재사용·리필·재충전과 수리가 가능하며 다용도에 내구성 좋은 제품을 찾아보자. 예를 들어 가죽구두는 내구성이 좋으며 플라스틱·합성 제품보다 수선하기 쉽다.

필수품 수명 늘리기

- 수선 : 철물점이나 제조사를 찾아가면 문제를 해결할 수 있다.
- 용도 바꾸기 : 유리잔은 연필꽂이로 쓸 수 있고, 주방타월은 쓰레기 제로 도시락을 싸는 데 쓸 수 있다.
- 반환하기 : 드라이클리닝 옷에 딸려온 철사 옷걸이는 세탁소에 반납하여 재사용되도록 한다.
- 구제하기 : 택배 상자나 이면지는 재활용하기 전에 더 쓸 수 있다. 낡은 옷은 매립쓰레기로 내보내기 전에 걸레로 쓴다.

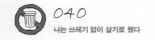

네 번째 단계 : 재활용하기

...

재활용은 아스피린과 같아서 제법 큰 집단적인 숙취, 곧 과소비를 완화
시켜준다.

_윌리엄 맥도너, 「요람에서 요람으로」

종종 파티에서 내가 쓰레기 제로 살림을 꾸리고 있다는 걸 알게 되면,
사람들은 자기들도 '전부 재활용하고 있다'고 흔히 말한다.

물론 당신은 이제 쓰레기 제로 가정이란 전혀 재활용에 대한 것
이 아니며 소비를 줄임으로써 가정 밖에서부터 시작하는 쓰레기 관
리이며, 결과적으로 상당량의 재활용을 없애고 그와 관련된 문젯거
리를 엄청나게 경감시켜주는 일임을 알고 있을 것이다. 관련 문젯거
리에는 현재의 전반적인 재활용 시스템이 처리 과정에 에너지를 필
요로 할 뿐만 아니라 생산자, 지방자치단체, 소비자, 재활용 업자들
의 노력을 이끌고 협력시킬 규제가 결여되어 있다는 사실이 포함된
다. 현재로서 재활용은 우리 쓰레기 문제에 대한 신뢰할 만한 해결책
이라기엔 너무 변수가 많다. 예를 들어 이상적인 재활용 과정은 이러
한 것들을 전제로 한다.

• 생산자들이 재활용 업자와 의견을 나누며, 내구성이 좋지만 또한
재활용하기 매우 쉬운 제품을 디자인하고(여러 가지 소재가 섞여 있

는 경우 분리하는 데 비용이 들고 재활용하느니 그냥 매립장으로 보내는 쪽이 싸게 먹히는 경우가 잦다), 재활용 가능 여부와(어떤 물품은 이 도시에서는 재활용 가능하나 저 도시에서는 불가능하다) 재활용된 소재를 표기한다(현재로서는 생산자 임의대로).

• 소비자들은 지역 재활용 정책을 인식하고 책임감 있게 재활용하며, 또한 재활용 물품 시장 창출을 위해 재활용품을 구매한다.

• 지방자치단체는 집 근처에 재활용 수집함과 재활용하기 힘든 물품 수집 장소를 제공하며 주민 교육을 수거인들과 공유한다(간단한 약도와 주민 피드백이 효율적임이 증명되었다).

• 수거인들은 지방자치단체와 협력하여 편리하고 금전적으로 솔깃한 서비스를 주민들에게 제공하고^{쓰레기 종량제 등}, 적절한 훈련을 재활용 업체에서 받아 고객 질문에 대답할 수 있게 한다(보통 고객들이 연락할 수 있는 재활용 서비스는 수거인들뿐이다).

• 재활용 업체는 효율적으로 분류하고 최상의 분류 소재를 제공하며 (불순물 비율을 최저로), 고객 질문에 답하고 지역 재활용 업자와 계약을 맺는다(해외로 실어보낼 경우, 재활용은 완전히 새로운 다양한 가능성을 갖게 된다).

• 재활용 업자들은 생산자와 의견을 나누며, 자신들의 상품을 널리 구매 가능하게 만들며, 다운사이클^{가치가 떨어지거나 재활용될 수 없는 상품으로 재탄생시키는 것-옮긴이}보다는 업사이클^{재활용품에 디자인이나 활용도를 더해 가치를 높여 재탄생시키는 것-옮긴이}과 리사이클 시장을 장려한다.

　구매 때마다 상품의 전체 사용 수명과 재활용 가능성을 가늠해야 할 것이다. 플라스틱은 생산하고 소비하고^{가스와 화학물질 배출} 재활용하는 과정에서 독성이 배출될 뿐만 아니라 그나마 재활용되는 종류도 그 과정에서 급이 떨어져 재활용 불가능한 상품으로 만들어지고^{다운사이클}, 결국 매립지 행이 되고 만다.

　고려해야 할 또 하나의 문제는 새로운 친환경 경제의 부상으로 인해 생산자들이 알 수 없는 혼합 소재로^{'생분해성' 또는 '퇴비화 가능' 플라스틱 등} 상품을 만들어낸다는 점이다. 이러한 상품은 의식 있는 소비자들과 재활용 업계에 혼란을 불러일으키고, 결국 재활용 흐름을 더럽히게 되는 경우가 많다. 만약 재활용의 목적이 우리 쓰레기 순환 고리를 책임감을 갖고 끝내는 것이라면, 그 과정은 목적을 수행할 수 있게 간편화되어야 할 것이다. 쓰레기 제로가 실현된 세계에서라면, 재활용은 지구 전체적으로 표준화되거나, 혹은 더 나아가 제품이 애초에 재사용과 수리를 염두에 두고 디자인되어 재활용이 필수가 되지 않거나 최소한 크게 경감될 것이다. 우리는 아직 거기에 이르지 못했다.

　좋은 소식은 소비자들이 다섯 가지 R을 순서대로 적용함으로써 재활용과 관련된 문젯거리들을 크게 경감할 수 있다는 것이다. 필요하지 않은 것은 거절하고, 필요한 것은 줄이고, 소비한 것은 재사용하고 나면, 재활용해야 할 것은 얼마 남지 않을 터이다. 또한 재활용을 둘러싸고 어림짐작하기도 간소해질 테고(일회용 컵이 재활용 가능한지 아닌지 알아볼 일이 없으니까), 재활용하기 어려운 물품 수집함까지 가야 할 일도 줄어들 것이다.

절대적으로 필요한 것이라면 재활용은 매립보다는 나은 선택안
이다. 에너지를 절약하고 천연 자원을 보존하며 매립을 피할 수 있다.
비록 처분의 한 형태이기는 하나, 무엇이 가장 잘 재활용되는지에 관
한 지식을 기반으로 더 나은 구매를 위한 가이드를 제시해준다. 그러
므로 새것을 살 때 우리는 재사용을 고려할 뿐만 아니라 최종 재활용
소재 비중이 높으며 우리 지역사회의 재활용 프로그램에 적용 가능
하며, 다운사이클될 상품플라스틱 등보다는 계속 재활용될 가능성이 높은
상품철, 알루미늄, 유리, 종이 등을 골라야 한다.

　우리 집에서 재활용 제로를 거의 달성했다고 여기 쓸 수 있다면
참 좋겠지만, 쓰레기 제로 생활방식을 도입하기 전 우리가 구매한 것
들과 현재의 제조업 현실을 감안하면 그건 아직 실현 불가능하다는
사실을 받아들일 수밖에 없다(쓰레기 제로가 아직 실현 불가능한 것과 마
찬가지다). 우리는 시도해봤지만 너무 제약이 많고(친구들의 와인 선물
을 거절해야 했다), 시간이 너무 소모되며(아이들의 학교 과제물을 재생
지로 만들어야 했다), 장기적으로 지속가능하지 않았다(예를 들어, 주택
관리는 순전히 소재 재사용에만 의존할 수가 없다). 하지만 그 실험 덕분
에 나는 의문을 갖게 되었고 그 과정에서 많은 것을 배웠다.

　유리잔을 깨뜨렸을 때, 이걸 어떻게 처리하는 것이 최상일지 궁리
했다. 매립일까 재활용일까? 인터넷을 검색해보니 답변은 일치되지
않았고 매립 쪽으로 의견이 쏠렸지만, 나는 확실히 알고 싶었다. 두
군데의 재활용 센터를 방문하고, 스물한 명의 사람들에게 연락하고,
유리 재활용 업자(이 사람을 찾아내기란 쉽지 않았다)에게 깨진 유리조

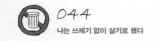
각들을 보내고서야 내 유리잔이 재활용 가능하다는 사실을 알아낼
수 있었다(크리스털 잔이라면 대부분의 유리와 다른 온도에서 녹기 때문에
재활용이 불가능하다). 깨진 유리를 그냥 쓰레기통에 넣으라는 말이 아
니라(먼저 지역 담당 관청에 확인할 것), 얼마나 시스템이 복잡한지 깨
닫고, 재활용이 성공하려면 답을 찾는 과정이 수월해야 한다는 사실
을 숙고해보라는 뜻이다. 그때까지는 필요하다면 재활용을 하되, 다
른 R들을 먼저 시행하자.

가정 재활용 리스트

- 동네에서 재활용 수집 가능한 것과 가능하지 않은 것을 숙지하자. 예를 들어 백
  열전구, 거울, 크리스털, 파이렉스, 도자기와 사진용지는 우리 동네에선 재활용
  수거가 되지 않는다.
- 지역 소재 재생 시설을 찾아가거나 플라스틱 재활용에 대한 지식 습득을 고려
  해보자. 재활용 화살표를 무작정 믿지 말자. 어떤 제품은 그 마크가 붙어 있어도
  재활용이 안 되며, 어떤 것은 마크가 없어도 재활용 가능하다.
- 부엌(싱크대 아래가 제일 좋다)과 집 사무실에 편리한 재활용품 수집함을 마련하자.
  욕실이나 침실에는 필요하지 않다.
- 재활용하기 어려운 물품코르크, 다 낡은 신발과 옷과 위험한 물질건전지, 페인트, 모터오일을
  모으는 장소를 알아본다.
- 재활용품 수집 장소별로 따로 수집함을 마련하자.

다섯 번째 단계 : 썩히기

...

깨달음을, 주님의 존재를 알리는 징조를, 큰 그림 속에서 나의 자리를 볼
수 있게 하는 투명하면서도 마법과도 같은 경험을 기다리며 평생을 보냈
다. 그리고 그게 내가 첫 번째 퇴비 더미에서 얻은 것이다.

_베트 미들러, 「로스앤젤레스 타임스」에서 인용

썩히기는 퇴비화 과정을 일컬으며, 간단히 말해 유기체의 재활용이다.
퇴비화는 자연의 재활용 방식이며, 유기체 폐기물이 시간이 지남에
따라 분해되어 그 영양분을 흙으로 돌려놓게 된다. 우리는 집에서 퇴
비화하기에 적절한 환경 조건을 만들어내어 부엌과 마당에서 나온
쓰레기 처리 속도를 높일 수 있다. 그러므로 매립지로 갈 쓰레기를 줄
이고, 그곳에서 자연적 분해 과정이 억제되어 공기와 토양 오염에 일
조할 일을 피할 수 있게 된다. 가정 쓰레기의 1/3이 유기체임을 고려
하면, 퇴비화는 쓰레기 줄이기에 지극히 합당한 방법이다.

　나는 퇴비화가 만족스럽다. 퇴비화는 도입할 만하다. 채소 조각
을 지렁이통에 넣고, 지렁이들이 열심히 유기체를 비옥한 토양을 만
드는 물질로 바꾸는 과정을 지켜보고, 지렁이들이 내놓은 결과물을
이용한다. 우리 퇴비함에서 나온 결과물은 확실하다. 원예가들이 '검
은 금'이라고 부르는 기름진 흙. 반면에 플라스틱 재활용의 결과물은
그렇지 못하다. 빈 콘택트렌즈 세척액 병을 재활용으로 분류해 보내

면, 그게 나중에 데크 바닥재가 될까? 벤치? 칫솔? 아니면 매립? 결국엔 확실히 매립지 행일 것이다. 나는 퇴비함을 징그럽고 냄새나며 지저분하고 복잡하며 과학적인 것이라 여겼었다. 그런 선입견은 맞지 않았다.

재활용의 경우와 마찬가지로 나는 이 주제에 대해 전문가가 아니다. 오히려 거리가 멀다. 내가 들어보기도 전에 여러 세대에 걸쳐 우리는 퇴비화를 도입해왔다. 하지만 우리 가족들은 쓰레기 제로 관점에서 기꺼이 퇴비화를 받아들였고, 그것은 진정한 변화를 가져다주었다. 썩히기는 쓰레기 제로 생활방식의 주요 요소이며, 거절하거나 줄이거나 재사용·재활용 불가능한 물품들을 처리해준다. 우리는 플라스틱 소비를 줄이는 데 이것이 매우 유용하다는 것을 발견했다. 금속이나 유리 대체품이 존재하지 않을 경우 퇴비화 가능한 나무 소재를 골랐다.

우리는 퇴비화 방법 세 가지를 시험해보았다. 처음에는 개방된 호기성 퇴비 더미였다. 그런 다음 지렁이 퇴비함을 더했다. 나중에 원래의 개방형 퇴비 더미는 치우고 도시형 퇴비함을 도입했다. 하지만 퇴비화의 성공은 여러 가지 요소에 달려 있다. 그리고 다양한 선택안과 마주했을 때 퇴비 방법을 선택하려면 망설여질 수도 있다(특히 초보라면). 선택을 돕기 위해 다음 페이지에 '퇴비 시스템 비교표'를 실었다.

당신의 필요에 맞는 시스템이 기다리고 있을 것이다. 퇴비화 방식을 택하는 것은 기능적인 문제일 뿐만 아니라 개인적인 취향에 따른 선택이기도 하다. 고려해야 할 요소들은 다음과 같다.

- 비용 : 어떤 시스템은 딱히 구조물이 필요하지 않으니 공짜로 할 수 있다. 또 몇몇 시스템은 있는 재료로 만들 수 있는 반면^{남은 울타리 목재 등} 다른 어떤 시스템은 기본 시설의 결과물을 양생하기 위한 두 번째 시설에까지 투자를 해야 한다.
- 장소 : 마당이 있다면 정원 쓰레기도 넣을 수 있는 퇴비화 시스템을 원할 것이다. 아파트에 산다면 주로 거주 환경에 의해 선택안이 줄어들 것이다.
- 미적인 면 : 어떤 시스템은 그야말로 보기 흉하다. 사용 가능한 공간에 따라, 실내장식과 어울리고 자그마하거나 아예 눈에 띄지 않는 시스템을 원할 수도 있을 것이다. 예를 들어 시트형^{넓게 펼친 모양-옮긴이}과 참호형^{기다란 구덩이-옮긴이}은 지상 구조물 퇴비함을 허용하지 않는 지역에 적합할 것이다.
- 식품 소비 : 따로 명시하지 않은 이상, 대부분의 퇴비 시스템은 과일과 채소 찌꺼기, 찻잎과 커피원두 간 것, 달걀판, 달걀 껍질을 넣을 수 있다. 하지만 어떤 시스템은 고기, 유제품, 뼈도 처리할 수 있어, 채식주의자가 아닌 가정에게는 유용한 보너스가 될 것이다.
- 결과물 : 자신이 사는 지역과 재배하는 식물(화초인지 식용인지)에 따라, 퇴비나 액체 영양제가 필요할 수도 있고 아닐 수도 있다. 거기에 맞춰 시스템을 택하자. 만약 필요한 분량 이상으로 결과물이 나온다면, 원예 모임이나 친구에게 기증할 수도, 크레이그리스트에 '무료로 드림' 글을 올릴 수도 있다.
- 해충과 유해 동물 : 해충과 유해 동물 방제는 당연히 당신의 식단

과(설치류는 주로 육류 찌꺼기를 노린다) 무엇을 퇴비화하는지에 달려 있다. 퇴비 기계는 일반적으로 퇴비화 속도를 빠르게 할 뿐만 아니라 퇴비 재료에 벌레가 끓지 않게 막아준다.

• 애완동물 : 애완동물이 있다면 애완동물 분변 퇴비함을 구입하거나 직접 만드는 것을 고려해볼 수 있다. 어떤 경우든 결과물을 식용 작물에 사용하는 것은 권장하지 않는다.

• 허용 범위 : 당신의 퇴비 시스템은 가족 규모와 버리는 정도를 감안해야 한다. 예를 들어 종이타월, 휴지, 티백, 커피 필터, 면솜과 '퇴비화 가능'이라고 표시된 바이오플라스틱은 퇴비로 만들 수 있다(가정용 퇴비 기계에서 온도를 낮추면 퇴비화가 느려질 수 있음을 알아두자).

참고로 새 물건을 구입할 때 퇴비화 가능한 걸 살까, 재활용 가능한 걸 살까? 플라스틱, 합성수지, 바이오플라스틱을 피하려면, 내구성과 재활용 가능성을 중시하여 금속, 유리, 종이, 천연섬유 소재를 먼저 택하자. 그 외에는 퇴비화와 재생 가능하며, 나무와 같은 지속가능한 자원을 이용한 제품을 고르자.

내게 썩히기는 계시나 마찬가지였다. 그 과정을 통해 나는 눈을 뜨고 자연계가 돌아가는 단순한 이치를 이해하게 되었다. 내 집 데크에서 허브를 키울 수 있으며(퇴비로), 그 줄기를 지렁이들에게 먹이고, 지렁이들이 싼 것으로 더 많은 허브를 키우고, 그 퇴비 우린 물로 집 안 화초들을 쑥쑥 키우고, 그 화초들이 포름알데히드나 벤젠 같은 오염물질을 흡수함으로써 집 안 공기가 나아졌다. 화초 다듬은 조각들과 내가 쓸어낸 먼지뭉치가 또한 퇴비화되고 환경에 보탬이 된다. 썩히기는 우리 생산 모델이 애초에 본받았어야 했던 닫힌 고리 순환 구조의 쓰레기 처리 과정을 보여준다.

쓰레기 제로
생활방식의 이점

…

쓰레기 제로는 환경 면에서 생각해볼 것도 없는 당연한 문제이다.

_ 제프리 홀렌더의 『The Story of Stuff(물건 이야기)』에서 인용

쓰레기 제로는 분명하고 근본적인 환경적 이익을 제공한다. 오염을 줄이고(유해한 고체 및 기체 폐기물 감소) 보존을 장려한다(천연자원 수요 감소). 하지만 쓰레기 제로의 이점은 환경적 측면을 넘어선다. 가정에서는 생활 수준을 확실하게 개선시킨다. 모르는 사람은 (내가 그러했듯이) 쓰레기 제로를 시간 잡아먹고 돈 드는 일로 여길지 모른다. 하지만 이런 예상은 사실과는 아주 거리가 멀다.

재정
가장 수치화할 수 있는 생활의 이점은 재정적인 측면이다. 내 남편 스

콧은 처음엔 쓰레기 제로 생활방식을 못 미더워했으나 돈이 얼마나 절약되는지 계산해보고는 쓰레기 제로 운동에 뛰어들었다. 쓰레기 제로가 금전적으로 이득이 되는 열 가지 측면은 다음과 같다.

1. 상품 소비 감소(물건보다 활동에 집중)
2. 보관·관리·수리비 감소
3. 일회용품을 구매할 필요가 없어지고 엄청난 누적 절약이 가능
4. 일반적으로 좀 더 저렴한 비포장 벌크 식품 구매를 장려
5. 쓰레기 감소(혹은 더 나아가 완전히 없앰)로 폐기 비용 절감
6. 쓰레기 봉투 구입 필요 없어짐(젖은 쓰레기는 퇴비화 가능)
7. 질 좋은 상품 위주로 구입하여 돈을 알차게 쓰게 됨
8. 건강한 생활방식을 통해 병원비 절감
9. 사용하지 않는 물품은 판매하고 잘 쓰지 않는 자산은 세를 주어 이윤을 얻음
10. 재활용품을 곧장 수집업자에게, 퇴비를 원예가에게 팔 수 있는 가능성 열림

건강

쓰레기 제로 생활방식의 건강상의 이점은 주로 합성제품에 대한 노출을 줄이는 것과 관련이 있다. 유일한 단점은 내가 화학물질 냄새와 플라스틱 맛에 더 예민해졌다는 것이다(사실 이건 이점이다). 하지만 전반적으로 우리 가족은 더 건강해졌고 아이들에게 건강을 해치는 플

라스틱 소재로 뒤덮이지 않은 식품을 먹는다는 자부심이 생겼다. 쓰레기 제로가 전반적인 건강 개선을 이루어낸 열 가지 방법은 이렇다.

1. 플라스틱 포장된 상품을 구매하지 않음으로써 점차 문제시되고 있는 우리 식품에 스며드는 플라스틱 독성BPA 등 및 유독 가스 배출비닐 등과 관련된 위험을 감소시킬 수 있다.

2. 재사용을 장려함으로써 배출 가스를 줄일 수 있다. 중고품은 이미 배출 가스를 (거의) 내보냈기 때문이다.

3. 유기농 매장에서 구매를 하게 되면, 거기서는 일반 상품의 자연 대체품을 팔고 있기에 파라벤, 트라이클로산, 인공 향 같은 바디나 메이크업 용품에 든 독성 화학물질에 대한 노출을 줄일 수 있다.

4. 재활용 가능한 물품 구매를 장려함으로써, 재활용 불가능한 테플론 조리기구를 사용할 때 나오는 유해 화학물질에 대한 노출을 줄일 수 있다.

5. 자연 치료요법과 청소용품을 사용하여 알지 못하는 화학물질에 대한 노출을 줄인다.

6. 좀 더 적게 소유하는 삶을 통해 먼지더미와 그에 따르는 알레르기 유발 물질을 줄인다.

7. 비타민 D 결핍을 해결하는 데 도움이 되고 더 맑은 공기(실내 공기가 실외 공기보다 더 오염되었을 수 있다)를 제공하는 야외 활동을 지지하며, 육체적 활동을 늘릴 수 있다.

8. 유기농 자연식품 구매를 장려하고, 가공식품 소비를 제한한다.

9. 미디어와 광고 노출을 제한하여 건강에 좋지 못한 음식에 대한 갈
   망을 줄인다.
10. 육류 소비를 줄여 좀 더 기름기 적은 식단을 제공한다.

시간

아마도 쓰레기 제로 생활방식의 가장 만족스런 이점은 시간 절약일
것이다. 시간이 사회의 가장 중요한 자원인 시대에 누가 넉넉한 시간
을 원치 않겠는가?

공짜 물품 거절과 시간을 소모하는 습관(예를 들어 광고 우편물 처
리)을 버리고 소유물을 줄임으로써 효율성과 시간을 얻을 수 있다. 처
리하기, 보관하기, 관리하기, 청소하기, 정리하기가 간소화되고 가정
관리와 쓰레기 제로 실천이 손쉬워진다. 그리고 재사용을 통해 쇼핑
과 운반, 일회용품 버리기에 들어갔을 시간을 절약하게 된다.

누구나 물건과 낭비적인 관행의 짐에서 벗어나, 대신 경험에 집중
하는 삶의 이점을 누릴 수 있다. 시간은 또한 공동 소비에 참여할 기
회를 주며, 이를 통해 나누기, 교류하기, 공동체 의식 강화하기가 가
능해진다. 같은 마음을 지닌 사람들을 찾아내어 더 이상 혼자라고 느
끼지 않고 전에는 결코 보지 못했던 미래의 희망을 발견하게 된다. 하
지만 쓰레기 제로와 함께 하는 개인적 여정은 사람마다 다를 것이다.

나는 늘어난 시간으로 더 풍요로운 삶을 살고, 내가 정말 즐기는
일을 하며, 진정 아끼는 사람들과 시간을 보낼 수 있었다. 덕분에 지
식, 지혜, 신념, 자신감, 열정, 그리고 새로운 인생의 목표를 찾게 되

었다. 내 집을 친환경화하고 채집 방법을 배우면서 다양한 공예를 시험할 여유가 생겼다. 나의 예술적 능력을 전면적으로 발휘할 수 있었다. 그로 인해 블로그에 글을 쓰고 이 책을 출간하게 되었으며, 자연과 다시 소통하게 되었다. 나는 소유가 우리를 근원으로부터, 야외로부터 멀리 떨어지게 했음을 깨닫게 되었다. 그리고 이제 야외에서 보낼 시간이 더 늘어나자, 지구를 당연시하지 않게 되었고 영적 신념이 재충전되었다. 쓰레기 제로는 이 모든 것들을 나에게 가져다주었다. 당신에게도 기적을 이루어줄 수 있을 것이다.

다음의 실천 방법에 관한 장들에서는 내 개인적 이야기 약간과 더불어 다섯 가지 R을 통해 쓰레기 제로 성공에 도달하도록 이끌 것이다. 필요한 요소는 이것이다. 간소화, 재사용 그리고 수집. 간소화는 쓰레기 발생 방지^{거절-줄이기}를 다루고, 재사용은 낭비적 소비^{재사용}를 다루며, 수집은 폐기물 관리^{재활용-썩히기}를 파고들 것이다.

쓰레기 제로는 어려운 일이 전혀 아니다. 재미있을 수도, 아름다울 수도 있다. 그리고 쓰레기 냄새나 엉망진창 어질러진 일회용품 모습을 그리워할 일은 절대 없으리라 약속한다.

Chapter
02

·
·
·

장보기 방식의
변화가
쓰레기 제로의
시작이다

나는 일회용 용기와의 결별을 결심하고 마지막 남은 디종 머스터드 병을 재활용하려다가, 호기심에 라벨에 붙은 성분 목록을 들여다보았다. 물, 겨자씨, 식초, 소금. 집에서 만들기 어려울 것도 없겠는데? 한 가지만 빼고 재료가 다 있었다. 이걸 재료만 갖고 만들어보려 한 사람이 있었을까? 나는 그 생각에 들떠 컴퓨터로 달려갔고, 몇 분 안 되어 간단한 레시피를 찾아냈다.

머스터드를 가게에서만 살 수 있는 거라고 생각하다니 참 순진하기도 했지! 왜 진작 찾아볼 생각조차 하지 못했을까? 열성적인 살림꾼이었던 어머니가 만드는 걸 본 적이 없기 때문에? 그 혼합물을 우리 할머니 찬장에선 본 적이 없어서일까?

나는 식품점 대용량 코너에서 겨자씨를 찾아냈고, 한나절도 되기 전에 홈메이드 머스터드 한 병을 완성했다. 나는 홀딱 빠졌다. 부엌에 남은 몇 가지 안 되는 기성 제품들을 만들어볼 가능성을 궁리하기 시작했다. 어머니와 시어머니, 친구들과 이야기해보고 몇 시간 동안 방법을 검색했다. 뭐든 도전해볼 참이었다.

친구 카린과의 대화를 통해 케퍼^{국내에서는 '티베트 버섯'이라는 이름으로 알려져 있는 우유 발효식품-옮긴이} 만들기를 하게 되었다. 케퍼 종균^{생균 배양}을 우유에다 넣어서 하룻밤 만에 발효유 음료를 얻어냈다. 정말 간단하군! 방법은 단순했으며, 아이들은 이 새로운 음료를 금방 받아들였다(고백하자면 설탕을 조금 넣어줬다). 나는 발효에서 치즈 만들기로 나아갔다. 계속 만들어내고는 있지만 마시는 속도에는 전혀 미치지 못하는 케퍼를 여전히 사용하는 방법이었다. 홈메이드 케퍼를 천으로 거르고 그대로

걸어놓아 농축액이 부드러운 치즈가 되게 했다. 맛은 꼭 진짜 치즈 같
았고 가족과 친구들이 감탄했다. 그들의 열광(그리고 홈메이드라는 자
부심 약간)으로 인해 나는 여러 가지 숙성과 질감 형태로 실험해보았
다. 후추 넣기, 월계수 잎으로 감싸기(아이들은 '완전 실패작'으로 평가
했다), 오일에 담그기, 누르기, 건조하기 등등.

　케퍼 종균은 조그맣다. 하얀 쌀알처럼 보인다. 하지만 손이 많이
가고 주기적으로 우유를 갈아주며 배양해야 한다. 곧 우리 가족의 삶
에 큰 자리를 차지하게 되었다. 우리는 케퍼 종균의 안부를 우리의 반
려견을 챙기는 것처럼 여기게 되었다. 오늘 케퍼 종균 우유 줬어? 이
번 주말 캠핑에 케퍼 가져가나? 이번 여름 프랑스 갈 때 챙겨갈까?
간단한 과정이 눈덩이처럼 불어나 인정하고 싶은 것 이상으로 내 삶
을 복잡하게 했다.

　케퍼 열광에서 한 발 물러났을 즈음, 그 작은 종균(그리고 그 이전
의 겨자씨)이 식품, 포장제품, 심지어 인간에 관한 것까지 내 관계를
완전히 바꿔놓았다.

　직접 만들기에서 내가 가장 중시하는 부분은 방법 배우기와, 그걸
통해 일반적인 식품이 어떻게 만들어지는지 알아나가는 것이다. 호
기심 충족 외에도, 내가 먹을 식품을 스스로 만들면서 일말의 통제력
을 얻게 되고 또한 발음하기도 어려운 첨가물이 잔뜩 들어가는 식품
을 먹는 대신 직접 고른 재료로 만들어 먹는다는 안도감이 있다. 라벨
에 표시된 복잡한 재료들로 인해 직접 만들 엄두를 내기 어려운 것들
도 있었지만, 내가 완제품으로 사던 대부분의 식품들은 몇 가지 재료

만으로도 만들 수 있었다.

대량생산 제품은 편리하지만 우리로 하여금 만드는 과정과 멀어지게 한다. 직접 만들기와 멀어질수록 우리는 대량생산에 더욱 의존하게 된다. 한때는 자유와 생존 수단이 되었던 기본적인 것들을 우리는 잊어버렸다. 현재의 환경 위기를 고려하고 우리 삶에서 문제의 연결고리를 찾다 보면, 그 해결책으로 '기본으로 돌아가기'를 하게 된다. 인터넷 연결과 소셜미디어를 통해 홈메이킹은 협력과 지식 공유의 장을 얻게 되었다. 그것은 세대와 문화적 간극을 뛰어넘어 유대를 강화한다. 심지어 물리적 거리로 인해 멀어졌던 어머니와의 관계도 그 덕분에 나아졌고, 문화적 차이 때문에 동떨어져 있던 시어머니와의 유대감도 굳건하게 되었다.

솔직히 말해 대기업과 그 마케팅에 넘어가 구매하지 않고도 살림을 해나갈 수 있다는 점에서 나는 만족감을 얻었다. 그들에게 의존하지 않는다는 데서 자유를 느꼈고, 내가 시스템을 이겼다는 기분이 들었다. 나처럼 지나치게 할 필요는 없다. 케퍼에 인생을 점령당할 이유도 없다. 결국 지속가능성이란 장기적으로 봤을 때 실행 가능한 변화를 수용하는 것이니까.

이제 나는 케퍼로 치즈를 만들지 않고, 케퍼 종균도 배양하지 않는다. 퇴비로 만들어버리면서(슬프지만) 거기에 소모되는 많은 수고도 끝났다(안도하며). 새로운 과정을 알게 된 것을 후회하지는 않는다. 혹시 남는 요구르트가 있으면 치즈를 만드는 법을 익혔고, 자주 그렇게 하고 있다. 버터 만드는 법을 알게 된 것도 후회하지 않는다. 이제

버터 500그램을 만드는 데 얼마나 많은 크림이 들어가는지 알게 되었으니까. 우리가 사용하는 버터 양을 고려해보면(내 아들들은 매일 쿠키를 먹는다) 직접 만들기는 너무 비싸다.

내 부엌은 과학 실험실이다. 냉장고에서 비트를 꺼내면 샐러드, 립 틴트, 수용성 염료까지 만들어낸다. 내 창의력에 따라 가능성은 무한할 수도, 제한적일 수도 있다. 하지만 나는 신중하게 내 시간과 경제적 한도 내에서 유지할 수 있는 변화를 수용하고 있다. 쉬운 길과 친환경적인 길 사이에서 지속가능한 균형을 부지런히 찾는 것이 중요하다는 것을 알게 되었다.

쓰레기 제로 부엌

일반 부엌을 쓰레기 제로 부엌으로 만드는 것은 생각만큼 힘들지 않다. 재정리와 약간의 조사가 필요하지만, 일단 시스템이 들어서고 식구들이 익숙해지면 쓰레기 제로는 식은 죽 먹기다.

: : 간소화하기

행동에 나서기 전에 간소하게 만들기 목표를 이해하도록 해보자. 부엌은 공동 공간이며 흔히 가정의 중심이라고 한다. 우리가 요리하고 먹고 마시고 협동하고 대화하고, 가끔은 책을 읽거나 숙제를 하기도 하는 곳이다. 그러한 다수의 활동이 벌어지기에 부엌은 우리 가정에서 쓰레기와 잡동사니의 근원이다. 멀리 갈 것도 없이 당신의 찬장을 보면, 쌓인 물건들이 넘쳐흐를 지경일 것이다. 지퍼락 백, 종이타월, 일회용컵 그리고 즉석식품이 이러한 물품 과잉의 일반적인 원인이다. 우리는 시간을 절약할 방법을 찾고 있는 것이다.

쓰레기 제로 부엌을 꾸미는 데는 효율성이 결정적인 요소이다. 식사 준비를 평온하고 쉽게 할 수 있게 된다. 또 일반적으로 하기 싫은 잡일로 여길 만한 과정을 즐겁게 할 수 있게 된다. 부엌에서 쓰레기 제로는 소중한 시간을 절약할 뿐만 아니라 건강에 좋지 않은 낭비 습관을 버릴 수 있게 해준다. 에너지와 돈도 절약할 수 있다. 하지만 여기에는 조건이 있다. 그런 혜택을 얻기 위해선 부엌을 잡동사니 없는 공간으로 만들어야 한다. 현재 상태에 따라 잡동사니 치우기가 벅찬 과제로 느껴질 수 있겠지만, 정리 과정을 통해 더 많은 것을 창조하고 청소할 시간이 줄어 여유 시간이 늘어날 것이다.

쓰레기 제로 부엌에선 요리하기가 더 쉽다. 모든 것을 둘 공간이 배당되어 있으며(그 주변 여분의 공간까지), 독소와 관련된 건강 문제를 다루며, 식품에 드는 비용을 최대로 활용하게 된다. 우리의 쓰레기 제로 목표는 단순한 쓰레기의 문제 해결 이상이다.

대부분의 부엌엔 요리를 더 쉽게 해준다고 주장하는 기구가 가득하다. 아이스크림 메이커, 와플 틀, 파니니 프레스기…. 하지만 이런 것들을 정말 쓰기는 할까? 쓴다면 얼마나 자주? 제스터, 케이크 팬, 쿠키 커터, 수십 개의 플레이스 매트, 근사한 와인 병마개, 와인 바구니, 와인 쿨러, 샴페인 얼음통, 두 벌이나 세 벌의 자기 세트, 와인잔 손잡이 장식 고리, 샷 글라스, 테이블보에 다는 장식추. 아! 그리고 너무 예뻐서 차마 불을 붙일 수 없는 양초, 냄비 깔개가 가득한 서랍을 생각해보자. 두어 개면 충분하지 않나? 당신의 잡동사니 서랍을 생각해보자. 그 안에 든 것 중에 없으면 못 살 물건이 뭐가 있을까?

제조사들은 우리도 앨리스 워터스 같은 요리사가 될 수 있다고 광고하지만, 실상 이런 물품들은 소중한 공간을 차지하고 요리 필수품을 찾기 더 어렵게 하며, 스트레스를 유발시키고 우리 생활을 어수선하게 하며, 말할 것도 없이 귀중한 자원인 시간을 낭비하게 한다. 그것들은 효율에 방해가 되고, 요리에 방해가 된다. 대부분의 물품들은 잊거나, 그냥 기증하거나, 다른 것으로 대체할 수 있다. 보조 기구가 적을수록 음식 준비에 드는 시간이 적게 걸린다. 눈금 새겨진 계량컵 하나를 쓰는 게 서랍을 뒤져 여러 가지 크기의 계량컵을 찾는 것보다 쉽고, 설거지거리도 줄어든다.

덜 갖추고 사는 것이 생활에 결핍을 불러오진 않는다. 오히려 생활이 개선된다. 잡동사니 제거 단계를 시작해보자. 파레토 법칙에 따르면 대략 80퍼센트의 결과가 20퍼센트의 원인에서 발생한다. 20퍼센트의 가재도구가 80퍼센트의 시간 동안 사용된다고 하면 충분한 설명이 될 것이다. 나머지 80퍼센트의 가재도구는 사실 그렇게 쓸모 있지 않다. 이론상으로 부엌 간소화는 우리가 사용하는 20퍼센트의 가재도구를 추려내고 나머지 80퍼센트를 정리하는 것으로 해결된다. 하지만 그렇게 쉽지는 않다. 이성이 우리를 속여 다양한 이유로 물건

들을 붙들고 있게 만든다.

하루 날을 잡아(결정 내리는 속도에 따라 이틀일 수도) 찬장에 들어 있는 것을 몽땅 꺼냈다가 다음의 질문에도 남은 것만 도로 넣어보자.

작동 가능한 상태인가? 유효기한이 지났는가?

고쳐서 쓰겠다는 좋은 의도로 물건을 남겨둬봤자 처분을 연기할 뿐 재활용품 신세를 면할 순 없다. 당장 수리하거나, 부품 활용을 위해 팔거나 기증하든가, 아니면 당장 버리자(유효기한이 지난 음식은 퇴비로 만들자).

정기적으로 사용하는가?

지난 한 달간 이 물품을 사용한 적이 있는가? 확신이 가지 않는다면 물품에다 날짜를 붙여두자. 한 달 동안 손이 가지 않는다면 기증하라. 하지만 스스로를 속이진 말자. 내가 틀렸다는 것을 증명해 보이기 위해 오늘밤 일부러 퐁듀 포트를 꺼내 쓰는 건 해당되지 않는다. 먼지만 쌓인 다른 주방용품들은 기증하자.

같은 종류의 제품이 이미 있는가?

오븐에서 요리를 꺼낼 때 한 쌍의 손이면 충분하다. 오븐 장갑은 제일 좋아하는 것 한 쌍만 남기자. 중복되는 제품을 처분할 때는 물품 숫자나 수납공간에 최대 한계를 정해두면 도움이 된다.

내 가족의 건강에 위험한가?

테플론, 알루미늄, 플라스틱은 유해 요소가 있음이 증명되었다. 이런 것들은 처분해야 한다. 이 질문은 특히 중복 제품 중 유해한 물품을 솎아낼 때 유용하다(예를 들어 볶음주걱의 경우 플라스틱은 재활용하고, 나무나 스테인리스로 된 것을 남겨둔다). 이런 물품들을 일상에서 배제하면 마음이 편해지고 가족들을 행복하고 건강하게 할 수 있다.

죄책감 때문에 보관하고 있는가?

선물로 받은 물건을 처분하기 꺼려진다면, 손님들은 당신에게 부담을 주거나 죄책감을 갖게 하려는 뜻이 아니었음을 명심하자. 그들은 단지 예의를 차리려던 것뿐이다. 당신은 애초에 구입할 마음이 없었고 원하지도 않는 물건을 처분하는 것이니 괜찮다. 그리고 손님들이 자기들 선물의 행방을 묻는다면, 감사 인사를 한 다음 생활을 간소화하는 중이라고 밝히면 상대도 납득할 것이다. 당신 집의 주인은 당신이니까.

다들 갖고 있어서 두고 있는 물건인가?

너무 특이하거나 정말 광고대로 시간을 절약해주는 물건인지 살펴보자. 단순히 설득력 있는 마케팅 때문에 우리는 많은 주방기구를 구매하고 사용한다. 삶은 달걀 절단기, 자몽 나이프, 샐러드 스피너, 밀대 등등. 다른 물품으로 같은 작업을 해결할 수는 없을까? 주방타월을 샐러드 스피너로, 유리병을 밀대로 쓸 수 있다. 대개는 손가락으로 충분하다.

소중한 시간을 청소하느라 보낼 만큼 가치가 있는가?

아주 작은 것이라도, 벽에 걸려 있거나 캐비닛 위에 보관해둔 것이라도, 주방 안의 모든 물건은 이 점을 고려해야 한다. 다년간 모아들인 장식품들을 생각해보자. 시각적으로 어수선하고 먼지가 쌓이는 것 외엔 아무 목적이 없다. 그럴 만한 가치가 있을까? 푸드 프로세서 역시 손이 많이 가는 물품이다. 찬장에서 그걸 꺼내 끼워맞추고 덩치 큰 부품을 씻고 할 시간이면, 손으로 양파를 두 배는 더 많이 썰고 다질 수 있다.

이 공간을 다르게 쓸 수 있을까?

부엌 수납공간을 부동산으로 본다면, 잡동사니 서랍은 그저 잡동사니를 보관하는 데 소중한 공간을 차지하고 있는 셈이다. 만약 보관하고 있는 게 정말 잡동사니라면, 왜 그걸 두고 있는가? 만약 아니라면 그 내용물은 정말 가야 할 곳으로 옮기고, 빈 공간은 쓸모 있는 물건을 위한 여유 공간으로 활용 가능하다.

재사용 가능한가?

아니라면, 다른 누군가가 활용할 수 있는지 살펴보자.

물품 처분을 꺼리지 말자. 덜 소유하는 삶에서 얻게 되는 이득에 집중하자. 후회하게 될 것을 두려워하지 말자. 만약의 가능성을 걱정하는 것은 이 과정의 정상적인 부분이다. 분명 처분하고 나서 후회하는 물품이 있을 수밖에 없다. 하지만 그 물품 하나는 작은 희생이며, 주방을 정돈하기 위해 치러야 하는 사소한 대가이다.

무엇이든 간과해선 안 된다. 당신이 갖고 있는 것들을 세세히 살펴보자. 그리고 혹시 '빈 공간을 채우기 위해'(실제로 벌어진다!) 물품을 보관하게 된다면, 비어 있는 수납장을 치우거나 더 작은 집으로 이사하는 것을 고려해보자. 완전한 효율성을 달성하기 위해선 규모와 필요가 맞아떨어져야 한다. 그 조합 외의 것은 궁극적으로 공간과 부동산, 수납공간, 관리, 또는 난방비 낭비다.

물론 살림 줄이기는 가족 숫자나 요리 실력과 습관에 달려 있는 주관적인 과정이다. 여기에 예시로서 편안한 생활을(낭비하는 풍요로운 생활이 아닌) 유지하기 위해 우리 가족이 선택한 주방 물품 목록을 적어본다.

- 접시 : 대접시 12개, 작은 접시 12개, 컵 12개, 볼 12개. 우리는 지역 도예 공방에서 질 좋은 자기를 샀다. 우리 식탁에는 10명이 앉을 수 있고, 서빙용으로 여분이 2개 정도 필요해서 12개씩 장만했다.
- 유리잔 : 와인잔 한 칸, 유리잔 한 칸(각 24개 정도). 이 식기장 두 칸으로 파티 용도를 해결하고 일회용품에 의지하지 않을 수 있다. 또한 이 유리잔을 찬 수프와 에피타이저를 낼 때도 쓰고, 소금부터 칫솔까지 다양한 물건을 넣어두기도 한다.
- 수저 : 12벌
- 조리도구 : 세 가지 크기의 프라이팬, 세 가지 크기의 냄비, 육수용

큰 냄비 하나, 주전자(전부 스테인리스)
- 준비와 서빙 : 볼 3개와 쟁반 하나
- 베이킹 : 파이 접시 둘, 커다란 캐서롤 접시 하나, 식빵틀 하나, 베이킹 시트 둘
- 주방기구 : 스테인리스 국자, 볶음주걱, 뒤집개, 집게, 거품기, 나무 뒤집개
- 썰기 : 과도 하나, 식칼 하나, 톱날 칼 하나, 주방가위 하나, 도마 하나
- 용품 : 스테인리스 소쿠리, 체, 강판, 찜틀, 깔때기, 계량스푼 한 세트, 저울, 병따개, 후추 그라인더, 주방장갑 2개, 냄비 깔개 2개
- 소형가전 : 다목적 블렌더와 토스트기

무엇이 빠졌는가? 여기에 내가 열거한 질문을 통과하지 못한 몇몇 물품들의 예가 있다.

- 푸드 프로세서 : 커다란 부품을 닦느니 칼로 다지는 쪽이 더 빠를 뿐만 아니라 더 감각적이다. 요리하는 과정에서 식품을 직접 만지면 전체 과정이 더욱 즐겁다.
- 전자레인지 : 나는 전자레인지가 엄청나게 자리를 차지하는 게 마음에 들지 않았고 우리는 물 데우는 용도 외에는 별로 쓰지 않았다. 우리는 대신 주전자를 남겨두었다.
- 깡통따개 : 그저 우리는 통조림을 사지 않기 때문에
- 샐러드 스피너 : 우리는 체나 행주 혹은 그물망 주머니를 대신 쓴다.

- 밀대 : 손가락으로도 팬에 반죽을 잘 펼칠 수 있다. 만약 힘들다면 병을 이용한다.
- 쿠키 커터 : 그 용도로 쓸 수 있는 물품은 집에 수없이 많이 있다.
- 제스터 : 보통 강판이나 칼을 대신 쓰면 된다.
- 마늘 다지기 : 식칼 옆면으로 마늘을 으깬다.
- 기름 솔 : 허브 다발이나 손, 아니면 숟가락을 대신 쓴다.
- 채소 필러 : 필러를 포기하니 굳이 벗길 필요 없는 채소 껍질을 벗기지 않아도 되어 편해졌다. 퇴비화할 음식쓰레기도 줄고 야채 껍질에 풍부한 비타민도 섭취할 수 있었다.
- 여분의 도마 : 우리는 조리대에 붙어 있는 것 하나만 쓴다.
- 케이크 팬 : 대신 베이킹용 접시를 쓴다.
- 플레이스 매트와 테이블보 : 둘 다 금방 더러워지므로 물리적인 에너지와 전기, 세제 낭비다. 식탁을 닦는 쪽이 플레이스 매트나 테이블보를 세탁하는 것보다 훨씬 간단하다. 특히 플레이스 매트를 깔아도 테이블은 닦아야 하니까!
- 장식품 : 나는 쓸모가 없는 물건을 청소하거나 신경 쓰는 데 시간을 보내고 싶지 않다. 인생은 너무나 짧다.
- 고무밴드와 봉지 집게 : 우리는 포장 식품을 구매하지 않으니, 그걸 밀봉할 물품이나 도구가 필요하지 않다.
- 격식 차린 식기와 수저 : 나는 그런 식기들이 차지하는 자리나 필요로 하는 특별 관리를 정당하다고 여길 수 없었다.
- 꼬챙이 : 우리는 로즈메리 가지를 대신 쓰고 있는데 케밥 요리에 근

사한 향을 더해준다.
• 그리고 일회용품

: : 재사용하기

혹시 당신의 일회용품이 이 잡동사니 줄이기 과정에서 살아남았다
면, 지금 당장 말해줄 것이 있다. 일회용품은 필요하지 않은 물품이
며, 처분하면 그게 차지하는 공간을 되찾을 수 있다. 당신의 돈을 쓰
레기장에 버리지 말고 주머니에 간수하자! 일회용품은 재사용 가능
한 물품으로 얼마든지 대체할 수 있다.

우리는 다들 어떤 대가(환경을 포함하여)를 치르더라도 시간을 절
약하려 애쓰고, 그래서 마케팅 문구가 약속하는 시간 절약 방법에 넘
어간다. 하지만 결과적으로 일회용품으로 정말 혜택을 보는 사람은
누구일까? 예를 들어 일회용 컵을 살펴보자. (1)포장을 뜯고 (2)포장
과 컵을 재활용품 수거 코너까지 내가고 (3)들고 나간 재활용품 바
구니를 도로 가져오고 (4)좀 더 사려고 가게에 가고 (5)그걸 상점에
서 집까지 나르는 것이 과연 (1)식기장에서 재사용 가능한 컵을 꺼
내 (2)식기세척기에 넣었다가 (3)제자리에 도로 집어넣는 것보다 시
간이 절약될까? 일회용품 사용에 따르는 여러 번의 장보기와 재활용
품 수거 코너행이 일반 제품을 재사용하는 것보다 시간이 절약된다
고 우리는 속아왔다.

"식탁에서 다 쓸어 내버리세요. 저희 제품은 깨지지 않습니다!"

일회용품을 광고하는 회사는 이렇게 말한다. 이제는 우리가 어른 다움을 되찾을 때! 우리는 성인이니 깨지는 물건을 잘 다룰 수 있다.

우리 가족은 종이타월을 극세사 천으로 대체했고, 절대 다 써서 떨어지는 법이 없다. 퇴비화를 하니 쓰레기 봉지를 사용할 필요가 없다. 샌드위치 비닐봉지는 이미 갖고 있던 주방타월로 대체했다. 파라 핀지나 알루미늄호일 없이 어렵지 않게 쌀 수 있다는 걸 알았고, 남편은 일회용 접시와 컵, 종이냅킨을 사지 않아 절약되는 비용에 만족했다. 장보러 갈 필요가 많이 줄어들었다.

주방 일회용품 구입을 중단해보면 일회용품 없이 사는 것이 제법 할 만하다는 사실을 금방 깨달을 것이다. 한동안 시험해보라. 재활용품 바구니 몇 가지는 치워버릴 수 있음을 알게 될 것이다. 다른 몇 가지는 초반 투자가 필요하지만, 몇 달이면 본전을 뽑을 수 있다! 환경보호를 위한 소비? 구매하는 물품이 한 번만 쓰고 버릴 물품을 대체하는 것이라면 그렇다. 앞서 잡동사니를 처분할 때 몇몇 물품을 팔았다면, 이제 재사용에 투자할 돈이 있을 것이다. 하지만 제품을 고를 때 그 소재가 재활용 가능한지 고려하자. 금속, 유리, 종이 제품을 고르고, 플라스틱은 피하자. 우리 가족이 재사용 가능한 물품으로 대체한 일회용품 목록을 여기 실어본다.

• 종이타월 : 조리대를 닦을 행주와 손을 닦을 주방타월 여러 장(오래된 천으로 만듦). 우리는 고기나 생선의 물기 제거는 칼로 눌러서 한다.
• 페트병 생수 : 식구마다 스테인리스 물통을 하나씩 장만했다(아이

들용 일반 2개, 우리 부부용 보온병 2개).

- 비닐랩과 냉장·냉동용 비닐봉지 : 병조림용 유리병으로 대체. 나는 각종 크기로 수십 개를 갖고 있는데 보존식품 만들기, 보관, 냉동, 식품 운반에 쓰고, 남은 음식 담을 용도로 10개쯤 식기장에 두고 있다. 나는 프랑스식 유리병을 좋아하는데, 내가 프랑스인이라서가 아니라 일체형이라 다루고 씻기 쉬워서이다(내가 좋아하는 브랜드는 천연 고무 패킹까지 쓴다).
- 종이냅킨 : 천 냅킨 여러 장. 나는 집에 오는 손님을 치르기 위해 30장쯤 가지고 있다. 다양한 목적에 맞도록 중간 사이즈를 골랐고 (칵테일 파티와 저녁식사에 쓸 수 있다) 지우기 어려운 기름 자국을 감추기 위해 무늬가 있는 천으로 했다. 식구마다 본인의 냅킨을 구분하기 위해 글자 달린 고리를 쓴다.
- 티백 : 티 스트레이너. 나는 보온병 입구 크기와 용량을 고려하여 중간 사이즈의 구球형 스트레이너를 골랐다.
- 커피 필터 : 커피 프레스. 커피메이커 사용자들을 위한 재사용 가능한 커피 필터도 나와 있다.
- 이쑤시개 : 소형 꼬치. 우리 집에 초대할 수 있는 최대 손님 수를 고려해서 30개쯤. 또한 스테인리스 스틸이나 티타늄 칵테일 꽂이를 구입할 수도 있다.

재사용은 일회용품을 없애는 문제일 뿐만 아니라, 새로 사야 할 때 오래 가는 물품을 구입하는 문제이기도 하다. 가능하다면 중고품을 구입하자. 또는 근처의 식당 비품 상점에 가서 내구성 좋은 제품을 찾아보자.

: : 모으기

폐기물 분리에 적당한 통을 고르는 것은 쓰레기 제로 주방을 구성하는 또 다른 열쇠이다. 어떤 통에 어떤 폐기물이 들어가는지 뚜껑에 써서 붙여놓으면 당신과 가족, 손님들에게 도움이 될 것이다. 냉장고에 쪽지를 붙이는 것도 방법이지만 덜 유용하다. 통의 크기는 대용량 식품 구매 여부에 따라 다르겠지만, 이상적으로는 가장 작은 것을 매립 쓰레기용으로 쓴다.

퇴비화

쓰레기 제로 주방의 첫 단계는 당신의 필요에 맞춘 퇴비화 방식을 도입하는 것이다. 부엌 쓰레기의 1/4이 퇴비화 가능하다는 점을 고려하고, 일단 체계를 세우고 나면 쓰레기 구분을 금방 할 수 있을 것이다. 어떤 방법을 시행하든 간에, 퇴비화에서 가장 중요한 대목은 퇴비화 가능한 재료를 모으는 것이다. 나는 퇴비화 가능한 부엌 쓰레기를 모으는 용기가 아래의 조건을 갖추면 실천이 쉽다는 사실을 발견했다.

• 충분한 크기인가 : 용기가 크면 퇴비함에 가는 횟수를 줄일 수 있고, 거의 어떤 용기로든 가능하다. 현재 부엌 쓰레기통을 퇴비 폐기

물 용기로 쓸 수도 있다. 우리는 일주일에 한 번 통을 비운다. 고기와 생선 찌꺼기는 수거일까지 얼려둔다. 유기농 재료는 매립지에서처럼 생분해 불가능한 물품과 섞여 있을 때만 고약한 냄새가 나는데, 이는 제대로 부패되지 않기 때문이다. 부패 예비 단계에서는 냄새가 나지 않는다. 그러므로 정기적으로 교체해야 하는 탄소 필터가 내장된 쓰레기통을 구입할 필요는 없다.

- 미적으로 괜찮은가 : 많은 이들이 '더러운' 용기를 싱크대 위에 둔다는 것을 견디지 못해 퇴비화를 피한다. 그 사람들을 탓하진 않는다! 하지만 누가 싱크대 위에 용기를 둬야 한다고 했던가? 더러운 쓰레기통을 싱크대에 둘 생각은 절대 없다. 싱크대 아래가 제일 낫다. 눈에 보이지 않게, 하지만 마음에서 멀어지지는 않게.

- 손에 닿기 쉬운 곳에 있는가 : 우리 집은 싱크대 아래 둔 슬라이드식 용기를 써서, 채소를 썰 때 손쉽도록 하고 있다. 채소를 씻고 그대로 꼬투리를 잘라 넣으면 된다. 용기를 싱크대 아래에 두면 물기 있고 지저분한 개수구 거름망을 비우고 식기세척기를 돌리기 전 음식 찌꺼기를 버리기도 쉬워진다.

재활용

당신의 지역사회에서 재활용되는 품목(어떤 품목이 재활용하기 힘들다고 여겨지는지도)을 정확히 알아보고 그에 따라 재활용통을 구분하자. 재활용하기 어려운 소재는 동네 재활용 분류함에 포함되지 않으며 특별 처리장으로 보내야 한다. 예를 들어 우리 집 부엌에는 혼합 재활용통을 하나 두고 있다. 내가 사는 지역은 유리, 종이, 알루미늄과 철제 캔, 그리고 1에서 7까지 숫자가 붙은 플라스틱류를 재활용한다. 우리는 코르크 마개를 모아두는 작은 통을 두고 있으며, 이걸 업사이클하는 식품점으로 가져간다. 또한 골치 아픈 플라스틱 코르크와 드물지만 집에까지 기어들어오는 과자 포장지를 두는 통이 있다. 그게 다 차면 업사이클하도록 테라사이클로 보낸다. 이러한 자원을 배송하는 데 들어가는 탄소 발자국을 고려하면 완벽한 해결책이라 할 순 없지만, 생산과 재활용 과정이 개선될 때까지는 이것으로 만족해야 할 것이다.

쓰레기 제로 생활방식을 도입하면 현재의 재활용품 양은 바뀔 것이라는 점을 명심하라. 당신의 재활용 시스템은 최소한 단기적으로는 유동성 있게 해야 할 것이다. 예를 들어, 이미 재사용이나 재활용할 비닐봉지를 담는 통이 있을지도 모르지만, 쓰레기 제로를 실천하다 보면 그 통의 필요성 자체가 곧 사라질 것이다.

매립

이제 예전 쓰레기통을 퇴비화 가능한 소재를 담는 통으로 이용하고 있으니, 예전 음식물 쓰레기통(보통 작은 양동이 크기)을 매립용 쓰레기통으로 쓸 수 있다. 물기 있는 품목은 이미 퇴비화 가능한 것으로 분류되었으니 통 안에 비닐봉지를 씌울 필요가 없다. 이 통 안의 내용물은 행동에 나서야 한다는 것을 의미하며, 그 행동은 식품 구매 습관의 변화에서부터 시작한다.

장보기

: : 식품과 할 일 목록

장보기 목록은 분명히 시간을 절약해준다. 하지만 나는 이것이 더 큰 목적에 도움이 된다는 것을 발견했다. 컨설팅 사업을 하다 보니, 내가 상담한 가정의 3/4이 목록을 작성하지 않으며, 그로 인해 자주 식품 구입을 하고(가끔은 매일) 충동구매를 한다는 것을(가끔은 이미 있는 물품의 존재를 잊어버리고 또 산다) 발견하고 놀랐다.

우리 가족은 장보기 목록을 두 개 쓰고 있다. 하나는 식품용, 하나는 할 일용. 목록 두 개 다 편리하게 식품 선반 앞에 붙여두었고 재생지를 잘라 만들었다(과제에 썼던 이면지). 나는 그걸 집게로 집고 연필을 옆에 달아놓았다. 우리는 종이 아래쪽에서부터 써나가면서, 나중에 아랫부분을 찢어내 가게로 가져갈 수 있게 했다. 휴대폰은 종이 없는 메모로 좋은 대안이긴 하지만 가족 전체가 참여하거나 즉흥적으로 써내려가기에 적합하지 않다.

가족 중 누군가가 식품 선반에 있는 어느 물품을 다 써버리거나 얼마 안 남은 걸 발견하면, 식품 목록에다가 그걸 적어둔다. 전 가족이 참여하고 있다. 한번은 레오가 '지역에서 나는 것만'이라는 규칙에 짜증이 나서 '바나나 10,000개'라고 적은 적이 있지만, 나는 참여에 대한 상을 주는 셈으로 6개를 사주었다. 또한 각자 음식을 준비해 오는 포트럭 파티와 같은 특별 행사에 가져갈 여분의 치즈 등의 물품들도 목록에 적는다. 식품 목록은 내가 매주 가는 식품점에서 파는 물품 기준으로 작성되며, 그 가게는 대량 물품 구비, 위치, 매장 내 베이커리 코너를 기준으로 신중하게 선택한 곳이다.

원하는 물건이 다른 가게에 있을 때는 '할 일 목록'에다가 적는다. 매주 장을 보러 갈 즈음에는 보통 대안을 찾아내거나, 아니면 목록에 적힌 많은 물품들을 살 필요 자체가 없어진다. 또한 할 일 목록에 '기부할 물품 갖다주기'나 '특별 대량 상품'을 적어둔다. 전반적으로 이러한 목록들은 시간과 돈 절약, 그리고 소비 줄이기에 훌륭한 도구이다.

: : 벌크 구매의 이득과 함정

우리는 소비자로서 막대한 권력을 가지고 있다. 생존을 장보기에 의지하고 매주(가끔은 매일) 다양한 상품을 채워넣으며, 제품 포장이나 식품 품질에 따른 우리의 결정은 생산자와 판매자들을 성공이나 실패로 이끌 수 있다. 우리가 힘들게 노동한 결실을 쓰는 것이니만큼 소비는 단순히 식품 선반을 채우는 기본적인 욕구 충족 이상이어야 한다. 또한 우리의 가치관을 반영해야만 한다. 왜냐하면 궁극적으로 누군가와 거래한다는 것은 '당신 상점은 나의 모든 필요를 충족하며 나는 당신 사업이 성공하기를 바란다'라는 메시지를 암묵적으로 표현하는 것이기 때문이다. 낭비 많은 포장을 기피하고 지역에서 나는 유기농 제품을 선호함으로써 우리의 소비로 의사를 표시할 수 있다. 나

는 벌크 구매가 이러한 고려와 맞아떨어진다는 것을 발견했다.

미국에서는 대부분의 사람들이 벌크 구매를 회원제 창고형 매장과 연관지어 생각한다. 랩으로 포장한 큰 상자 3개 묶음 월계수잎을 사거나, 어마어마한 대용량 마가린을 구매하는 것 말이다. 이러한 '더 쓰고 더 절약하는' 비즈니스 모델은 단위당 최저 가격을 소비자들에게 제공하는데, 기숙학교나 작은 군부대 급식에는 이것이 경제적일지도 모른다. 일반 규모의 가정에도 이득이 될 수는 있겠지만, 늘 그런 것은 아니다.

스콧과 나는 회원제 연장을 몇 년 전에 포기했는데, 2킬로그램들이 마가린을 산 후였다. 바닥까지 다 쓰기 전에, 토스트 부스러기와 잼 흔적이 다른 정체 모를 찌꺼기와 섞여버렸다. 그 광경에 우리는 입맛이 떨어졌고, 결국에는 역겨운 남은 마가린을 매립지로 보내버렸다. 우리가 차마 다 해치우지 못한 것에 돈을 낭비했다는 사실이 후회스러워서, 다시는 큰 통에 든 대용량 제품은 사지 않는다. 필요한 것 이상을 구매하면 필연적으로 그 식품에 질리고 유효기한은 어느새 훌쩍 다가와, 결국에는 식품과 공간, 돈, 자원, 그리고 소중한 시간을 낭비하게 된다.

하지만 이 책에서 언급하는 벌크는 유기농 매장이나 생협에서 볼 수 있는 것으로, 커다란 통에 담겨 개별 포장 없이 판매되는 상품을 말한다. 소비자들이 장바구니를 가져가서 원하는 만큼 많이 혹은 적게 채워서 살 수 있는 종류의 구매이다.

포장 면에서는 회원제 창고형 매장과 유기농 매장, 두 가지 비즈니스 모델 다 포장을 절감할 수 있다. 하지만 양쪽 매장의 주요 상품을 사들여 비축하는 것을 비교하면, 회원제 창고형 매장에서의 구매는 집에 어마어마한 양을 저장하게 된다. 내가 요즘 부엌에 사둔 품목대로 대형 매장에서 벌크로 구매하면 식품 선반이 댄스홀 정도 넓이는 되어야 할 것이다. 반면에, 유기농 매장의 커다란 통에 담긴 상품들을 구매해서 보관하는 데는 초대형 식품 선반 같은 것은 필요 없다. 유기농 매장이 포장을 완전히 배제하지 못한다는 점(생산자들이 상품을 가게로 운송하는 데 포장이 필요하고, 가끔은 회원제 창고형 매장과 마찬가지로 20킬로그램들이 대형 봉지에 들어 판매되기도 한다)은 말해두어야겠지만, 소비자들로 하여금 진정 필요한 식품 분량과 저장 공간에 맞춰 구매할 수 있게 해준다. 일반적인 규모의 가정엔 스테비아 500그램이나(나는 한 달에 작은술 반 개 정도를 쓴다) 피칸 10킬로그램(나는 명절 즈음 한 컵 정도 쓴다)이 한꺼번에 필요하지 않다. 유기농 매장은 우리들을 대신하여 거대한 저장 공간을 제공하는 셈이다.

사람들은 종종 유기농 매장에서 벌크 구매하면 비용이 많이 든다고 생각한다. 우리는 그런 식으로 장보기를 함으로써 사실 식품 지출비를 1/3이나 줄일 수 있었다. 조리식품을 피하고 육류 소비를 줄이고, 마트에서 포장된 상품을 구매할 때와 마찬가지로 형편에 맞는 제품을 고르는 데 주의를 기울인다면, 식품 지출 비용이 상당히 줄어들 것이다.

유기농 매장과 생협은 지역 생산품과 유기농 상품을 훨씬 더 많이 구비하고 있다. 그리고 일반적으로 자기들이 취급하는 식품의 성

분과 원산지 등에 대해 조사를 하므로, 성분 표시를 해독하는 시간을 절약할 수 있다. 좋은 먹거리는 헐값에 구할 수 없지만, 장기적으로는 우리와 환경에 더 나은 선택이며, 우리 자손과 지구를 위해 기꺼이 해야 할 투자이다. 유기농 상품을 더 많이 구매할수록 가격이 내려갈 가능성이 높아진다. 나는 장을 볼 때마다 벌크와 유기농 판매가 더 늘어나라고 기꺼이 투표하고 있는 셈이다. 내 아이들의 미래에는 쓰레기가 줄어들고 비포장 판매가 늘어나기를 바라기 때문에, 내 노동의 대가를 그러한 이상에 매주 기꺼이 투자하고 있다

: : 쓰레기 제로 장보기를 위한 준비물

벌크 장보기를 하는 동안 포장 쓰레기를 최대한 줄이기 위해서 필요한 물품들은 다음과 같다.

- 장바구니 : 지난 몇 년 사이 시장에 등장한 다양한 장바구니를 보면 머리가 어찔하다. 나는 싼값에 장만하기보다는 튼튼하고 괜찮은 장바구니에 투자하는 편이 낫다고 생각한다. 아주 튼튼한 캔버스 천 소재에 금속 손잡이가 달린 이동형 세탁 바구니를 추천한다.
- 천 주머니(두 가지 사이즈) : 나는 낡은 천으로 만들고 앞에다가 무게를 표시해둔다. 그러면 구매한 물품의 전체 무게에서 표시된 무게를 빼고 계산할 수 있다. 실크(가볍고 빨리 마른다)로 만들 수도 있고 가게의 벌크 코너에서 살 수도 있다. 일회용 케이블타이가 필요

할 일이 없도록 조임끈이 달린 스타일로 만들거나 고르자.

• 그물망 주머니(선택사항) : 천 주머니 대신 쓸 수 있다. 안이 들여다
보이는 소재의 특성 덕분에 계산대에서 상품 코드를 읽을 수 있다.
세탁기용 세탁망도 좋지만 합성 소재이니 면이나 마 소재의 천연
섬유 제품을 찾아보자.

• 유리병(두 가지 사이즈) : 뚜껑 달린 유리병이 좋다. 나는 1리터와
500밀리리터 사이즈 두 가지를 쓴다. 고객센터에서 병 무게를 달
고 메모하거나 그 무게를 병에 지워지지 않게 써놓는다.

• 병(선택사항) : 뚜껑을 돌려 닫게 되어 있고 입구가 큰 커다란 비니
거 병이 좋지만, 와인 병이나 레모네이드 병을 재사용할 수도 있다.

• 수용성 펜 : 병이나 주머니에 물품 번호를 써놓을 수 있는 수용성 펜
이 있으면 벌크 판매점에서 흔히 쓰이는 일회용 라벨이 필요 없다.

• 빵 주머니 : 낡은 천으로 만든 커다란 주머니를 빵을 담는 데 쓴다.

• 장보기 목록

: : 가게와 가정에서

이제 장보기 준비물을 마련했으니 가게에서 그걸로 어떻게 할지 그
리고 집에 온 다음에는 어떻게 하면 좋을지 알아보자.

천 주머니

천 주머니는 밀가루, 설탕, 콩, 시리얼, 쿠키, 향료 등 마른 벌크 식품

을 담는 데 쓴다. 물에 지워지는 펜으로 당신이 고른 벌크 품목의 번호를 물건 담기 전에 주머니에 쓰고, 집에 있는 저장용기에 들어갈 만큼만 담는다(향료의 경우, 나는 잘못 예측할 가능성을 피하기 위해 집의 빈용기를 가져가서 채워오는 쪽을 선호한다). 이 주머니들은 베이커리 코너에서 롤빵을 살 때도 유용하다. 집에 가서는 마른 식품을 밀폐 용기로 옮긴다. 나는 다양한 크기의 유리병을 이 용도로 쓰고 있다.

그물망 주머니

농산물은 그물망 주머니에다 담는다. 집에 가서는 습도가 유지되는 냉장고의 야채칸으로 물품을 옮긴다. 만약 잎채소가 시들면 젖은 행주를 덮거나 천 주머니를 적셔보자. 허브는 물잔에 넣어둔다. 커다란 물품은 주머니에서 꺼내 옮기지만, 포도 같은 자그마한 식품은 그냥 주머니째 물에 헹군다.

작은 크기의 밀폐 유리병

꿀, 땅콩버터, 피클 등의 축축한 벌크 상품은 작은 크기의 밀폐 유리병에 담고 펜으로 상품의 번호를 병에 쓴다. 올리브와 샐러드 바도 그냥 지나치지 말자. 비포장 상품을 살 수 있는 훌륭한 곳이다. 집에 가서는 식품 선반이나 냉장고에 그대로 보관한다.

빵 주머니

빵 주머니에 빵을 담아온다. 미리 전화해서 주문을 해놓을 수도 있다.

몇몇 상점은 현장 주문만 받기도 한다. 주문 물품을 수령할 때 주머니를 내놓으면 직원이 빵을 그 안에 넣어줄 것이다. 가격표나 바코드 스티커를 주면, 보관했다가 이후에도 사용할 수 있다. 일단 체계가 갖춰지면 매주 예약주문을 할 수 있다. 집에 가서는 빵을 다른 주머니로 옮겨서 냉동실에 저장하고 필요한 만큼 해동한다.

병

병에 올리브오일, 비니거, 메이플시럽 등의 액체를 담는다(벌크 액체류는 다른 카운터 상품이나 곡류보다 찾기 힘들다). 가끔은 리필 펌프 주둥이가 병보다 큰데, 그럴 경우 입구가 넓은 병이 더 편리하다. 펜으로 물품 번호를 병에다가 쓰는 것을 잊지 말자. 집에 가서는 쉽게 꺼낼 수 있도록 회전판에 얹어 찬장 안이나 냉장고에 그대로 보관한다.

큰 크기의 밀폐 유리병

고기, 생선, 치즈와 반조리 식품 등의 카운터 판매 상품은 큰 크기의 밀폐 유리병을 이용하자. 카운터 직원에게 주문품을 병에 담아달라고 하면 된다. 그쪽에서 가격표를 병에 붙여줄 것이다. 집에 가서는 그대로 냉장고에 보관한다.

담을 용기를 직접 가져가는 것은 드문 일이고 의아하게 여기는 사람들도 있겠지만, 당신이 머뭇거릴 때만 그렇다. 나는 굳이 재사용 용품을 이용해서 장을 보겠다고 상대에게 허락을 구하지 않는 편이

편하다는 것을 알게 되었다. 예를 들어, 생선 코너의 새 직원을 마주
했을 때 나는 "한치 몸통 네 개요. 여기다 넣어주세요." 하고 담담하
게 한치를 내려다보며 유리병을 건넨다. 직원을 쳐다보며 눈치를 보
면 괜히 의심만 들게 할 뿐이다. 나는 마치 병에 담아가는 것이 흔한
일인 양(마치 내 평생 동안 이런 식으로 장을 봐온 것처럼) 행동하고, 병
을 쓰는 이유를 물어오면 그냥 "쓰레기통을 두지 않고 살거든요."라
고 대답한다. 아무도 더 꼬치꼬치 묻지 않는다. 하기야 최근에 나는
3년 동안 병에 담아 장을 본 가게에서 거절을 당했다. 새로 들어온
카운터 직원이 "건강과 안전 조례에 위배됩니다."라고 딱 잘라 말했
다. 나는 직원에게 매장 매니저에게 확인해보라고 말했고 직원은 결
국 병에 담아주었다.

　하지만 이런 대답을 들으면 처음 시도하는 사람은 기가 꺾여 다
시는 안 할 것이다. 가져간 용기를 받아주는 것은 지역마다 경우마다
카운터, 디스펜서 기계, 마른 식품, 축축한 식품 등 계속 변화하는 지방자치 조례에 따라 다
다르다. 가게마다 규칙을 제각기 달리 해석하고, 몇몇 곳은 아예 무
시하기도 한다. 상점이나 어떤 지역이 이걸 못마땅해한다면, 보통은
고소당할까 걱정해서이다. 제대로 세척하지 않은 용기에다가 상품을
담아줬다가 당신이 질병에 걸리기라도 할까봐 그러하다. 하지만 거
절당한다고 직원의 말을 곧이곧대로 들을 필요는 없다. 매장 매니저
에게 개인 용기에 담아 파는 걸 금지하는 조례가 몇 장 몇 조에 있느
냐고 물어보라. 나는 그쪽에서 확고한 답을 할 수 있는 경우는 극히
드물다는 것을 발견했다. 틀에 박히지 않은 일을 하려면 배짱이 필요

하지만 부디 포기하지 말기를. 혹시 거절당한다면 다른 가게나 아니면 다른 날 시도해보자.

　일주일에 하루 날 잡아 할 일들을 전부 목록에 적어두고 해버리면, 충동구매만 막는 것이 아니라 해당 요일 근무하는 상점 직원들과 친해질 수 있어 마음 놓고 이런 식으로 장을 볼 수 있다. 금요일마다 나는 치즈 코너 직원들과 인사하고, 따뜻한 빵을 건네주는 직원과 몇 마디 대화를 나누고, 계산대에서 만나는 직원의 변함없는 미소에 응답한다. 결국 그들의 배려야말로 이 시스템을 가능하게 해주는 것이며, 요청을 받아들여준 그들에게 나는 무한히 감사한다. 상냥하게, 인내심 있게, 감사하며 실천에 옮기자.

: : 상점 외의 곳에서

지역 유기농 매장이나 생협에서 벌크로 구할 수 없는 것들은 어떻게 할까? 혹은 근처에 유기농 매장이 없다면?

　벌크는 유기농 매장에만 한정된 것이 아니다. 공동체지원농업^{CSA,}
_{회원들이 특정 농가와 연대를 맺고 영농 자금과 노동력을 제공하는 대신 신선하고 안전한 먹거리를 공급받는 제도 – 옮긴이}, 농산물 직거래 장터 그리고 특정 품목 전문점도 그들이 환경 보호 노력을 꾸준히 실천에 옮긴다면 훌륭한 비포장 상품 판매처가 될 수 있다. 예를 들어 공동체지원농업은 훌륭한 비즈니스 모델이다. 지역사회에 도움이 되고 제철 유기농 산업을 살릴 수 있다. 불행히도 우리가 가입한 공동체지원농업은 비닐봉지를 사용한다. 봉지 10개

에 회원 수 600명을 곱하면 매주 6000개의 비닐봉지를 자연으로 배출하는 셈이다.

　나는 해결책을 제시하고 대안을 수용할 것을 촉구했으나, 분량을 나누려면 포장이 필요하다는 핑계를 대고 있다. 비포장 상품을 제공하는 다른 공동체지원농업도 있지만, 나는 직거래 장터를 이용한다. 상대적으로 제철 농산물을 더 많이 취급하며 판매자들과 대화를 나누고 그 자리에서 비닐봉지를 거절할 기회가 생긴다. 언젠가는 꽃가게에서도 아름다운 꽃을 포장 없이 파는 것을 고려할지도 모른다.

직거래 장터, 공동체지원농업, 또는 이웃에서 달걀을 구입한다

공동체지원농업과 직거래 장터는 계란판을 기꺼이 받아 재사용한다. 만약 당신이 시골에 산다면, 계란판 없이 이웃에게서 살 수도 있다.

병 보증금을 환불해주는 유리병에 담긴 우유나 요구르트를 산다

거주 지역에 따라 지역 유제품 업체, 배달 서비스 또는 식료품점 냉장코너에서 우유를 직거래로 살 수 있다. 매장 판매의 경우에는 구매시병 보증금이 붙고 가게에 병을 반환하면 보증금을 돌려받을 수 있다.

아이스크림이나 사탕 등의 전문점에 병이나 천 주머니를 가져가 채워온다

거절당할지도 모르지만, 병에 담아 사올 수 있다. 그리고 많은 소매업자들이 받아들이고 있다. 예를 들어 파리의 마이어 매장에선 머스터드를 리필로 구매 가능하다.

깨끗한 빈 와인 병을 와이너리의 '보틀링 이벤트' 기간에 리필한다

나는 코르크 낭비가 없는 플립탑 마개 병을 리필 용도로 즐겨 쓴다. 와인 리필은 찾기 힘들고, 거주 지역에 따라 없을 수도 있다.

지역 양조장에서 술을 리필한다

몇몇 양조장에선 대형 맥주병을 내놓고 바에서 리필을 제공한다. 시행하는 업체를 주위에서 찾아보자. 혹시 거절당하더라도 최소한 당신 문의로 인해 그쪽에서 고려하게 될 것이다.

벌크 형태로 구할 수 없는 것은 만든다

나는 정신건강을 위해 벌크로 구입할 수 있는 건 만들지 않는다. 빵을 굽는 대신 빵 코너에 쌓아놓고 파는 번과 바게트를 빵 주머니에 넣는다. 쓰레기 제로를 가능한 한 간단하고 힘들지 않게 유지하기 위해 나는 간소화하고, 중요도를 정해서 시간을 쓰며, 비포장 상품을 구하기 힘든 주요 식품만 직접 만든다. 단, 몇 가지 벌크 재료만 들어가고 만들기 쉬운 레시피를 선호한다.

통조림으로 사던 제품은 직접 만들기를 고려해본다

수제 통조림은 MSG 범벅에 BPA 노출 위험이 있는 기성 제품의 훌륭한 대안이다. 간소화를 목표로 하기 때문에, 나는 가족들이 제철이 아닐 때도 즐겨 먹는 토마토만 직접 병조림으로 만든다.

공동구매 모임에 가입하거나 만든다

가게와 식당에 물품을 대는 자연식품과 유기농 제품 전문 도매업자들의 상당수가 공동구매 모임과도 거래를 한다. 유기농 매장이 근처에 없는 가정으로선 공동구매가 질 좋은 먹거리를 저렴한 가격에 구입할 수 있는 훌륭한 대안이다.

직접 재배한다

집에서 직접 키운 먹거리는 포장과 스티커가 없다. 채소 재배 책을 여러 권 쓴 저자 로잘린드 크리지는 초보자들에겐 우선 수확량 높은 채소부터 시작해서 자신감을 북돋기를 권한다. 어린잎 샐러드나 볶아먹을 채소는 짧은 시간 안에 많이 키울 수 있다. 가지, 근대, 케일은 재배에 오랜 시간이 걸린다(단위 면적당 생산량은 높다). 토마토는 한꺼번에 수확할 수 있는 것보다는 계절 내내 수확할 수 있는 종자가 더 생산성이 높다. 넝쿨콩, 완두콩, 넝쿨오이는 오랜 기간에 걸쳐 위로 자란다. 딸기류는 이른 여름부터 가을까지 자란다. 그리고 래디시, 양상추, 루콜라, 실파는 빨리 자라고 빨리 시든다.

채집한다

당신의 채집 본능을 살려보자. 채집은 우리 가족의 취미활동이 되었다. 가끔 레오는 블랙베리로 입술이 까맣게 물들어 돌아오기도 하고, 가끔은 가재 한 양동이를 손에 들고 온다. 스콧은 생선과 조개류를 노린다. 나는 채소 채집이 특기다. 채집은 매주 장보기를 보충하고 절약하는 훌륭한 방법이다!

: : 일반적 장보기

어떤 사람들은 우리가 쓰레기 제로에 집착한다고 생각할지 모른다. 우리 생활방식의 중요한 부분이긴 하지만 집착이라고는 생각하지 않는다. 처음에는 그렇게 시작했을지도 모르지만, 이제 실행 계획이 다 확립되어 돌아가고 있으니 금전, 건강, 시간 절약 효과를 온전히 누릴 수 있다. 우리의 성공은 주로 장보기와 체계화 기술에 달려 있다. 오래된 습관을 해결하기 위해선 꾸준한 노력이 필요하고, 자신에게 맞는 체계를 찾기까지는 시간이 좀 걸릴 수도 있겠지만, 쓰레기 제로와 다섯 가지 R은 상점에서 올바른 결정을 내리게 하는 척도가 될 것이다. 익숙하지 않은 이들에게는 어마어마한 일들로 보이겠지만, 이제 다른 사람들이 장을 보는 방식이 내게는 기가 질릴 정도다.

식단 짜기

일반 가정 쓰레기는 패스트푸드 포장이 상당량 차지한다. 그래서 많은 이들에게 쓰레기 제로를 엄두도 못 낼 일로 느껴지게 한다. 하지만 쓰레기 제로를 목표로 하는 슬로푸드는 그렇게 어렵지 않다. 약간의 정리와 체계화 그리고 계획으로 이룰 수 있다.

: : 레시피 전면 점검

몇 해 전만 해도, 내 요리책은 다년간에 걸쳐 모은 레시피로 가득했고, 그중 상당수는 가공식품이나 통조림을 이용한 것이었다. 그렇게 건강에 좋지 않고 쓰레기가 많이 생산되는 레시피가 바인더에 꽉 들어차 있어 건강에 좋은 레시피를 찾기 힘들었다. 그뿐만 아니라 쓰레기 제로 장보기를 복잡하고 짜증나는 일로 여기게 만들었다.

그러다가 문득 '쓰레기 제로 부엌'을 만들기 위해 '쓰레기 제로 장보기'가 필요하다면, '쓰레기 제로 장보기'는 '쓰레기 제로 요리'가 필요하다는 생각이 들었다. 물론 내 레시피도 '쓰레기 제로 레시피'여야만 했다! 나는 이 과정을 거쳐 레시피들을 솎아내고 새로운 생활방식에 맞는 것들을 골랐다.

• 지역에서 벌크로 구할 수 있는 재료만 들어가도록 한다.
• 너무 많은 종류의 재료가 들어가거나 오랜 시간이 걸리는 레시피와는 이별한다. 간단한 요리도 세련된 것만큼 맛있을 수 있다.
• 검증되지 않은 레시피는 재활용품으로 버린다. 시도하다 실패하면 스트레스를 받게 된다. 치워버리는 쪽이 훨씬 낫다.
• 시간 내에 준비할 수 없는 디너파티 레시피는 치워버린다. 나는 손님들과 요리할 때면 집중력을 잃고, 재료를 까먹거나 아니면 시간 감각이 흐려져서 결국 실수를 하게 된다는 것을 깨달았다. 오히려 혼자서 요리하는 쪽이 훨씬 빠르고 낫다. 만들어둔 음식을 데우는

편이 저녁식사 시간을 좀 더 정확하게 맞출 수 있으며, 레시피 재
료 걱정을 하느라 주의 집중이 흐트러지지 않아 손님 접대를 더욱
제대로 할 수 있다.

- 책갈피를 끼워 놓은 대여섯 권의 요리책들(마음에 드는 레시피 단 하
  나 때문에 보관하고 있는 책들)까지 포함해서 나머지 레시피들을 스
  마트폰 스캔 어플을 이용해서 빠르게 스캔한다.
- 낱장들을 재활용하고 책들은 다른 사람들이 볼 수 있게 기증한다.

이제 레시피들을 스캔했으니, 아래의 분류에 따라 폴더를 나누어
보관한다. 레시피를 디지털화해두면 이동성이 좋아진다. 나는 내 레
시피를 스마트폰으로 어디에서나 볼 수 있도록 클라우드에 저장해두

레시피 폴더 분류

- 아침식사
- 핑거 푸드
- 사이드 요리
- 수프
- 곡물
- 파스타
- 콩류
- 감자
- 반죽
- 어패류
- 닭고기
- 육류
- 채소
- 디저트
- 쿠키
- 저장식품

었다. 레시피 하나를 힘들이지 않고 여러 폴더에 복사하여 쉽게 참고하고 메뉴를 짤 수도 있다. 예를 들어, 콜리플라워 수프 레시피는 수프, 채소 등의 폴더에 들어갈 수 있다. 인쇄할 것 없이 적절한 폴더에 저장하여 이메일이나 클라우드로 쉽게 공유하여 사용한다.

: : 주간 저녁식사 계획

나는 주로 손님이 올 때 레시피를 참고한다. 그 외 주중에는 레시피보다는 맛의 조화(또는 식품의 조화)에 중점을 둔다. 이러한 요리 방법을 위한 참고서로는 캐런 페이지와 앤드루 도넨버그의 『맛의 바이블*The Flavor Bible*』이 있다. 또한 레스토랑 메뉴나 유기농 매장의 조리식품 카운터에서 영감을 얻기도 한다. 이러한 접근법은 내 창의력을 북돋아

저녁식사 스케줄

- 월요일 : 파스타
- 화요일 : 콩류
- 수요일 : 반죽류(홈메이드 퀴시, 피자, 토르티야)
- 목요일(냉장고 정리) : 빵(채소 수프나 샐러드와 함께)
- 금요일(장보는 날) : 감자와 생선
- 토요일 : 그때그때 다름. 친구들과의 식사나 아니면 외식
- 일요일 : 곡물과 고기

주고 제철 식품이나 나의 장보기 스타일과도 맞아떨어진다. 게다가 우리 가족의 (1)벌크 식품 조달 가능성 (2)대부분 채식 식단 (3)스케줄을 기준으로 짠 주간 식단에 맞춰 조정할 수 있다. 이 접근법으로 채식 저녁식사 날에 달걀, 우유, 치즈로 단백질을 공급하고 직거래 장터에서 구매한 것을 그날의 요리에 더할 수 있다. 왼쪽 스케줄은 모든 이들에게 다 맞는 것도 아니고 가족의 필요에 따라 고쳐 쓸 수 있겠지만, 이런 식의 대략적인 계획이 정해져 있으면 평일 저녁 식단을 궁리할 일이 없어진다. 또한 "오늘 저녁 뭐예요?" 하는 아이들의 질문에 미리 대답을 할 수 있다.

: : 식품 선반 구성

우리 식품 선반은 제한된 일정 개수의 밀폐 유리병만 놓도록 짜여 있으며, 여기에는 기본 식품과 교체 식품이 들어 있다. 기본 식품은 집안

기본식품

- 밀가루, 설탕, 소금, 베이킹소다, 전분, 베이킹파우더, 이스트, 오트밀, 커피, 말린 옥수수, 파우더 슈거
- 잼, 버터, 땅콩버터, 꿀, 머스터드, 토마토 병조림, 피클, 올리브, 케이퍼
- 올리브 오일, 식물성 오일, 사과식초, 와인 비니거, 일본 간장, 바닐라 익스트랙트

마다 다를 것이다. 우리 가족의 경우엔 다음과 같은 것들이 포함된다.

교체 식품은 우리가 여러 가지 다른 형태로 구매하던 식품군을 말한다. 예전엔 우리 가족에게 콩류라고 하면 병아리콩, 렌틸콩, 완두콩, 팥, 누에콩, 강낭콩 등이 있었다. 여러 종류의 식품을 보관해두면 다양성이 높아지는 듯하지만, 실은 그 반대인 경우가 대부분이다. 의상 아이템과 마찬가지로, 즐겨 먹는 식품부터 먼저 집어드는 사이 안 좋아하는 것들은 뒤로 밀려나 잊혀진다. 자리를 차지하며, 결국에는 상하고(변질되거나 벌레가 생기고) 만다. 요즘엔 많은 종류의 교체 식품을 보관하는 대신 병 하나를 지정해놓고 교체하는 시스템을 도입했다. 예를 들어, 우리의 곡물 교체 병 안에는 이번 주에는 쌀, 다음 주에는 쿠스쿠스 등으로 바뀌는 식이다. 우리의 교체 식품군에는 이런 것들이 있다.

교체 식품군

- 곡물
- 파스타
- 콩류
- 시리얼
- 쿠키
- 너트류
- 단 스낵류
- 짭짤한 스낵류
- 차

이 시스템은 우리 식단을 다양하게 유지할 뿐만 아니라 저장 공

간을 넓게 쓸 수 있게 해준다. 또한 식품이 상하지 않게 유지하는 데
효율적이다.

: : 음식물 쓰레기 줄이기

식품군을 교체하는 것 외에 음식물 쓰레기를 줄이는 다른 방법들이
있다. 우리는 장을 보러 나서기 전에 장보기 목록으로 무장하는 방법
에 대해 다루었다. 음식을 조금씩 담아주고, 남은 음식을 데우고, 냉
동 방법을 활용하면 사용하지 않거나 상해서 퇴비로 만드는 식품의
양을 더욱 최소화할 수 있다. 예를 들어 허브를 아이스큐브 트레이에
얼리거나 남은 음식을 점심 끼니 정도 분량씩 유리병에 나누어 담고
얼리는 것이다. 또한 나는 냉동실에 모아둔 고기뼈나 생선뼈를 육수
를 내는 데 쓴 다음에 퇴비화한다.

　아주 열성적인 쓰레기 제로 부엌이라 할지라도 어느 정도는 퇴비
화할 쓰레기가 나오기 마련이다. 실수로 빠뜨릴 수 있는 재료를 활용
하는 방법을 여기 소개한다.

- 첨가하기 : 남은 호박은 풍미 있는 팬케이크를 만들도록 첨가한다.
  또는 파스타를 삶은 물은 파스타 소스를 만드는 데 약간 첨가한다.
- 굽기 : 남은 케일을 시트 위에 놓고 올리브 오일과 소금을 약간 뿌
  려 180도 오븐에서 10분간 구우면 케일 칩이 만들어진다.
- 모으기 : 나는 냉동실에 마른 빵조각들을 모으는 병을 두고 있다. 병

이 다 차면, 브레드 푸딩을 만든다.

- 말리기 : 건조기보다는 태양과 바람에 말리는 것이 가장 경제적이다. 나는 허브를 작은 다발로 묶어 색과 향을 최대한 유지할 수 있게 실내에 매달아 말린다. 말려서 가루를 낸 허브잎에 소금을 더하면 허브소금이 된다.
- 빼기 : 내 아이들은 시리얼에 든 건포도를 좋아하지 않는다. 나는 아이들의 아침식사에서 건포도를 빼서 쿠키에 넣는다.
- 발효시키기 : 남은 와인이나 과일 조각들은 집에서 비니거를 만들기에 딱 좋다. 와인 비니거를 시작하는 데 필요한 것은 발효 씨앗격인 종초균뿐인데, 보통 홈 브루잉 전문점에서 판다.
- 갈기 : 갈아낸 사과는 샐러드에 더하면 아주 훌륭하고, 마른 빵조각을 갈아 채소 요리나 캐서롤에 올리면 좋다.
- 걸어두기 : 요구르트가 유효기한이 지났고 곰팡이가 없다면, 나는 숙성시켜 손수건으로 싼 뒤 싱크대 위에 걸어두어 물기를 빼고 소프트 치즈를 만든다.
- 차게 하기 : 시든 양상추는 얼음물에 담그면 다시 살아날 수 있다.
- 즙을 짜기 : 당근 꼭지는 그린 스무디와 함께 갈아 마신다.
- 썰기 : 과일이 너무 많을 때 잘라서 접시에 놓아두면, 마법처럼 다들 먹어치운다!
- 끓이기 : 장보기 전날, 나는 남은 채소를 전부 닭뼈와 함께 냄비에 담고 물을 넣어 수프를 끓인다.
- 절이기 : 나는 남은 포도나 건과일을 브랜디에 몇 달가량 절이는 방

법을 어머니에게 배웠다. 디저트가 된다.

- 중화시키기 : 요리가 너무 매워서 버릴 생각이라면 레몬, 유제품, 알코올 또는 설탕을 넣는다. 너무 달다면 소금, 비니거, 레몬을 넣어보자. 너무 짤 때는 백식초를 뿌리고 설탕을 약간 넣으면 다스려질 것이다. 너무 시다면 베이킹소다를 넣자.

- 친구, 학교, 푸드뱅크에 주기 : 요리를 너무 많이 만들었거나 농작물을 수확했다면, 남는 것으로 다른 사람들을 기쁘게 해주자.

- 보존하기 : 익은 과일은 잼으로 만들고 남은 채소로는 피클을 담근다.

- 물어보기 : 남은 음식을 어떻게 할지 검색해보자.

- 재창조하기 : 남은 햄 조각으로 콩 수프에 맛을 내고, 멍든 사과는 애플소스를 만든다(과일 껍질로 소스를 만들 수도 있다!).

- 잊지 않기 : 적절한 보관은 남은 음식의 보관기간을 늘리는 데 중요하다. 우리가 쓰는 병조림 병은 투명해서 식품을 잊어버리지 않게 해준다.

- 되게 하거나 묽게 하기 : 가끔 수프나 소스가 냉장고에 오래 보관되어 식감이 너무 되거나 묽게 변한 경우가 있다. 전분으로 되게 하거나 아니면 물을 넣어 묽게 하면 확 달라질 것이다.

- 전부 써버리기 : 껍질을 벗기지 않는 것은 농산품을 최대한 활용하는 훌륭한 방법이다. 브로콜리 줄기는 보통은 버리지만 요리에 더할 수 있다.

- 꾸미기 : 나는 남은 음식으로 칵테일파티를 여는 것을 좋아한다. 장

보기 전에 냉장고를 비우는 즐거운 방법이다. 남은 피자는 한입 크기로 자르고, 작은 고기나 곡류는 꽃상추, 버섯, 숟가락이나 작은 유리잔에 담아낸다. 잘라낸 케이크 가장자리와 남은 케이크에 생크림과 신선한 과일을 켜켜이 쌓으면 트라이플이 된다.

- 적시기 : 눅눅해진 바게트에 스프레이로 물을 뿌려 적신 다음에 구우면 되살아난다.
- 잠그기 : 뚜껑이 잘 닫혀 있나 확인하자. 제대로 닫지 않은 곡물은 상하고 벌레가 생기기 마련이다. 제대로 봉하면 보관 가능 기간이 늘어난다. 병조림용 밀폐 유리병으로 보관한 이래, 우리는 음식 근처에 벌레 한 마리 본 적이 없다.

손님맞이

손님이 올 때면 무엇을 고려해야 할까? 쓰레기 없는 가정의 손님맞이에서 가장 중요한 측면은 먼저 행동에 나서는 것이다. 손님이 쓰레기를 들여오고 집을 어지럽힐 수밖에 없는 부득이한 상황을 미리 예방하자. 당신은 부엌을 간소화하고 변화를 받아들이기 위해 애써왔다. 손님이 당신의 노력을 망치도록 방치해서는 안 된다. 친구들에게 쓰레기를 줄이려는 당신의 결의를 알리자. 당신이 쓰고 있는 재사용품에 대해, 음식물 처리 지렁이에 대해 말해보자. 잡동사니를 줄이려는 당신의 노력에 대해 언급하고, 발견한 절약법을 보여주자. 당신이 시행한 변화에 대해 대화를 나누면 손님이 가져오는 선물 처리나 툭 던지는 말에 마음 상할 일을 피할 수 있다. 친구들에게 당신의 선택을 이해하고 존중할 기회를 주자.

손님맞이는 쓰레기 제로 생활방식을 축하하고 좀 더 넓은 규모로 시험해볼 훌륭한 방법이다. 또한 다른 사람들이 영감을 얻어 당신의 행동 일부를 따라하는 계기가 될 수도 있다. 손님들을 맞아 쓰레기 제로를 실천에 옮길 때 고려해볼 만한 아이디어 몇 가지가 있다.

음식

- 음식 재료를 담기 위한 여분의 병을 매장에 가져간다.
- 서빙 접시 사용을 피한다. 곧장 개인 접시에 담아주는 쪽이 간단하고, 설거지가 준다. 모양을 내서 담기에도 좋다. 또한 담아내는 양을 당신이 조절할 수 있어 쓰레기를 줄이게 된다.
- 큰 파티에서는 핑거 푸드가 유리하다. 핑거 푸드는 접시를 사용하게 되면서 생기는 음식물 쓰레기 발생을 막고, 설거지를 줄이고 남은 음식을 사용할 훌륭한 방법이다. 그냥 천 냅킨 한 무더기와 이쑤시개로 재사용 가능한 소형 꼬치 한 묶음을 같이 내놓으면 된다.
- 뷔페식으로 차린 상에 혹시 접시가 필요하다면 샐러드 접시를 낸다. 조금씩 담게 되어 음식물 쓰레기 발생을 줄인다.
- 음식 가짓수는 많게, 양은 적게 하기보다는 가짓수는 적게, 양은 많게 준비한다. 뷔페 차림상으로는 여섯 가지의 에피타이저를 스무 조각씩 준비하는 쪽이 스무 가지의 에피타이저를 여섯 조각씩 준

비하는 것보다 더 효율적이다.

음료

- 페트병에 든 물을 주는 대신 생수에 레몬 조각이나 오이 슬라이스, 로즈메리를 넣어준다.
- 많은 이들에게 맥주를 낼 때는 리필 가능한 큰 통을 고려한다.
- 용기의 재사용 가능성을 기준으로 음료를 구매하자. 나는 750밀리리터 플립탑 병에 든 보드카를 사는데 와인 리필용으로 사용 가능하고 플립탑 마개가 있으니 코르크가 없어도 된다.
- 손님들이 자기들이 쓴 잔에 표시할 수 있도록 펜을 준비해두자. 각자의 잔을 구별하는 데 도움이 되므로 설거지거리가 줄어든다.

실내장식과 분위기

- 일회용품이 아닌 진짜 식기, 천 냅킨을 사용하면 절약이 될 뿐만 아니라 동시에 품위를 더한다.
- 테이블을 장식할 창의적인 방법을 찾아보자. 냅킨 접는 기술, 화분, 마당의 나뭇잎과 가지, 양초, 아니면 단순하게 제철 과일을 이용하자. 초콜릿으로 테이블에 그림을 그리거나 붉은 렌틸콩, 옥수수, 아니면 다른 색색의 곡물로 디자인해보자.
- 다 쓴 보티브 통으로 새로운 보티브 양초를 만들자. 왁스나 올리브 오일을 채우면 된다. 가끔은 비포장된 긴 양초를 사서 쓰고 남은 것을 녹여 보티브 통에 채운다.

부엌을 위한 다섯 가지 R

- 거절하기 : 식품 포장과 일회용 비닐봉지에 맞서라.
- 줄이기 : 부엌 살림살이를 줄이고 식품 선반을 정리하라.
- 재사용하기 : 재사용 가능한 장바구니 등으로 장을 보고 남은 음식을 다시 요리해보라.
- 재활용하기 : 당신의 재활용 패턴에 맞게 각각 별개의 통을 정하라.
- 썩히기 : 음식물 쓰레기를 퇴비화하라.

한 걸음 더 나아가기

이 장에서 다룬 대부분의 아이디어는 눈에 보이는 형태로 존재하는 쓰레기를 다루고 있다. 다음의 팁은 에너지, 물, 시간 절약을 다루고 있다. 이를 통해 당신은 좀 더 지속가능한 노력을 할 수 있을 것이다.

에너지
- 오븐을 예열하지 말자.
- 꼭 필요할 때만 냉장고를 열자.
- 전기 기구보다 손을 써서 하자.
- 돈이 들더라도 압력솥을 사자.
- 냄비와 가스레인지 화구 크기를 맞추자.

- 냉장고와 냉동실에 음식을 보관하자.
- 아이스크림 메이커는 쓰지 말자. 아이스크림 통에 리필해서 사올 때 운반용으로만 쓰거나, 대신 아이스팩을 쓰자.
- 냉장고 문이 잘 닫히고 밀착되는지 확인하자. 문 사이에 지폐를 끼워봐서 제대로 고정되지 않는다면 패킹이 헐거워진 것이다.

물
- 싱크대에 거름망을 두고 거기 모이는 음식물 쓰레기를 퇴비화하자.
- 물 새는 수도꼭지를 막자.
- 절수형 수도꼭지를 설치하자.
- 싱크대에 물 저장통을 두고 헹구기, 찌기, 채소 삶기 등을 하고 난 물을 식물에 준다.
- 그릇을 헹굴 때마다 수돗물을 틀어놓지 말고, 싱크대에 물을 받아 헹군다.

시간
- 부엌에서의 시간을 최대한 활용하기 위해 프로 요리사들의 썰고 다지는 요령을 익힌다.
- 농산물을 헹구는 곳인 싱크대 주위에 도마를 둔다.
- 빵칼은 빵과 함께 보관하자.
- 식구마다 물병을 하나씩 정해서 물잔을 쓸 일이 없게 하자.
- 선반이 깊다면 유리병 뒤에 나무판을 두어 손이 닿는 곳에 병을

두자.

- 화상 응급책으로 알로에베라 화분을 두자. 잎을 약간 잘라서 화상 에 붙이기만 하면 된다.
- 육수를 따로 만들 것 없이 수프에다 뼈를 넣고 우린다.
- 샐러드는 맨손으로 섞는다.

Chapter
03

⋮

욕실과 화장품의
쓰레기 제로는
건강을
되찾게 한다

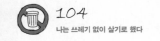

쓰레기 제로를 도입하기 전, 나는 미용과 몸 관리 제품을 열성적으로 구매하는 소비자였다. 하지만 거기에 화학물질이 얼마나 잔뜩 들어 있는지 그리고 건강에 얼마나 부정적인 영향을 미치는지에 대해 알기 시작하면서 실험동물이 된 기분이었다.

우리 생활에서 쓰레기와 독소를 제거하기로 마음먹고 나는 지칠 줄도 모른 채 조사 활동에 나섰다. 처음엔 상품들을 살펴보는 것만으로도 내가 가진 에너지를 총동원해야 했고, 그중 상당수가 건강과 환경에 해로웠다. 나는 매장에서 흔히 파는 각질 제거제 안에 조그만 플라스틱 입자가 들어 있는 걸 발견하고 결국 이러한 것들이 우리 몸 속으로 스며들 거란 점에 주목했다. 또한 많은 비누 포장지 안이 비닐 코팅되어 있어 재활용되지 않으며, 유기농 브랜드가 성분에 대해선 신경을 쓰지만 포장재가 환경에 미치는 영향에 대해선 아랑곳하지 않는다는 사실도 발견했다.

우리는 온갖 친환경 홍보 문구 사이를 헤쳐나가야 했다. "환경에 좋다면, 당신 피부에도 좋을 거예요!"와 같이 쓰여 있는 글을 전부 믿지는 말라. 어떤 상품은 내 피부를 마치 하루 종일 아무 조치 없이 햇빛 아래서 보낸 것처럼 시뻘겋게 만들었다. 또 언젠가는 천연이라는 말에 넘어가 세계적 브랜드의 무게 단위로 파는 고체형 컨디셔너를 샀는데, 성분 때문에 두통이 날 뿐이었다. 견딜 수가 없어 컨디셔너를 바깥에 내놨더니 즉시 두통이 사라졌지만 다음 날 나가 보니 그 비싼 물건이 우리 파티오 콘크리트 위에 녹아 있었다. 사기 전에 성분을 재확인했어야 했다.

포장, 성분, 효과에 실망한 나는 내 스스로 만들어 실험하기에 이르렀다. 그렇게 하면 벌크 단위로 파는 제품들을 동원하여 포장을 피할 수 있고, 성분과 비용을 뜻대로 조절할 수 있다.

내 홈메이드 실험물이 실패가 없었던 것은 아니다. 마스카라 실험물 중 하나를 바르고 저녁식사 모임에 나갔다가 내 친구들은 화장이 흘러내려 너구리 눈이 되어도 화장이 망가졌다고 지적해주지 않는다는 사실을 알게 되었다.

나는 환경을 위해서 드라이하는 데 들어가는 전기 소비를 줄이고, 감을 때 샴푸를 적게 쓰고, 헹굴 때 더 빨리 샤워를 끝내려고 머리를 짧게 잘랐다. 불행히도 짧은 헤어스타일은 내게 전혀 어울리지 않았다. 안타깝게도 어느 잡지가 얼마 후 우리 가족을 촬영하러 왔고 출간된 그 잡지를 받아본 어머니의 반응은 이랬다.

"머리는 도대체 어떻게 된 거니? 전혀 안 어울리는데……"

다행히 머리는 다시 자란다. 내가 열여덟 가지의 제모 왁스를 시험해보느라 뽑아버린 털도 다시 자란다. 농도를 제대로 맞추려다가 손가락에는 물집이 잔뜩 생겼다. 다년간 연구하는 사이, 나는 브랜드 마스카라 네 종류와 마스카라 제조법 스물두 가지, 데오드란트 대체품 네 가지, 샴푸 브랜드 일곱 가지, 치약 가루 세 가지, 그리고 틴티드 모이스처라이저 여섯 가지를 시험해보았다. 망고, 레몬, 아보카도, 설탕, 소금, 달걀, 분쇄 원두 커피, 오트밀, 꿀, 요구르트, 우유, 여러 종류의 오일, 베이킹소다, 사과식초, 숯, 전분, 코코아 가루, 알로에베라, 양파, 코코넛오일, 세이지, 오이, 차, 자몽, 글리세린, 비타민 E, 화이트

클레이, 그린 클레이, 파파야, 탄 성냥개비, 호스래디시겨자과의 식물. 서양의 와사비라고 불린다 - 옮긴이, 이끼, 쐐기풀까지 다 써봤다.

불쌍한 가족들! 제모할 체모가 더 이상 없자, 나는 만든 왁스를 맥스의 다리에 시험했다(물론 그의 동의를 받고). 염색약 대체품을 시험해보려고 나는 아들들이 머리를 자르고 난 다음에 바닥에 떨어진 머리칼을 모아 조그맣게 열두 다발로 묶은 다음에 각각 다른 혼합액에 담갔다가 저녁 시간에 조리대에 매달아 말렸다. 별로 입맛 도는 광경은 아니었다. 스콧은 셰이빙 크림 대신 일곱 가지 브랜드의 비누를 써봤고, 그중엔 내가 배관 청소하고 남은 가성소다와 남은 베이컨 기름으로 만든 비누도 있었다. 다행히도 쓰고 난 다음에 하루 종일 돼지를 만진 것 같은 냄새가 나진 않았다. 그냥 아이보리 비누 냄새 같았고 거품이 잘 일지 않았다. 가성소다가 떨어지고 나자 이미 만들어진 비누를 낱개 비포장으로 살 수 있는 마당에 굳이 플라스틱 용기에 든 가성소다를 살 이유가 없다고 생각되었다.

사람들 앞에서 망신거리가 되고 가족들에게 불편을 끼친 걸 제외하면, 나는 대체품을 궁리해내는 게 재밌었다. 마치 시스템을 뛰어넘은 기분이었다.

무엇이든 시험해볼 가치는 있지만 모든 것이 도입할 가치가 있는 것은 아니었다. 나는 립 플럼퍼입술을 도톰하게 해주는 제품 - 옮긴이로 쐐기풀을 권하진 않는다. 내가 해본 결과 울퉁불퉁하게 부풀고 고통을 가져다주었다. 샴푸 대신 베이킹소다는 머리가 짧다면 고려해볼 만한 선택안이다. 하지만 내 긴 머리는 얼마나 부석부석하고 뒤엉켰던지 친구들이 내가 일반 샴푸로 다시 바꾸자마자 알아챘을 정도였다. 반면에, 욕실에서 쓰는 생리컵은 부엌에서 재사용 가능한 천과 같다고 할 수 있다. 일단 절약되는 금액과 도입하는 게 얼마나 쉬운지 깨닫자, 왜 진작 쓰지 않았나 싶어 벽에 머리를 쿵쿵 찧고 싶었다.

이 장에서는 상품과 혼합물 그리고 내가 써보고 좋았던 조합법을 소개하고자 한다. 각자의 생활방식에 잘 맞는 방법을 도입하기까지 실험을 해야겠지만, 실험동물 노릇은 내가 대부분 했으니 당신이 할 필요는 없을 것이다.

욕실 구성

욕실은 아마 가정 내에서 두 번째로 쓰레기가 많이 나오는 곳이겠지만, 이곳 역시 잡동사니 정리와 재사용품으로 교체, 모아둘 용기 배치 등으로 막을 수 있다.

: : 간소화하기

욕실의 기본 기능은 우리 일상의 건강, 위생, 외모 가꾸기 등을 위한 곳이지만, 대부분의 가정에선 샴푸통, 날짜 지난 약, 온갖 종류의 일회용품이 증식하는 경향이 있다. 우리는 개인적 집착과 자기 불안의 증거를 욕실 캐비닛 안에 숨기려 하지만 딱히 비밀이랄 것도 없다. 많은 가정의 욕실에 몇 살씩 어려 보이게 한다는 기적의 크림과 우리의 불완전한 곳을 가려준다는 화장품, 이성을 유혹한다고 주장하는 매혹의 향수 등이 잔뜩 있다. 이러한 상품들은 매년 우리 지갑에서 몇 백 달러씩 빼가며, 결국 먼지나 쌓이다가 쓰레기통으로 들어가기 부지기수다. 이러한 물품을 모아들인다고 누가 우리를 탓할 수 있을까? 미디어는 결점 없는 얼굴과 잘 다듬어진 몸매를 찍은 보정한 사진들로 도배되어 있다. 계절마다 광고전문가들은 새로운 머스트 해브 아이섀도 팔레트와 하이테크 스킨케어를 생각해낸다. 이 모든 것들로 인해 자신이 아름답다고 여기기 힘들게 되고, 우리 욕실 캐비닛에 그 사실이 드러난다. 우리의 자신감 부족으로 인해 생활이 잡동사니로 어수선해지는 것이다.

뷰티(또한 나아가 욕실) 간소화의 첫 걸음은 미디어와 광고에 노출되는 것을 줄이려는 노력이다. 아주 외진 곳에 살지 않는 이상 완전히 피하는 것은 거의 불가능하지만 노출 빈도를 줄이는 것은 분명 가능하며, 연습하다 보면 아예 눈에 들어오지 않게 될 수도 있다. 아름다움은 돈으로 살 수 없음을 명심하는 것이 중요하다. 내면에서 우러나오는 것을 가게에서 살 수는 없는 법이다.

전국배뇨장애협회의 조사 결과에 따르면, 미국인들은 평균 하루한 시간을(그 바쁜 하루 일과 중에서) 욕실에서 보낸다고 한다. 최근 스파 유행과 함께, 우리는 스트레스 가득한 생활 속에서 긴장을 풀고 집안에서 유일하게 방해받지 않는 곳에서의 시간을 최대한 활용하고자한다. 일회용 욕실 청소용품^{일회용 변기 솔} 등의 상업적 성공은 청소하기 쉽고 효율성을 불러오는 공간에 대한 갈망을 더욱 강조하고 있다. 간소화는 선禪 스타일 욕실의 두 번째 단계이며, 캐비닛과 서랍을 비우고 뭐가 정말로 필요한지 평가하는 것에서부터 시작한다.

쓸 만한 상태인가? 유효기한이 지났는가?

오래된 화장품은 박테리아가 자라나기 최적의 환경을 제공하며 건강에 위협이 될 수 있다. 이 빠진 빗이 머리를 상하게 할 수 있는 것과 마찬가지다. 유효기한이 지난 약품은 어느 시점까지는 효과가 있지만 가끔 상태를 더 악화시킬 수 있다. 근처 약국에 적절한 처리법을 문의하자.

정기적으로 사용하는가?

당신은 15년 전에 코스트코에서 대용량 로션을 샀다가, 그 후에 다른 브랜드로 갈아탔을지 모른다. 그 로션은 여전히 사용되기를 기다리고 있지만 아마 그걸 쓸 일은 결코 없을 것이다. 현실을 부정하지 말자. 최소한 한 달에 한 번이라도 쓰지 않거나 먼지가 쌓여 있다면 처분하라.

중복되는 제품이 이미 있는가?

한 사람에게 헤어브러시나 빗이 몇 개나 필요할까? 머리끈은? 머리끈을 머리색에 맞추면, 옷마다 색깔 맞춰 머리끈을 수없이 둘 필요가 없다. 만약 당신이 실제로 하는 헤어스타일이 포니테일뿐이라면,

끈 하나로 충분할 것이다. 땋는 머리를 생각한다면 끈 두 개. 또한 마른 비누 조각들은 한데 합하자. 물에 담가 불린 후에 꽉 눌러 뭉치면 된다. 반쯤 남은 통, 샘플, 호텔 제공 물품 등도 샴푸통 하나에 전부 합하자.

내 가족의 건강에 위험할 수 있는가?

욕실 용품에 사용된 화학물질은 건강에 문제를 일으킬 수 있다. 당신과 가족의 건강을 최우선 사항으로 고려하라. EWG^{Environmental Working Group}의 스킨 딥 코스메틱 데이터베이스^{ewg.org/skindeep}를 통해 당신이 갖고 있는 제품의 점수를 확인하고 거기에 따라 정리하자. 데이비드 스즈키 재단의 '유해한 12가지'에 따르면, 우리가 가장 경계해야 할 화학물질들은 다음과 같다.

유해한 화학물질 12가지

- BHA와 BHT
- 타르 색소Coal tar dyes
- 다이에탄올아민Diethanolamin, DEA 관련 성분
- 디부틸 프탈레이트Dibutyl phthalate
- 포름알데히드Formaldehyde 포함 방부제 성분
- 파라벤Paraben

- 향Fragrance
- 폴리에틸렌 글리콜Polyethylene glycol, PEG 화합물
- 페트롤라툼Petrolatum
- 실록산Siloxane
- 계면활성제Sodium laureth sulfate
- 트리클로산Triclosan

죄책감 때문에 갖고 있는가?

향수는 일반적인 선물이고, 많은 향료가 독성을 갖고 있다(그리고 앞서의 질문에 의거하여 처분해야 마땅하다). 하지만 병이 예쁘거나 선물한 누군가가 그걸 사느라 많은 돈을 썼기 때문에 죄책감에 제품을 보관하고 있는 건 아닌지 고려해보자. 재활용은 불가피하다는 현실을 받아들이자. 만약 당신이 버리지 않으면, 다음에 다른 누군가가 분명히 실행에 옮길 것이다.

다들 갖고 있어서 두고 있는 물건인가?

늘 필수품이라 여겨왔던 물품들을 포함하여, 욕실 안의 모든 것에 대해 당신에게 필요한지 생각해보자. 나는 구강청결제, 반창고, 면봉을 다들 갖고 있다는 이유로 샀었다. 나 역시 그 물건들이 필요하다고 생각했으나, 이제는 그렇지 않다. 다른 물건을 같은 용도에 쓸 수 있는가? 새끼손가락(프랑스어에선 '귀 손가락'이라고 한다)은 훌륭한 면봉 대용이다.

내 소중한 시간을 청소하느라 보낼 만큼 가치가 있는가?

습기와 먼지는 좋은 조합이 아니다. 욕실 청소를 해봤다면, 달라붙은 먼지를 닦는 게 얼마나 어려운지 알 것이다. 욕실 실내 장식이 그만한 가치가 있을까? 아마 아닐 것이다.

이 공간을 다르게 쓸 수 있을까?

머리를 마는 헤어롤은 많은 자리를 차지한다. 만약 그걸 치운다면, 수
건을 빈 캐비닛 안으로 옮길 수 있다.

재사용 가능한가?

일회용품 역시 자리를 차지하며, 이 장에서 그걸 제거할 예정이다.
하지만 지금으로선 당신이 모아둔 것으로 곤란한 사람을 도울 수 있
다. 남성 쉼터에선 일회용 면도기가 필요하다. 여성 쉼터에선 생리용
품이 필요하다. 생리용품을 공공장소 화장실(어떤 곳에선 여성용품이
든 바구니를 비치해놓는다)에 갖다둔다면 긴급 상황인 다른 사람을 도
울 수도 있다.

　수납장 하나를 다 비웠는가? 혹시 벽에 붙어 있던 거였다면 그걸
들어내고 못 자국을 메우자. 별도로 넣은 수납가구는 비우고 붙박이
장세면대 아래 공간과 약품 캐비닛을 최대한 활용하자. 수평면세면대 위와 바닥을 깨끗이
치우고 가능하다면 선반이나 변기 물통 위 스탠드 등을 활용하면 욕
실이 평온하고 널찍해질 뿐만 아니라 청소하기가 간단해진다.
　주방 잡동사니 정리는 보통 혹시 나중에 필요하게 될까 하는 걱정
을 불러온다. 욕실의 경우 일반적으로 우리가 큰 희망을 품고 투자했
던 비싼 물품들을 버리는 게 문제다. 하지만 돈은 이미 써버렸다. 경
제적 손실에 매달리지 말자. 밝은 면에 집중하자. 당신은 소비 습관
을 확인하는 중이고 미래에는 좀 더 현명한 결정을 내릴 것이다. 잡

동사니 정리 과정을 통해 좀 더 나은 소비 습관을 갖게 된다면, 당신이 현재 재활용 중인 물품을 구입하기 위해 치렀던 돈은 한 푼도 아까운 것이 아니다. 재사용 가능하거나 비포장 대안 제품으로 절약하게 될 날을 기대해보자.

: : 재사용하기

화장실 휴지를 제외하곤 우리는 이제 일회용 제품은 사지 않는다. 재사용품이나 아니면 비포장 상품을 대체품으로 삼았다. 벌크로 파는 상품에 크게 의존하고 있기에, 우리는 장보기 준비물을 욕실 용품 운반에도 이용하고 있다. 마른 물품은 천 주머니에 그리고 젖은 물품은 병에. 집에 돌아와 그 물품들을 병과 디스펜서에 옮겨 담으면, 욕실의 미적인 면에도 도움이 된다.

: : 모으기

부엌에선 모으기가 피할 수 없는 일이다. 하지만 욕실에 분리수거함을 따로 둘 순 없는 일이다. 욕실 분리수거함(퇴비화, 재활용 그리고 매립용)이 필요한가 하는 여부는 벌크 제품 구입 가능성과 재사용 용품으로 바꿀 수 있는지에 달려 있다. 살림을 간단하게 하기 위해, 용기는 세면대 아래에 보관하는 게 제일 좋다.

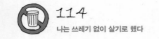

재활용

많은 가정이 부엌에서만 재활용 노력을 하고 있다. 여러 해 동안 나도 그랬고, 화장실 휴지심과 샴푸통, 컨디셔너통은 그냥 쓰레기통에 넣었는데, 욕실에 분리수거함이 없었고 귀찮아서 쓰레기를 따로 분리하지 않았기 때문이었다. 요즘에는 우리 욕실에서 나오는 재활용품은 일 년에 두어 개 정도로 아주 불가피한 것들이지만, 과도기에는 샤워 부스 근처에 수거함을 하나 두는 게 편하다.

퇴비화

욕실에 퇴비함이 필요한가 하는 문제는 당신이 얼마나 쓰레기 제로에 전념하는지에 달려 있다. 결국, 퇴비화하는 것이 머리카락과 손톱뿐이라면 따로 퇴비함을 둘 필요는 전혀 없다. 나는 빗에서 빼낸 머리카락은 새들이 가져다 둥지 재료로 쓰도록 그냥 창밖으로 버린다.

매립

이제 알겠지만, 쓰레기 제로에 가장 빨리 도달하는 방법은 일회용품의 대체품을 찾는 것이다. 이렇게 해보자. 쓰레기통을 치우고(나중에 완전히 치울 수 있게 될 때까지는 재활용품함으로 용도를 바꿔 쓴다), 부엌에 있는 매립용 쓰레기통까지 가져가야 하는 쓰레기는 대체품을 찾아야 할 물품이다.

미용과 위생

우리 부모님, 조부모님, 혹은 증조부모님이 썼던 상품들의 대다수는 재사용 가능하거나 최소한의 포장만 되어 있었으며, 여기서 소개될 대체품들은 그 옛날의 향수를 불러일으킬지도 모른다. 나는 그런 물건들을 재발견하면서 큰 재미와 즐거움을 느꼈다. 심지어 미적으로도 무척 멋져서 플라스틱 용기와 일회용품으로 가득한 캐비닛으로 돌려놓는 것은 상상조차 할 수 없다. 다음 페이지에 제시된 물품들은 효율성에 따라 심사숙고 끝에 고른 것이다. 당신이 선택한 것들이 평소 일상과 잘 맞물려야 한다는 점을 명심하자.

일회용품마다 여러 가지 대체품이 존재한다. 하지만 선택할 때 참고할 가이드라인이 몇 가지 있다.

- 열린 마음으로 보자.
- 무엇을 받아들일지를 정할 때에는 당신의 필요를 최우선으로 고려하자.
- 물품을 구입할 때는 '유해한 12가지'가 들어 있지 않은지 살펴보자.
- 인내심을 갖자. 어떤 대체품은 몸이 익숙해지기까지 시간이 필요하다.
- 즐기자. 당신에게 맞지 않는 대체품에 골탕을 먹더라도 즐거운 마음으로 기쁘게 받아들이자.

: : 피부 관리

손·몸·얼굴 비누

- 고체 바 : 비누 바는 비포장 혹은 재생지로 포장된 것을 찾을 수만 있다면 최선의 선택이다(포장이 온전히 종이로 되어 있는지 확인하기 위해 작게 찢어 비닐 코팅을 찾아보라). 풍부한 거품 덕에 굳이 다른 여러 가지 제품을 살 필요가 없다. 손, 얼굴, 몸을 씻고 면도와 머리 감을 때도 쓸 수 있다. 다 써가면 남은 조각을 그냥 새 비누 위에 겹친다.

- 벌크 액상형 : 꼭 액상형 손비누를 써야겠다면 카스티야 비누^{올리브유}와 수산화나트륨이 주원료인 비누-옮긴이가 다용도이며 효과가 좋다. 그래도 상당히 가격이 있으니, 직접 만드는 것을 고려해보자.

로션

- 벌크 로션 : 로션도 벌크로 구매 가능하다. 담아올 빈 용기만 있으면 되지만, 합성 성분을 조심하자.

- 벌크 오일 : 로션에 대한 자연 대체품으로, 나는 요리용 오일을 선호한다(성분 목록을 읽을 필요가 없다). 또한 부엌에서도 쓸 수 있다. 중성 피부면 카놀라유나 콩기름을, 건성 피부면 올리브, 피넛, 해바라기씨유나 홍화유, 참기름, 콩기름을, 지성 피부라면 포도씨유를 고르면 된다.

데오드란트

시판 데오드란트에는 일종의 알루미늄 성분이 들어 있으며 건강상의
심각한 문제를 일으킬 수 있다. 아래의 이 방법이 악취를 유발하는 박
테리아를 죽이긴 하지만 땀을 막아주진 못한다. 계획을 잘못 세우면
민망한 상황이 될 수 있다. 나도 겪어봐서 안다. 스트레스 받는 상황
에 처할 때는 겨드랑이가 보이지 않는 옷을 입자.

- 홈메이드 : 고체 데오드란트 제조법은 흔하지만 너무 많은 재료가
  필요하고^{베이킹소다, 전분, 녹인 코코넛오일}, 나는 그 결과가 만족스럽지 않았다.
  피부에 하얀 잔여물이 남거나(슬리브리스나 탱크탑을 입을 경우 곤란
  하다) 옷에 기름 자국이 진다.
- 명반석 : 크리스털 데오드란트라고도 하며, 사용하기 편하고 집에
  서 만들 것이 없다. 그냥 제품을 물에 적셔 바르고, 말리기만 하면
  된다. 떨어뜨리면 깨질 수는 있지만 몇 년을 사용할 수 있다(병에
  든 홈메이드 데오드란트와 대조되며 면도하다 베인 상처에도 잘 듣는다).

자외선 차단제

개인적으로 나는 자외선 차단제를 적당히 사용해야 한다고 생각한
다. 피부암도 걱정되지만 비타민 D 결핍도 걱정되기는 마찬가지다.
우리 가족은 옷과 모자로 햇빛을 가리고 오래 노출될 때는 자외선 차
단제를 쓴다. 또한 얼굴에는 외모 관리 차원에서 매일 쓴다.

- 벌크 참기름 : 단독으로 사용하면 약간의 자외선 차단 기능이 있다. 정확한 SPF 지수는 증명되지 않았으니, 약한 노출에 적당하다.
- 홈메이드 : 나만의 자외선 차단제 만들기는 산화아연zinc oxide이나 이산화티탄titanium dioxide 가루를 참기름이나 벌크 로션에 섞기만 하면 되는 쉬운 일이지만, 나는 아직 이 가루들을 덜어서 파는 곳을 찾지 못했다. SPF 20을 만들려면 가루 60그램을 로션 240그램에 섞으면 된다.
- 시판 제품 : 강렬한 햇살에 오랜 시간 노출되고 물, 모래, 눈에 반사될 때를 위해 우리는 유기농 브랜드를 골랐다. 유리나 금속 용기에 들어 있는 것을 찾자.

: : 헤어 관리

집에서 샴푸 만들기를 하려면 포장된 재료가 너무 많이 필요하기에 우리 목적에 적합하지 않다. 직접 만들어 써봐야 쓰레기가 줄지 않는다면, 굳이 뭐하러?

- 샴푸 안 쓰기 : 머리가 짧다면 샴푸 안 쓰는 쪽을 고려해보자. 샴푸 없이 머리 감는 방법은 물에 헹구고, 베이킹소다를 두피에 뿌리고 (조미료 뿌리는 용기가 좋다), 두피를 마사지한 다음, 윤기가 나도록 사과식초를 탄 물에 헹구고, 다시 여러 번 물로 헹군다. 두 가지 재료 다 벌크 코너에서 살 수 있다.

- 샴푸 바 : 샴푸 바와 컨디셔너 바는 여행할 때 편리하고 작게 포장
  되어 있다. 하지만 불행히도, 상당수가 코팅지로 포장되어 있거나
  유독 성분이 포함되어 있다(잘 살필 것). 우리는 대신 거품이 잘 나
  는 일반 비누를 산다. 비포장이나 종이 포장된 비누를 사는데, 모
  든 용도에 다 적합하다.
- 벌크 : 유기농 매장에서 빈 병에 리필로 샴푸와 컨디셔너를 사다가
  펌프 용기에 옮겨 담을 수도 있다. 이런 액체 펌프 용기를 쓰면 반
  쯤 남은 샴푸 통이 욕실에 널려 있는 상태를 막을 수 있을 뿐만 아
  니라, 쓰는 양을 조절하고 쓰레기를 제한할 수 있다. 제조사에서 매
  장으로 액상 제품을 운송할 때 여전히 용기가 필요하니 완전히 플
  라스틱을 배제할 수는 없지만, 이것은 벌크 쇼핑과 앞으로의 발전
  (용기가 제조사와 매장 사이만 왕복하는 것이 이상적이다)을 위한 투자
  가 될 것이다. 나는 이런 식으로 컨디셔너를 산다.
- 드라이 샴푸 : 머리 감지 않는 기간을 늘리기 위해, 나는 드라이 샴
  푸를 벌크로 파는 녹말로 대체했다. 조미료 뿌리는 용기에 넣어 기
  름기 도는 두피 쪽에 톡톡 뿌리고 마사지한 다음, 빗질한다. 덤으
  로 볼륨도 살아난다.

간소화하기 위해 나는 전체 가족이 샴푸 한 가지, 컨디셔너 한 가
지를 쓰는 것을 적극 추천한다.

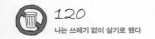

:: 면도 관리

일회용 면도기와 카트리지의 대체품은 적응 단계에서는 몇 번 베이거나 실패할 수 있겠지만, 꿋꿋이 고수하면 개선될 것이다.

- 일자 면도칼 : 이 면도칼은 정기적으로 날을 갈아주어야 하며, 용기와 유연성(특히 겨드랑이 밀 때)이 있어야 한다. 날을 교체할 필요가 없으니 쓰레기 제로 대체품으로는 1순위이다! 비행기를 탈 때 기내 반입이 되지 않는다는 점을 유의하자.
- 전기 면도기 : 전기가 들긴 하지만 기내 반입 가능하다.
- 양날 면도기 : 일회용 면도기와 제일 느낌이 유사하며, 내 남편은 이걸 제일 선호한다. 남편은 사용하고 나서 면도기를 말려 면도날의 수명을 6개월까지 늘릴 수 있었다. 면도날 10개들이 한 팩(조그만 마분지 상자에 들어 있다)이 5년 치인 셈이다. 이 타입의 면도기는 날을 빼놓으면 기내 반입이 가능하다(날은 수하물로 부치거나 현지에서 구입한다).
- 비누 : 거품이 풍부한 비누는 셰이빙 크림의 훌륭한 대체품이다. 스콧은 보통 우리가 샴푸할 때 쓰는 비누와 같은 브랜드를 쓴다. 자기 피부에 비누를 문질러 거품을 낸다.
- 족집게 : 시간 들여 노력해야 하긴 하지만 뽑기는 손으로 할 수 있으며(제품이나 전기가 필요하지 않다) 계속 하다 보면 아예 털이 다시 나지 않게 된다.

- 레이저 제모 : 비싼 대안이지만, 가격이 떨어지고 있어 감당할 만해졌다. 일부 가늘고 연한 잔털은 레이저에 감지되지 않아 그대로 남을 수도 있지만, 장기적으로 보면 시간과 금전 절약 면에서 그만한 가치가 있다. 나는 덕분에 생활과 일상이 훨씬 간편해졌다.

- 왁싱 : 설탕을 녹여 하는 왁싱 제모는 고대 이집트에서 유래되었으며 아랍 국가에서는 아직도 시행되고 있다. 왁싱에 능숙한 사람이라면 훌륭한 대안이 될 수도 있다. 끈적거리지만 공을 들일 만한 가치가 있다.

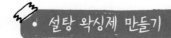

설탕 왁싱제 만들기

만드는 법

1   설탕 1/2컵과(나는 벌크로 파는 비정제 사탕수수 설탕을 쓴다), 물 1큰술, 레몬즙 1큰술을 작은 냄비에 섞는다.

2   125도가 될 때까지 끓인다(내 조리도구로는 3분 걸렸다).

3   끓인 재료를 물에 적신 내열성 접시에 부어 식힌다.

4   만질 수 있을 만큼 식고 완전히 굳어지기 전에, 혼합물을 뭉쳐 공 모양으로 만든다.

5   주물러서 길게 늘인다(투명한 호박색에서 불투명한 상아색으로 바뀌고 끈적거릴 것이다).

6   엄지손가락으로 공을 눌러 털이 자라는 방향과 반대로 길게 늘려 붙이고 털 자라는 방향으로 잽싸게 떼어낸다.

7   남은 왁싱제는 나중에 쓸 수 있도록 입구 넓은 유리병에 보관하고 쓸 때는 뜨거운 물에 병째 중탕한다.

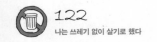

: : 치아 관리

치약

이론상으론, 효율적으로 이 닦기에 치약이 필수적이진 않다. 충치 예방에 정말 중요한 것은 칫솔질 자체이다(세계의 많은 사람들은 나뭇가지를 쓰고 있다). 우리 가족들은 상쾌함을 더하기 위해 홈메이드 가루 치약으로 바꿨다. 조금씩 쓰면 가루 치약은 시판 튜브 치약의 훌륭한 대체품이 될 수 있다. 미리 말해두자면, 다른 제조법도 있지만 구하기 힘든 재료가 너무 많이 들어가서 지속가능하기 어려웠다. 만약 일반 치약에 익숙하다면 가루 치약은 적응하기 어려울 수 있다. 아마 처음에는 환경에 미치는 긍정적 영향에 집중하고 매일 이를 닦을 때마다 태평양 거대 쓰레기 섬을 머릿속으로 그려봐야겠지만, 어느새 길이 들 것이다.

나는 최근 친구의 일반 치약을 써봤는데 이제 그 느낌이 영 마음에 들지 않았다. 마찬가지로, 맥스는 몇 가지 '어린이용' 치약을 시험해보곤 그 맛이 싫어서 내게 베이킹소다를 달라고 했다.

칫솔

- 나뭇가지 : 캘리포니아 원주민들은 고리버들 나뭇가지로 이를 닦았고, 이러한 전통은 세계적으로 아직도 흔하다. 인도멀구슬나무[인도]나 피루나무[중동]가 유명하지만, 올리브나무, 호두나무, 미국풍나무 등이 미국에선 더 흔하다. '씹는 가지'라고 불리는 이 나뭇가지

들의 한쪽 끝의 껍질을 벗기고 씹어서 안쪽의 섬유질이 일어나게
한 다음에 살살 치아와 잇몸을 문지른다. 연구에 따르면 칫솔보다
더 효과적일 수도 있다고 증명되었다. 치약을 쓰지 않고 집에서 나
무를 키운다면 포장이나 운송도 필요 없다. 쓴 다음엔, 끝을 잘라
내면 다음에 또 쓸 수 있다. 너무 짧아서 재사용할 수 없게 되면 퇴
비로 만들 수 있다.

• 시판 제품 : 불행히도 시판 칫솔에 관한 한, 이상적인 방안은 나와
있지 않다. 몇 가지는 재생 플라스틱으로 만들어져 있으며 재활용
가능하지만, 그 다음에는 재활용 불가능한 바닥재나 벤치로 변신
하고 만다. 어떤 제품들은 재생 플라스틱 손잡이에 일회용 칫솔모
가 달려 있다. 나무 손잡이에 돼지털 칫솔모로 만든 완전 천연 대체
품이 있긴 하지만 플라스틱 포장되어 판매된다. 그렇게 이상적이
지 않은 선택안들이 나열된 가운데, 우리는 더 나은 대안이 우리 지
역 시장에 등장할 때까지는 마분지로 포장되어 퇴비화 가능한 중
국산 대나무 칫솔로 낙착을 봤다.

치실

• 입 헹구기 : 식사 후 20분 안에 물로 입을 헹구는 것은 충치 예방에
큰 도움이 된다고 내 치과의사가 말했다.

• 치간 칫솔 : 이 도구는 재사용 가능하며 잇몸 건강에 효율적이지만,
플라크 제거에는 여전이 치실이 더 선호된다.

• 실크 실 : 시판 치실의 가장 비슷하고 튼튼하며 효율적인 대체재는

실크 실이다. 실을 구매할 때의 포장을 피하려면, 그냥 유기농 천 조각을 풀어내어 쓸 수 있다. 실 두어 가닥을 꼬아 쓰는 게 가장 잘 된다. 쓰고 난 실은 퇴비화 가능하다. 미국치의학협회에 따르면, "중요한 것은 사용하는 실의 종류가 아니라 어떻게 그리고 언제 사용하느냐이다."라고 한다.

 ## 가루 치약 만들기

만드는 법

조미료 통(나오는 양을 조절할 수 있도록 돌려 닫는 뚜껑이 달린 것을 고르자)에, 베이킹소다 1컵과 스테비아 1작은술(취향에 따라. 베이킹소다의 짠맛을 잡기 위해 쓴다)을 섞는다.

사용법

젖은 칫솔 위에 넉넉히 뿌려 칫솔질한다(더 이상 치약이 세면대 주위에 흐를 일이 없다).

주의

모든 베이킹소다가 똑같이 나오지는 않는다. 어떤 브랜드는 입자가 거칠다. 가장 고운 브랜드를 찾기까지 몇 가지 제조사를 시험해볼 수도 있겠다. 또한, 이 가루 치약은 불소가 함유되어 있지 않지만, 이미 수돗물에 불소가 포함되어 있다.

: : 눈 관리

- 레이저 수술 : 근시는 레이저로 수술을 받을 수 있다. 원시는 안경이나 콘택트렌즈를 구매할 때 좀 더 나은 선택을 하는 것밖엔 방법이 없다.
- 안경 : 재사용 가능하다.
- 콘택트렌즈 : 홈메이드 콘택트렌즈는 안전하지 않으며, 콘택트렌즈는 결코 비포장 벌크로 팔릴 일이 없을 테지만, 렌즈와 세척액 포장 용기는 재활용 가능하다. 가끔씩만 쓴다면 렌즈 수명을 늘릴 수 있다.

: : 휴지

- 손수건 : 슬프게도 과거의 유물이 되었지만, 손수건은 이따금 튀어나오는 재채기 처리에 적절하다.
- 천조각 : 오래된 티셔츠를 15×15센티미터 크기로 잘라내 쉽게 뽑아 쓸 수 있도록 병 안에 넣어둔다.

　　두 가지 다 뜨거운 물에 삶아 빨고, 소독 차원에서 스팀 다림질하면 깨끗하게 계속 사용할 수 있다.

: : 화장실 휴지

이런 주제에 대해 쓰게 될 줄은 전혀 생각하지 못했지만, 화장실 휴지 대체품을 선택하는 문제는 개개인의 상황, 사회적 전통, 손님 등을 고려해야 할 것이다.

- 손 : 많은 나라에서 화장실 휴지를 사용하지 않는다. 손과 양동이 물로 해결하며 이것이 가장 쓰레기 없는 대안이다. 서구 사회에서는 손님들이 이 방안을 달가워하지 않을 것이다.
- 천 : 어떤 집에선 깨끗한 천을 담은 양동이 하나, 더러워진 천(나중에 세탁해서 재사용)을 넣을 양동이 하나를 두고 있다. 이 방식은 소변 처리에는 가능하나 대변 처리에는 적합하지 못하다.
- 비데 : 이 하이테크 해결책은 변기 시트에 설치할 수 있다. 헹구기 위한 수도 연결과 건조 기능을 위한 전기 연결이 필요하다. 나는 이 기술에 많은 희망을 걸고 있었지만, 시도해보니 실망스러웠다. 휴지 사용을 아예 안 할 수는 없었다.
- 두루마리 휴지 : 100퍼센트 재생지, 무표백에 개별 종이 포장된(비닐 포장을 피하기 위해) 두루마리 휴지는 완전 쓰레기 제로는 아니지만 현재로선 우리 집의 최선의 대안이다. 호텔·레스토랑 비품 판매처에서 상자에 든 개별 포장된 두루마리 휴지를 낱개 혹은 다량으로 다른 매장보다 싸게 판다.

: : 여성용품

• 생리컵 : 탐폰과 일회용 생리컵은 잊고, 재사용 가능한 생리컵으로 바꾸자. 라텍스 알레르기 문제가 없다면 천연고무 컵을 고려해보자. 합성 소재로 된 제품도 있다. 초기 구매 비용이 들고 적응하는 데 두어 달 걸리긴 하지만, 일단 익숙해지면 다시는 일회용 생리대로 돌아가지 않을 것이다.

• 천 생리대와 라이너 : 그냥 빨아서 스팀 다림질하면(소독 차원에서) 된다. 유기농 매장이나 온라인 스토어에서 살 수 있지만, 나는 오래된 면플란넬 셔츠를 잘라 만들었고, 바느질만 할 줄 안다면 누구나 가능하다. 내가 패션 스쿨 다닐 적에 장래 대안생리대와 라이너 도안을 발표하게 될 줄 누가 알았을까! 인생은 놀라운 일로 가득하다.

: : 화장품

이전에 쓰레기 제로 화장품에 대해 들었더라면 나는 아마 레게 머리를 늘어뜨리고 주름진 피부에 맨얼굴의 환경운동가 커뮤니티를 떠올렸을 것이다. 하지만 다섯 가지 R의 원칙을 적용하니 화장품을 아예 포기할 필요는 없었다.

나는 전에 쓰던 화장품들의 성분을 잘 살펴본 끝에('유해한 12가지'가 다 포함되어 있었다) 다년간의 조사 결과 나의 지성 피부에 맞는 브랜드 화장품들 대신 지역 유기농 매장에서 산 물건들이 화장품 파우치를 채우게 되었다. 포장재 문제만 아니었더라면 건강에 좋은 대체품을 고르기 쉬웠을 것이다. 만족스런 친환경 경험이어야 했을 것이 정말 짜증나는 일이 되고 말았다. 예를 들어, 어떤 제품은 썼더니 이마에 뾰루지가 났다. 또 내가 산 유기농 브랜드 마스카라 용기가 재활용 가능한 줄 알았는데 아니었다. 사기 전에 용기 재활용 가능 여부를 살펴봐야 했는데. (1)무해한 성분을 사용했고 (2)포장을 최소화했으며 (3)내 피부 타입에 맞는 화장품을 찾기란 만만찮은 도전이었다.

어떻게 해도 제대로 되지 않는 것만 같았다. 부엌에서 저질렀던 것과 같은 실수를 여기서도 하고 있었다. 벌크로 파는 오레오 쿠키를 찾아 차를 몰고 샌프란시스코 만 지역까지 가는 것과 마찬가지로, 존재하지 않을지도 모르는 단 하나의 아이브로 펜슬을 찾아 여러 가지 브랜드를 사들이는 건 말이 안 되는 일이었다. 나는 다시금 내 패턴을 간소함으로써 해결책을 찾았다. 일단 내 필수품을 파악하고 나서, 갖고 있는 화장품들을 하나씩 다 쓴 다음에 식품 선반에서 대체품을 찾았다. 주요 재료들을 순성분 형태로 썼기에 유해한 첨가물들을 배제할 수 있었고 비싸지 않은 유기농 벌크를 예산 안에서 살 수 있었다. 예전 생활방식에서 벗어나기까지 시간이 좀 걸리긴 했지만 현재 쓰는 대체품들이 더 만족스럽고, 융통성이 있으며, 내가 쓰는 화장품의 성분을 안다는 안도감이 들었다. 이제 내가 구매하는 유일한 공장제 화장품은 유리병에 든 유기농 SPF 틴티드 모이스처라이저로, 낮 동안의 화장과 자외선 차단을 편리하고 친환경적으로 결합해준다. 나머지 화장품은 빼버리거나 만들어 쓴다.

많은 홈메이드 스크럽이 상하기 쉽고^{달걀}, 때로 구하기 힘든^{파파야, 아} ^{보카도} 재료를 쓰고 있다. 심지어 시판 제품보다 더 많은 포장 쓰레기가 발생할 때도 있다. 간소화 차원에서, 개인적으로는 식품 선반의 한두 가지 재료로도 충분히 잘 듣는 대체품을 선호한다.

 블러셔 만들기

만드는 법

작은 유리병에 코코아^{갈색}와 시나몬^{오렌지색}, 비트 뿌리^{핑크색} 가루를 섞어 마음에 드는 색을 낸다. 혹은 한 가지 가루를 단독으로 쓸 수도 있다.

사용법

모이스처라이저 사용 후 바로, 둥근 브러시에 가루를 살짝 묻혀 필요한 곳에 바른다. 모이스처라이저가 가루를 고정시켜줄 것이다.

 아이브로 라이너 만들기

만드는 법

코코아 가루와 아이라이너 파우더를 자신의 눈썹 색깔에 맞게 섞거나, 아니면 단독으로 사용한다.

사용법

작은 납작 브러시를 물에 적시거나 더 확실한 고정력을 원한다면 헤어스프레이 용액에 적셔 파우더를 약간 묻혀 바른다.

아이라이너 파우더 만들기

고대 이집트인들이 썼던 이 방법으로 스모키 메이크업이나 아이라인 그리기에 적당한 검은 파우더를 만들 수 있다.

만드는 법

1   금속으로 된 체를 막자사발 위에 얹고, 그 위에 아몬드 10개를 하나씩 태운다(완전히 불이 붙기까지는 시간이 좀 걸린다).

2   재가 사발 안 체에 걸러지면 막자로 가능한 한 곱게 간다.

3   오일 한 방울을 더하고, 다시 간다. 혼합물은 가루 같은 느낌이 남아 있어야 한다(만약 아니라면 오일을 너무 많이 넣은 것이다).

4   검은 파우더를 작은 병이나 아이라이너 용기로 옮겨 담는다.

사용법

1   스모키 아이 : 용기에 딸려 있는 봉이나 올리브 오일에 적신 이쑤시개에 묻혀, 여분을 털어내고, 눈꺼풀 아래쪽에 대고, 눈을 감고 그린 뒤 손가락으로 문지른다.

2   또렷한 눈매 : 작은 납작 브러시를 홈메이드 헤어스프레이에 적셔 아이라이너 파우더를 약간 섞어 바른다. 아이라이너 파우더와 홈메이드 헤어스프레이 용액을 섞어 반죽을 만들어 작은 금속 통에 옮겨 담아 미리 많은 양을 만들어두어도 좋다. 반죽이 말라 굳게 한 뒤 사용할 때는 젖은 납작 브러시로 파우더 믹스 위를 쓸어서 바르면 된다.

아이섀도 만들기

색깔

파스텔 그린 : 프렌치 클레이
카키 그린 : 세이지 파우더
골드 : 터메릭 파우더
브라운 : 코코아 가루
블랙 : 아이라이너 파우더

사용법

모이스처라이저를 바른 눈꺼풀에 손가락이나 작은 브러시로 색을 더한다.

 ## 페이스 파우더 만들기

페이스 파우더는 잡티를 가리고 T존 오일을 조절하며, 전체적인 화장을 고정해주는 역할을 한다. 전분은 시판 파우더의 훌륭한 대체품이다.

만드는 법

전분을 입구가 넓은 조그만 병에 담는다. 단독으로 사용하거나 피부의 붉은 기를 잡고 싶다면 그린 클레이를 첨가한다. 아니면 피부색에 맞게 브론저를 섞는다.

사용법

큰 브러시를 혼합 파우더에 넣었다가, 손등에 여분을 털어내고 필요한 곳에 살짝 터치한다.

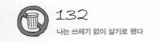
 ## 마스카라 만들기

만드는 법

1 입구가 넓은 작은 유리병에, 밀랍 1작은술, 코코넛버터 1과 1/2작은술 그리고 아이라이너 파우더 1/4작은술을 섞는다.

2 작은 냄비에 물을 3센티미터 정도 받아 병을 그 안에 넣고 중불에서 혼합물이 녹을 때까지 중탕한다.

3 중탕한 재료는 꺼내서 꿀을 넣고 섞는다.

4 식혀서 굳힌다.

5 되직한 상태가 되도록 열심히 저어서 병이나 작은 금속통으로 옮겨 담는다.

사용법

깨끗한 마스카라 봉을 마스카라 반죽에 굴려서, 여분을 훑어내고 속눈썹에 바른다. 이건 일반적인 마스카라와는 다르다. 원하는 만큼 풍성해질 때까지 반복해서 바른다.

참고

눈에 바르는 제품이니만큼 일반적인 위생 상식을 적용하여 봉을 깨끗하게 관리하자. 또한 이건 마르지 않으며 물에 강하고 컨디셔닝 기능이 있다.

립·치크 스테인 만들기

만드는 법

1 비트를 얇게 썰어서 물에 삶아 익힌다.
2 남은 즙을 졸인다.
3 색이 진해지면 불을 끄고 식힌다.
4 유리로 된 롤온 용기에 옮겨 담고, 보드카를 살짝 넣는다.

사용법

그냥 입술에 문질러 바른다. 좀 더 짙은 색을 내려면 덧바른다.

 헤어스프레이 만들기

만드는 법

1 슬라이스한 레몬 조각(즙을 짜내고 남은 것을 쓸 수도 있다) 2개를 냄비에
   넣고 물 2컵을 붓는다.
2 센불에 20분 끓여 졸인다.
3 체에 걸러 스프레이 통에 담는다.
4 보존을 위해 보드카 2큰술을 더한다.

사용법

그냥 뿌린 다음, 스타일을 만들고 말린다.

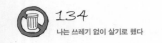
다용도 밤 만들기

만드는 법

1 입구 넓은 작은 유리병에 밀랍 1큰술과 오일 4큰술(어느 오일이든 되지만, 나는 비타민 E가 많이 함유된 해바라기씨유를 선호한다)을 섞는다.

2 작은 냄비에 물을 3센티미터 정도 받아 병을 그 안에 넣고 중불에서 혼합물이 녹을 때까지 중탕한다.

3 작은 금속 케이스에 붓고 식힌다.

사용법

입술과 손톱에 윤기를 주고, 눈가 주름이나 모발 끝에 영양을 주며, 광대뼈나 눈썹 위에 발라 하이라이터로 사용한다.

참고

별도의 용기에 보관하여 가죽 보호제나 목재 광택제로도 쓸 수 있다.

:: 머리 염색

잎을 갈아 만든 헤나는 벌크로 구입 가능하며 불그스름하게 천연으로 머리를 염색할 수 있는 가장 빠른 방법이며, 쪽남색과 섞으면 검은색도 가능하다. 하지만 구할 방법이 없거나 좀 덜 눈에 띄는 변화를 원한다면, 집 안의 식품으로 여러 가지 염색 대체품을 만들 수 있다. 과정이 느리고 원하는 색이 될 때까지 매일 해야 하지만, 그 은은한 효과는 그럴 만한 가치가 있다. 참고로 자신의 원래 머리색과 타입에 따라 결과가 달라질 수 있다.

- 어둡게 하려면 : 호두껍질 한 줌을 물 2컵에 넣고 반으로 졸아들 때까지 끓인다. 이를 거른 뒤, 머리에 발라 30분 방치했다가 헹군다. 원하는 색이 나올 때까지 매일 반복한 다음, 색을 유지하기 위해 매주 한다.
- 밝게 하려면 : 레몬즙을 머리카락에 바르고 햇빛을 쬔다. 피부 보호를 위해 바이저^{챙이 달리고 머리를 가리지 않는 모자 – 옮긴이}를 쓴다. 원하는 색이 될 때까지 반복한다. 나는 진한 캐모마일 티를 컨디셔너에 넣어 사용하기도 한다.

나의 평소 관리

한때 비싼 제품에 얽매여 있던 나는, 이제 앞서 언급한 거품 풍부한 비누 하나로 머리부터 발끝까지 씻는다. 벌크로 파는 컨디셔너를 쓰고 하루 걸러 머리를 감는다. 건너뛰는 날에는, 포니테일로 머리를 묶거나 모자를 쓰고 가끔은 전분으로 드라이 샴푸를 한다. 화장품은 간소화해서 기본적인 것들만 남겼고, 이제 SPF 틴티드 모이스처라이저를 제외하면 홈메이킹과 벌크 품목만 쓰고 있다.

아침에는 샤워 후 수건으로 가볍게 얼굴 각질을 제거한다. 옷을 입은 다음, SPF 틴티드 모이스처라이저를 바르고, 그 다음 커다랗고

둥근 브러시에 코코아 가루를 묻혀 뺨과 헤어라인을 쓸어준다. 홈메이드 아이라이너를 오래된 봉으로 바르고 손끝으로 문질러 스모키 메이크업을 한다. 홈메이드 마스카라를 바르고 나면 준비가 끝난다. 나가는 길에 가방에 넣어둔 홈메이드 밤을 꺼내 입술, 손톱, 큐티클에 윤기를 주고, 여분을 쓸어내어 머리끝에 발라 정리한다. 밤에는 그냥 비누로 화장을 씻어내고 포도씨유를 발라 가볍게 피부를 보습한다 (눈가 주름과 입술에 집중해서).

특별한 경우에는 평소 하던 메이크업을 좀 더 진하게 하고(틴티드 모이스처라이저를 두 번 바르고 눈 화장을 진하게 하거나 비트 립 스테인으로 입술을 물들인다) 젖은 브러시에 카카오 가루를 묻혀 눈썹을 그린다. 가끔은 전분으로 머리에 볼륨을 주고 컬을 더한다. 큰 행사 전날엔 집에서 손톱이나 얼굴 관리로 나 자신을 가꾼다.

: : 얼굴 관리

욕실 서랍이 화장품으로 가득 차 있던 시절은 지나갔다. 얼굴 관리를 하고 싶은 기분이 들면, 나는 그냥 부엌으로 향한다. 필요한 것은 전부 식품 선반에 저장되어 있고(굳이 별도의 장소에 중복해서 둘 이유가 없다), 부엌 싱크대 크기는 얼굴 씻기에 충분하다.

- 세안 : 홈메이드 물비누(부엌 싱크대 디스펜서에 넣어둠.)로 씻는다.
- 스팀 : 볼에 백리향을 담고 끓는 물을 붓는다. 볼 위로 몸을 숙이고

머리 위를 수건으로 덮어 5분간 있는다.

• 각질 제거 : 부엌 싱크대 앞에서 얼굴에 약간의 베이킹소다로 원을 그리며 문질러 각질을 제거하고, 씻은 뒤, 수건으로 톡톡 두들겨 물기를 닦는다.

• 팩 : 소량의 벌크 클레이(지성 피부라면 프렌치나 벤토나이트, 중성과 건성은 카올린을 쓴다)를 사과식초에 섞어 반죽을 만든다. 얼굴에 바르고, 마르면 미지근한 물로 씻어낸다. 반죽을 살짝 찍어 발라 밤사이 뾰루지 관리에 쓸 수도 있다.

• 피부톤 관리(선택사항) : 사과식초를 화장솜에 묻혀 바른다.

: : 손톱·발톱 관리

몇 시간을 들여 손톱에 형광 핑크색으로 도트 무늬를 조심조심 찍던 시절은 이미 오래 전이다. 중학교 때 선생님들은 매일 바뀌는 내 손톱 색을 두고 공개적으로 한마디씩 하곤 했다. 20년 이상 계속 색을 칠했던 내 손톱은 이제 조건부이지만 아무것도 바르지 않은 맨 손톱이 되었는데 사실 더 이상 예전이 그립지 않다. 울퉁불퉁하던 손톱의 굴곡이 기적처럼 사라졌으니까.

필요한 도구

• 손톱깎이
• 큐티클 커터

- 한쪽 끝에 큐티클 푸셔가 달린 스테인리스 스틸 네일 파일
- 다용도 밤

샤워 전
- 손톱을 원하는 길이로 자른다.
- 파일로 손톱을 원하는 길이로 다듬는다.

샤워 후(큐티클이 부드러워질 것이다)
- 수건으로 큐티클을 밀어낸다.
- 스테인리스 스틸 파일 끝으로 살짝 손톱 밑을 깨끗이 정리한다.
- 큐티클 커터로 손톱 주위의 거스러미(큐티클 아님)를 다듬는다. 손톱깎이로 할 수도 있지만, 큐티클 커터로 하는 게 좀 더 깨끗하게 바싹 잘라낼 수 있다.
- 다용도 밤을 손톱 끝과 큐티클에 바르고 양손을 문질러 여분을 흡수시킨다.

　나는 일 년에 두어 번 네일 관리 전문점을 방문하여 관리를 받지만, 개점 시간에 예약해서 낮 동안 그들이 쓰는 유독 화학물질에 노출될 일을 줄인다. 보통 다음날 아침이면 독한 냄새가 날아간다. 예전에는 거슬린 적이 없었는데 이제 그런 물질을 접하면 속이 메스꺼워진다. 유해 화학물질에 대한 노출을 줄이고 생활을 친환경화한 부작용이리라 생각한다.

건강

우리 집을 찾은 이들은 '약품'통을 보면 마치 잭팟이라도 맞은 듯한 표정이 된다. 그리고 "아하! 여기 포장재가 있는데?" 하고 놀리는 투로 묻는다. 그들은 우리가 비상약품으로 사놓은 세 가지 제품_{진통제, 감기약, 옻독 치료 연고}을 발견했을지 몰라도, 그 뒤에 숨겨진 의도적인 줄이기 노력은 알아채지 못한 채 지나간다.

건강 관련 대체품을 찾기 위한 과정은 수많은 시행착오로 가득했다. 어느 날은 약초로 만든 대체 물약 판매처를 찾고 들떠서(지역 유기농 매장에서 온스 단위로 팔았다), 작은 병에다가 코감기약과 감기약을 담았다. 얼마 지나지 않아 들뜬 기분은 계산대에서 사그라들었고 첫 번째 시도에 든 비용이 엄청나다는 것을 깨달았다. 그뿐만 아니라 효과조차 없는 듯했다. 최소한 우리가 쓰던 포장된 시판 약만큼 효과 있고 빠르게 들진 않았다. 어쩌면 그 물약을 좀 더 시험해봐야 했을지도 모르지만, 아들의 증세가 심해져 차마 아이를 실험 대상으로 삼을 수가 없었다. 일반 의약품으로 그날 밤 아이는 금방 안정을 찾았다. 어차피, 쓰레기 제로가 화장실 휴지와 색조 화장품을 넘어가준다면, 부득이한 약품 사용도 분명히 넘어갈 수 있을 것이다. 내가 쓰레기 제로 생활방식에 얼마나 열성적이든 간에, 목표를 이루기 위해 의술을 거부하거나 우리의 생존을 위협받게 할 생각은 꿈에도 없다. 포장 때문에 필요한 의약품을 거부하진 않겠지만, 우리가 할 수 있는 일이 있다.

- 건강한 생활을 통해 약을 많이 쓸 필요가 없게 한다(예방).
- 가능하다면 민간요법에 의지하여 약품 구매를 줄인다(민간요법).
- 포장재 용도와 현재 갖고 있는 것들이 정말 필요한지 평가해본다
  (일반 의약품).
- 처방받은 약은 보유량을 딱 맞게 유지한다(처방약).

: : 예방

분명히 말해 나는 엄마지 의사가 아니다. 의학적 주장을 펼치거나 조 언하는 건 내가 할 일이 아니지만, 우리 가족은 쓰레기 제로 생활방 식을 도입한 이후로 건강 면에서도 실제적으로 개선되었다고 말할 수 있다. 우리는 감기, 발진, 혹은 알레르기로 인해 고생하는 일이 예 전보다 덜하다. 건강 측면에서 새로운 생활방식의 긍정적 영향은 금 방 드러나기보다는 천천히 나타난다. 해가 지날수록 건강 문제가 조 금씩 줄어들었다. 예를 들어, 스콧의 만성 축농증이 사라졌다. 그리 고 올해는 처음으로 우리 가족 중 누구도 감기에 걸리지 않았으며, 병 원 방문은 정기 검진뿐이었다(괜히 이걸 썼다가 부정이나 타지 않기를).

슬프게도, 많은 이들이 병에 걸리고 나서야 쓰레기 제로의 건강 면에서의 이점을 생각한다. 그들은 발병이 건강을 개선하라는 신호 로 여기고, 건강한 대안을 조사하고 실천에 옮긴다. 어떤 사람들은 나 이가 너무 들어서 식생활을 바꿀 생각이 없다고 내게 말했다. 심지어 어떤 사람들은 어차피 죽게 될 거라며, 가공식품의 부정적인 영향에

대해 익히 알고 있지만 포기했다는 뜻을 내비쳤다. 하지만 배우자에게 병이 찾아오자, 그들은 독소를 제거하고 더 건강하게 살 방법을 찾으며, 이 책에 언급된 많은 대안을 실천에 옮겼다.

가게에서 신선한 식품을 구매하고, 유독 화학물질에 대한 노출을 줄이고, 우리 식품에 유해물질이 스며들게 할 수 있는 포장 용기를 배제하고, 야외에서 좀 더 많은 시간을 보내는 등 쓰레기 제로 생활방식과 관련된 많은 활동이 우리의 전반적인 건강을 개선시킬 수 있다. 병에 걸리고 나서야 변화를 도입하진 말자. 지금 할 수 있는 일을 실천에 옮겨 예방 차원에서 건강을 지키도록 하자.

: : 민간요법

얼마나 건강하든, 일상생활에서 흔히 멍, 베인 상처, 콧물, 기침, 찧은 상처가 생긴다. 몸이 멀쩡할 땐 전혀 의식하지 못하지만, 발가락을 찧기라도 하면 살아 있음이 얼마나 실감나는지. 한순간 그 고통 외엔 아무것도 안중에 없다. 다행히도 치료약은 흔히 쓰레기 제로 식품 선반(혹은 야생)에서 찾을 수 있다. 우리는 조사 끝에 몇 가지 천연 대체재를 시험해보았다. 여기에 우리가 즐겨 쓰는 것들을 실었다.

• 알레르기 : 매일 지역에서 난 꿀을 섭취한다.
• 멍 : 양파를 반 잘라 멍든 부위에 15분간 댄다.
• 기침과 아픈 목 : 소금물로 양치질하고 목캔디를 먹는다.

- 소화불량 : 펜넬 씨를 씹거나 아니스 차를 마신다.
- 습진 : 오트밀을 물에 풀어 목욕하고 올리브 오일을 바른다.
- 발냄새 : 사과식초를 발에 스프레이하고 신발 안에 베이킹소다를 뿌린다.
- 통풍 : 커피를 마시거나 체리를 먹는다.
- 두통 : 에스프레소를 마신다. 관자놀이에 민트를 문지르거나 캘리포니아 월계수 잎을 말아 콧구멍에 넣는다(보기 좀 그렇다는 건 인정하지만, 내겐 잘 들었다).
- 벌레 물린 데 : 백식초를 바른다.
- 해파리 쏘인 데 : 백식초를 바른다.
- 신장결석 : 올리브 오일 1/4컵을 레몬즙 1/4컵과 섞어 한 번에 마시고, 이어 물 한 잔을 마신다.
- 베인 상처 : 작은 상처는 꿀로 치료한다.
- 생리통 : 캐모마일 차나 야로우서양톱풀 차를 마시고 배에 따뜻한 것을 댄다(예를 들어 병에 뜨거운 물을 담고 꼭 닫아서 양말을 씌워 사용한다).
- 메스꺼움 : 설탕에 절인 생강을 먹거나 생강차를 마신다.
- 구내염 : 소금물로 입을 헹군다.
- 전립선 문제 : 옥수수수염 차를 마시고 토마토를 먹는다.
- 속쓰림 : 물 한 잔에 베이킹소다 1작은술을 타서 마시거나(아주 가끔만 쓴다) 머스터드 1/2작은술을 먹는다.
- 콧물이 줄줄 흐를 때 : 식염수 농도로 소금물을 타서 네티팟코 세척에 사용하는 요술램프 모양의 주전자-옮긴이을 써서 코에 흘려넣는다.

- 일광 화상 : 사과식초나 올리브 오일을 넉넉히 바른다.
- 치통 : 캐모마일 차로 입을 헹구거나 얼음을 갖다 댄다.
- 요로감염 : 크랜베리를 먹는다.
- 질염 : 요구르트를 먹는다.
- 사마귀 : 백식초에 담근 오렌지나 레몬 껍질을 그 부위에 붙이고 사라질 때까지 반복한다.
- 그 외 : 검색해볼 것

: : 일반 의약품

가끔 최선의 노력을 다했음에도 약국에 갈 수밖에 없다. 하지만 좌절할 것은 없다. 여기서도 환경 보호 기술을 발휘할 수 있다.

- 알루미늄·플라스틱으로 개별 포장되고 종이상자에 들어 있는 알약보다는 유리나 플라스틱 병에 든 알약을 고르자.
- 대용량 병 제품의 구매를 자제하자. 개당 가격은 저렴할지언정, 다 쓰기 전에 유효기한이 지나고 말 것이다. 현실을 직시하자.
- 연고는 플라스틱 튜브 말고 금속 튜브에 든 것을 고르자.

반창고

몇 년 전에 반창고를 다 써버리고 나는 기분이 좋았다. 우리는 이제 마케팅 회사와 만화 캐릭터들의 노예가 아니다. 더 사들이기 전에 나는 진정 그게 필요한지 시험해보고 싶었다. 약국으로 달려가기 전에 우선 필요할 때까지 기다려보기로 했다. 나는 여전히 기다리고 있는 중이다. 반창고를 갖고 있지 않으니 필요 자체가 사라졌다. 살짝 긁힌 상처는 비누로 씻고 자연히 마르게 두었다. 좀 더 깊게 베인 경우엔 수술용 종이 반창고를 쓰지만 롤 한 개를 10년째 쓰고 있다. 예전엔 반창고를 종종 써왔음에도 불구하고, 우리는 이제 '진짜로 반창고가 필요한 건 얼마나 자주일까?' 하고 의문을 품게 되었다. 내 아들 레오는 반창고가 무엇이든 낫게 해준다고, 스폰지밥 반창고를 붙이자마자 '아야' 하던 게 나아진다고 생각했었다. 이제는 뽀뽀로도 잘 낫는다고 인정한다.

소독용 솜

가끔 상처를 닦기 위해 솜이 필요한 경우가 있다. 100퍼센트 순면 거즈는 퇴비화 가능하지만, 우리는 재사용 가능한 면 패드로 교체했다. 흡수력 강화를 위해 플란넬 천으로 만들었고, 세탁한 다음 소독 차원에서 스팀 다리미질을 하면 된다. 온라인에서 구매 가능하지만, 혹시 직접 바느질하겠다면, 면플란넬을 직경 6센티미터 원형으로 잘라 세 겹 겹쳐 가장자리를 꿰매어 하나의 패드로 만들면 된다.

: : 처방약

살다 보면 나쁜 일이 생기기 마련이고, 그러다 보면 병원을 거쳐 약국에 가게 된다. 비록 이런 상황에서는 걱정이 환경 보호 생각을 누르기 마련이지만, 이때에도 다섯 가지 R을 따를 수 있는 방법이 있다.

- 의사와 처방전 필요에 대해 논의하자. 치료 대안을 논의하자.
- 약국에서는 봉지뿐만 아니라 이미 알고 있는 거라면 복용법 안내문을 사양하자.

욕실을 위한 다섯 가지 R

- 거절하기 : 호텔 샴푸가 집에 너저분하게 널리고 합성 성분으로 건강을 해치지 않도록 하자.
- 줄이기 : 일상생활에 다용도 제품을 쓰자.
- 재사용하기 : 위에 언급된 재사용 가능한 위생용품들을 쓰자.
- 재활용하기 : 재활용 용기를 피하기 위해 벌크 재료를 이용하여 화장품을 만들어 쓰자.
- 썩히기 : 머리카락, 손톱, 그리고 헤어스프레이를 만드는 데 쓴 레몬 껍질을 퇴비화하자.

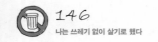

한 걸음 더 나아가기

이 장에서 다룬 대부분의 아이디어는 눈에 보이는 형태로 존재하는 쓰레기를 다루고 있지만, 에너지, 물, 시간 절약을 다룬 다음의 팁을 통해 지속가능성을 위한 당신의 노력을 완성할(그리고 더 큰 보상을 받을) 수 있을 것이다.

에너지

- 온수 파이프에 절연 처리를 하자.
- 온수기 온도는 적정 온도로 설정하자.
- 타이머를 써서 샤워는 2분 이내로 마치자.

물

- 새는 곳을 확인하자. 변기 물탱크에 비트 즙을 약간 넣어보자. 물을 내리지 않았는데도 변기에 색이 나타난다면 새는 곳이 있으니 수리해야 한다.
- 변기 물탱크에 벽돌을 넣어두자. 한 번 내릴 때 사용되는 물의 양을 줄일 수 있다. 차이는 느껴지지 않을 것이고(수도세 고지서를 보기 전까진), 거기에 벽돌이 있다는 것도 잊게 될 것이다.
- 집을 리모델링한다면 퇴비화 정화조(거주 지역에서 가능한지 확인할 것)나 절수 변기 설치를 검토해보라.
- 물 내리기 원칙을 적용하자. 작은 거면 모으고, 큰 거면 내리자. 혹

은 그보다 물을 내리지 않는 화장실을 쓰거나 때로 퇴비함이나 감귤류 식물에다가 소변을 보자(소변은 흙의 훌륭한 영양분이다).

• 손잡이를 누를 때만 물이 나오는 절수 수도꼭지를 설치하자. 리모델링을 한다면 태양에너지 자동 수도꼭지 설치를 고려해보자.

• 샤워기로 물 4리터를 받는 데 20초도 걸리지 않는다면, 절수 샤워꼭지로 바꾼다.

• 샤워기 물 온도가 적당해질 때까지 물을 양동이에 받는다. 화초에 그 물을 주자. 그보다 더 나은 방안은 지역에서 가능한지 알아보고 세면대, 욕조, 샤워기 물을 조경용수로 쓰는 그레이 워터 시스템을 도입하는 것이다.

• 해군식으로 샤워하자. 물을 틀어 얼른 머리와 몸을 적시고, 물을 끄고 거품칠과 샴푸를 한 다음, 다시 얼른 물로 헹궈내고 끝나는 대로 물을 끈다.

시간

• 욕실 캐비닛 문에 거울이 달려 있지 않다면 하나 달아서, 거울이 필요할 때마다 캐비닛 문을 여닫지 않게끔 한다.

• 투명 유리컵에 한 가지 작업 시 필요한 물품을 함께 정리한다(예를 들어, 손톱 정리 도구를 전부 컵 하나에 담는다). 필요할 때 유리컵 째로 원하는 곳(겨울에는 따뜻한 불가로, 여름에는 야외 데크로)에 가져갈 수 있다.

• 옷을 걸 고리를 두어 개 달면 샤워할 때 변기 뚜껑에 옷을 올려놓

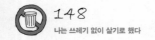

지 않아도 된다.

• 약장 안은 식구마다 칸을 하나씩 정해 쓰고, 한 칸은 치약 가루 같은 공용 물품을 둔다.

• 위생용품이나 화장품은 쓰는 순서대로 정리해 배치한다(예를 들면 모이스처라이저, 그 다음 블러셔, 그 다음 아이라이너).

• 선반이나 세면대 위는 물건을 늘어놓지 말고 깨끗이 치운다.

⋮

침실과 옷장의 쓰레기 제로는 삶을 가볍게 만든다

몇 년 전, 스콧이 집에 와보니 우리 아파트가 털려 결혼 패물을 제외하고 내 보석들을 전부 도둑맞은 후였다. 강제 침입한 흔적이 없어 도둑들이 열쇠를 써서 침입한 것으로 추정되었기에 보험사에서는 우리 손실을 보상해주지 않았다. 여러 해 동안 투자한 보험료가 다 돈 낭비가 되었다. 그 도난 사건을 자연스러운 '선택'의 신호로 받아들였어야 했다. 인도 여행 후에 나는 발찌를 하기 시작했고, 벨리댄싱 수업을 듣고 나서는 허리에 체인을 감았다. 이내 보석이 도둑맞기 전보다 더 많이 늘어났다. 그리고 이곳 제2의 조국에서는 신랑이 두 달치 월급에 해당하는 약혼반지를 마련해야 한다는 가이드라인(다이아몬드 회사에서 판매를 촉진하려 만들어낸)이 있다는 것을 알게 되었고, 나는 새로 알게 된 여성 지인들을 그 반지 알 크기에 따라 가늠했다. 말하기 부끄럽지만, 나는 스콧을 설득하여 반지의 다이아몬드를 두 배 더 큰 걸로 업그레이드하기까지 했다. 소박하던 내 가정교육은 어찌 된 걸까? 아메리칸 드림을 좇는 가운데, 나는 다이아몬드를 성공 그리고 계급과 연관 짓게 되었다. 욕망에 눈이 멀어 한순간에 사라질 수 있는 것에 너무 많은 의미를 부여했다. 가난한 나라로 여행갈 때는 반지를 내보이기가 두려웠다. 리조트 안에서는 방에 두고 나가기가 망설여졌다. 바닷가에서는 물에 휩쓸려갈까 겁이 났다. 집에서는 또 가사도우미가……

작년에 토마토 한 봉지를 흥정 끝에 좋은 값에 구입했는데 노동으로 거칠어진 상대의 손에서 토마토를 받아들 때, 그가 내게 말했다.

"멋진 반지네요."

그 순간, 이제 그 반지가 내게 어울리지 않는다는 것을 깨달았다.

나머지 보석들과 마찬가지로, 유지하기 부담스럽고 바로 내가 맞서 싸우던 소비주의의 물품이 된 것이다. 그 후 경매로 넘겨버리자 말로 다할 수 없는 안도감이 찾아왔다.

소녀 시절 나는 할머니의 보석 컬렉션을 부러워했다. 지금 되돌아보면 그게 할머니에게 많은 근심거리였음이 보인다. 할머니는 수없이 가택 침입과 소매치기를 당했으며, 이제는 보석의 실제 가치보다 더 많은 액수를 보험과 보관에 쓰고 있다. 현재 할머니는 몇 가지 남은 보석들을 은행 금고에 보관하고 있는데, 좋아하는 목걸이를 하려면 은행까지 나가야 한다. 나는 할머니의 컬렉션을 물려받고 싶다는 마음을 버렸다.

뭐니 뭐니 해도, 미소가 최고의 장신구라는 말은 진실이다. 물론, 간소한 삶을 살아간다는 것은 단순히 보석 유품을 사양하는 문제 이상이다. 보석에 대한 내 집착을 평가해보는 것은 옷장과 가구를 간소화하는 과정의 일부분일 뿐이었다.

침실

우리 생의 1/3을 잠으로 보낸다는 것을 고려하면, 건강하고 안락한 침실 환경 조성은 무엇보다 중요하다.

에코 품목 시장이 침실을 친환경화하기 위한 유기농 매트리스와 침구 소비를 밀어붙이고 있지만, 나는 가장 중요한 단계가 잡동사니를 줄이는 것이라고 믿는다. 효율적이고, 간단하고, 공짜다! 가구, 러그, 요란하게 꾸민 커튼은 알레르기 유발 요소를 품고 있으며 유독 성분을 공기에 배출할 수 있음을 고려하면, 미니멀한 침실이 상당한 건강상의 이점이 있음은 의심의 여지가 없다.

침실을 친환경화하기 위해 따로 쇼핑할 필요는 없다. 그저 줄이기만 하면 된다. 일반적인 침실에서의 활동(수면, 독서, 옷 입기, 그리고 이따금 부부관계)을 고려하면, 이러한 용건과 직접적인 관계가 없는 가구와 소품을 치울 수 있을 것이다. 가장 중요한 장소를 안락함에 지장을 주지 않으면서 간소화할 때 고려할 만한 아이디어 몇 가지가 여기 있다.

- 컴퓨터, TV, 운동기구는 거실 등 생활공간에 두는 게 가장 좋다. 특히 아이들 방의 경우에는 더욱 그렇다.
- 덩치 큰 침대 협탁엔 장신구, 처방약, 안 읽히는 책, 오래된 잡지, 쓴 휴지(잘해봐야 손수건) 등이 쌓이는 경향이 있다. 없을 곳이 작아지면 쌓일 일도 줄어든다. 스툴이나 창턱, 베드 포켓^{침대 옆에 다는 천으로 만든 주머니-옮긴이}을 대신 고려해보자.
- 서랍장은 자리를 차지하고 청소 시간을 잡아먹는다. 옷장 공간을 최대한 활용하여 서랍장이 필요한 일을 없애자.
- 의자와 발렛스탠드^{옷을 가로로 걸쳐놓을 수 있는 옷걸이-옮긴이}는 결국 세탁물 바구니로 가야 할 지저분한 옷이 어수선하게 쌓이게 될 뿐이다. 그걸 치우면 그 자리에서 결정할 수밖에 없게 될 것이다. 더럽고 냄새 나는

옷은 곧장 세탁물 바구니로, 그 외엔 도로 옷장에 넣거나 옷걸이에.
- 밸런스커튼 커튼 위쪽에 봉을 가리기 위해 다는 짧은 천-옮긴이은 알레르기를 유발시키는 먼지를 모으는 역할만 할 뿐이다. 떼어내는 걸 고려해보자. 천은 좀 더 유용한 것으로 변신시킬 수 있다.
- 순전히 장식 목적의 베개들은 효율성을 저해한다. 잘 때면 치워야 하고, 침대 정리한 다음에 돌려놓아야 하고, 가끔 빨아야 하며, 때로 드라이클리닝이나 수선을 해야 한다. 독서할 때 등을 받칠 베개 두어 개면 족하다.
- 여벌 시트 세트는 침구 보관하는 옷장 공간을 차지한다. 또한 쓰고 있는 시트를 세탁 후 고스란히 침대로 돌려놓는다면 여벌은 불필요하다. 침대 하나당 시트 세트 하나씩(빨래를 널어 말리거나 집을 빌려줄 경우 최대 두 세트) 전부 중간색으로 통일한다면 색깔별로 나눠 세탁할 필요가 없고 구분하지 않고 쓸 수 있어 편하다.

침실에 정말 필요한 것은 프라이버시와 단열을 위한 커튼, 고무줄 달린 시트를 씌운 침대, 이불, 잘 때 베는 베개, 여벌의 베개와 독서등, 옷장, 실내 공기 오염을 정화하기 위한 식물 하나, 매트리스 아래 넣어둘 부부관계 후 뒤처리를 위한 손수건 한두 장 정도가 전부다.

침실을 간소화하면 공기를 더 깨끗하게 할 뿐만 아니라 매일 아침 정리하고 청소하기가 식은 죽 먹기가 된다. 하지만 침실에서 가장 잡동사니가 쌓이기 쉽고 아마도 낭비 요소가 높은 곳은 분명히 옷장이다.

옷장

패션이란 쓰레기 제로와 대조되는 개념으로, 끊임없이 변화하는 트렌드에 사로잡힌 사회에서 지속가능한 의류라는 건 모순적 표현으로 느껴진다. 나는 패션(설령 유기농이라 해도)이 '패스트 패션'이나 유행 번들거리는 잡지, 할리우드 유명인들의 사복 패션, 마케팅 캠페인 등과 연관될 때는 낭비라는 데 동의한다. 하지만 낭비여야 할 필요는 없다. 사실, 나는 패션이 나의 쓰레기 제로 생활방식을 제법 완벽하게 완성한다고 생각한다.

나는 패션을 사랑한다. 20대 때 런던 칼리지 오브 패션에서 공부했고, 거기서 생각을 옷으로 만들어내는 방법을 배웠다. 형태를 그리고, 의상을 디자인하고, 패턴을 만들고, 바느질하고, 내 창작품을 모델에게 입혀 졸업 패션쇼에 내보이는 방법을 배웠다. 하지만 또한 학교와 쿠튀르 쇼에서 패션은 트렌드를 지워 없애고 새로운 트렌드를 만드는 것이 아님을 배웠다. 패션이란 개인의 창의성을 표현하고, 옷들을 어우러지게 하여 새로운 조합을 만들어내고, 분위기를 전달하는 것이다. 내 옷장이라는 제한된 공간에서 나는 패션을 옷 입기의 기술로, 내가 가진 것들을 최대한 활용하는 기술로 본다.

트렌드와 스타일은 서로 영향을 줄지는 모르지만 같은 것이 아니다. 나는 "패션은 스러지지만, 스타일은 영원하다."라는 이브 생 로랑의 말에 동의한다. 트렌드로 정의된 패션은 수명이 짧고, 비싸고, 환경 파괴적이다. 반면에 스타일로 정의되는 패션은 누구나 접근할 수 있으며, 한계는 개인의 창의성과 자신감에 달려 있을 뿐이다.

결국, 최신 트렌드를 따른다고 꼭 패션 센스가 있다는 뜻은 아니다. 옷이 아주 많다는 것 역시 마찬가지다.

: : 간소화하기

옷장을 정리해버리면 맞춰 입을 경우의 수가 줄어들까 두려워 실행에 옮기기를 주저한다는 점에서 남자나 여자나 똑같다. 아이러니하게도, 그런 사람들은 종종 옷장에 옷이 가득한데 입을 게 없다고 불평하기도 한다. 나는 옷을 줄이면 의외로 경우의 수가 분명하고 쉬워진다는 것을 알게 되었다. 옷이 많으면 정신이 흐려지고(수많은 가능성 속에 결정을 내리기 힘들어진다), 일반적으로 시간이 부족한 우리들의 상황과 합해지면, 결국 매주 같은 옷을 고르기 마련이다. 즐겨 입는 옷(대체로 편하고 체형과 스타일 센스와 맞아떨어지는)은 앞으로 나오고 좋아하지 않는 옷은 뒤쪽 옷걸이나 손이 잘 닿지 않는 칸으로 밀려나게 되어, 결국 자리만 차지하고 먼지가 쌓이며, 소중한 자원을 낭비한다.

캡슐 옷장스커트, 바지, 코트 등 유행을 타지 않는 필수 아이템들을 서로 교차시켜 경우 수를 극대화한 패션 컬렉션—옮긴이에서는 모든 옷이 신중하게 선택되고, 고르게 입게 되며, 평등하게 눈에 들어온다. 달리 말하자면, 옷가지가 적으면 입을 만한 옷들로 가득한 옷장이 이루어지는 것이다.

상당한 양의 옷을 정리하려면 기본적으로 즐겨 입는 옷들을 골라내고(옷걸이 앞쪽, 옷 무더기 위에 있는 옷들) 그 나머지는 처분해야 한

다. 하지만 스스로 구실을 만들어 결단을 내리기 어려울 때가 많다. 옷을 정리하려면 몽땅 꺼낸 다음 하나씩 판단하자.

쓸 만한 상태인가? 구식인가?

수선하거나 리폼할 수 없을 정도의 구멍이나 찢어진 곳, 얼룩이 있는 옷가지들은 걸레로 쓸 수 있다. 나머지는 재활용할 수 있다. 만약 유행 지난 옷들을 차마 입고 다니지 못하겠다면 기증하거나 팔자. 빈티지에 열광하는 이들이 기뻐할 것이다.

정기적으로 사용하는가?

혹시나 필요한 경우가 생길까 싶어 결혼식 들러리 드레스를 보관하는 사람도 있을 것이다. 그걸 기증하면 옷장 공간이 넓어지고 평상복들이 좀 더 눈에 잘 들어오고 손에 닿기 쉬워질 것이다. 또한 작아서 못 입는 옷들도 처분하자. 살을 빼게 된다면, 축하하는 의미로 새 옷을 사고 싶어질 것이다.

중복되는 품목이 이미 있는가?

여러 장의 스카프나 수영복 등 계절 품목은 일 년 내내 옷장 공간을 차지한다. 즐겨 입는 것 하나를 고르고 나머지는 처분하자. 속옷과 양말도 마찬가지다. 세탁 주기를 감안하여 필요한 양을 가늠하고 나머지는 처분하자.

내 가족의 건강에 위험할 수 있는가?

포름알데히드, 폴리브로미네이티드 디페닐 에테르PBDE, 퍼플루오로 화합물, 프탈레이트는 각각 주름 방지, 내연성, 고어텍스(또는 스카치가드나 테플론), 비닐 의상에 들어 있으며 우리의 건강에 해가 될 수 있다. 나일론, 폴리에스터, 아크릴 또한 피부 알레르기를 일으킬 수 있다. 이러한 소재를 처분하여 해당 화학성분에 대한 노출을 줄이는 것을 고려해보자. 처리 방법에 대해선 제조사에 문의하라.

죄책감 때문에 갖고 있는가?

장신구는 흔히 선물로 주거나 유품으로 물려준다. 의도는 좋을지언정, 이런 물품들은 대부분 우리의 개인적 미적 감각에 맞지 않다. 유용하게 쓸 사람에게 넘겨도 괜찮다. 가족이나 위탁 판매점, 자선 경매에 넘기자.

다들 갖고 있어서 두고 있는 물건인가? 다른 물건을 같은 용도로 쓸 수 있는가?

옷장 속의 모든 것들을 고려해보자. 영향력 있는 광고 캠페인은 스니커즈를 '머스트 해브' 제품이라고 내세우지만, 당신의 평소 운동 패턴이 요가, 레저 자전거, 산책이라면 운동용 아닌 그냥 편한 신발이어도 무관하다.

내 소중한 시간을 먼지 털고 세탁하느라 보낼 만큼 가치가 있는가?

장신구나 보관함은 작은 옷장에 둘 자리가 없다. 모자와 신발 상자는 그 내용물을 가릴 뿐만 아니라 먼지가 쌓이고, 자리를 차지하며, 효율성을 저해한다. 발상을 전환하라. 물품들을 막히지 않은 선반에 보관하는 것을 고려해보자. 좀 더 이용할 가능성이 높아지고 불필요한 세탁을 막을 것이다. 먼지로 처분해야 할 물품을 판단하자.

이 공간을 다르게 쓸 수 있을까?

만약 이전의 질문을 거치고도 웨딩드레스를 기부하거나 팔 마음이 생기지 않는다면, 다락으로 옮기고 대신 그 자리에 편리하게 여행용 가방을 보관하는 것을 고려해보자.

재사용 가능한가?

일회용 속옷(그렇다, 그런 물품이 존재하며 여행자들을 대상으로 팔리고 있다!)이나 접착식 귀걸이(어렸을 때 붙여보았다)는 분명히 쓰레기 제로 옷장에 있을 자리가 없다. 하지만 처분할 물품을 골라낼 때, 재사용 가능성은 다용도와 품질을 기준으로 평가해야 한다. 세 가지 이상의 의상과 어울리는 아이템을 고르고, 매칭 가능성이 적은 건 골라내자.

어느 공간이든 간소화는 지속적인 과정이며, 사용 중인 것을 계속 눈여겨보아야 한다. 만약 어느 물품이 무더기 아래나 옷장 뒤로 들어가는 것을 알아챘다면, 그걸 이용하거나 아니면 포기해야 한다. 그렇지 않으면 '입을 것 없는' 상태로 돌아갈 것이다. 다시 옷이 늘어나는 것을 방지하려면 다음의 원칙이 도움이 될 것이다.

연간 쇼핑 시기를 미리 정하고 지킨다

예를 들어, 나는 봄·여름 것은 4월 중순에, 가을·겨울 것은 10월 중순에 쇼핑하기로 했다. 그러면 오락으로서의 쇼핑을 자제하고(그 결과 충동구매를 막고) 갖고 있는 옷들을 유용하게 입을 기간을 늘릴 수 있다.

갖고 있는 분량을 딱 맞춰 유지한다

계절 쇼핑을 나서기 전, 목록에서 못 쓰게 되었거나(구멍, 찢어짐, 빠지지 않는 얼룩) 단순히 질려서 교체해야 할 아이템에 밑줄을 긋자. 미리 정한 숫자를 지켜 '하나 더하면, 하나 빼기' 원칙을 고수하도록 하자.

: : 재사용하기

쓰레기 제로 옷장은 간소할 뿐만 아니라 다음의 재사용 원칙을 지켜야 한다. (1)중고품 구매 (2)다용도로 활용 가능한 아이템 구매 (3)리폼하기.

중고품 구매

가장 친환경적인 상품은 논할 것도 없이 이미 당신이 갖고 있는 물품일 것이다. 나는 우리 가족의 옷을 살 때 친환경적이라고 주장하는 상품을 사기 전에 먼저 재사용을 고수한다. 중고품 가게, 빈티지 상점, 위탁 판매 부티크, 벼룩시장을 살핀 다음에 유기농·비건vegan, 동물성 제품을 섭취하지 않을 뿐만 아니라 동물성 소재나 동물 실험한 제품도 사용하지 않는 적극적인 개념의 채식주의-옮긴이·재 활용 소재로 만들었고, 재활용 가능하며, 퇴비화나 생분해 가능한 새 의류를 산다. 온라인 벼룩시장, 프리사이클개인이 필요하지 않은 물품을 주거나 받을 수 있는 온라인 네트워크-옮긴이, 차고 세일개인이 필요하지 않은 물품을 마당에 내놓고 파는 것-옮긴이 역시 중고 의류를 구할 수 있는 통로이다. 비록 배송으로 인한 환경적 영 향이 따르긴 하지만, 이베이 역시 이러한 특정 의류 수요를 충족할 수 있는 곳이다. 검색할 때 '중고품' 칸에 체크만 하면 된다. 내 생각에 친환경 제품은 우리가 이미 생산한 것들을 다 소모하고 난 다음에야 훌륭한 대안이라고 할 수 있을 것이다.

국제재활용사무국BIR에 따르면, 세계 인구의 70퍼센트 이상이 중 고 옷을 입고 있다고 한다. 우리 사회도 그렇게 할 때가 되지 않았을 까? 사람들은 많은 이유에서 중고를 사길 꺼려하지만, 오해는 불식 시켜야 한다.

• 위생 : "더러워, 누가 입었던 거잖아." 우리는 새 옷이 중고 옷보다 깨끗하다고 믿는 경향이 있지만, 사실 누가 시착했거나 반품했을 가능성이 있는 새 옷(착용 후 세탁하지 않은)이 세탁한 중고보다 더 러울 수도 있다. 게다가 새 옷을 산다고 해서 벌레로부터 자유로울 수 있다는 보장은 없다. 대형 체인점이 해충 문제로 골머리를 썩고 있다는 것은 널리 알려진 사실이다. 새로 산 옷(새것이든 중고든)은

출처가 어디든 간에 상관없이 입기 전에 세탁해야 한다.

- 체계화 : "이 난장판 속에선 아무것도 못 찾겠어." 소매점 매장과 마찬가지로, 중고품 매장 역시 판촉에 따라 차별화된다. 비록 중고 시장은 저렴한 옷을 공급하지만, 자원봉사자들에 의해 운영되고, 마케팅의 법칙이나 위력을 무시하거나 그저 프레젠테이션 기술이 부족한 경우가 자주 있다. 만약 차고 세일에서 지저분한 옷더미를 뒤지는 걸 즐기지 않는다면, 정리된 가게(예를 들어 굿윌은 의류를 색상별로 정리한다)나, 위탁 판매 상점이 좀 더 규모가 작고 잘 정리된 부티크인 경우가 많으니 그쪽을 택하자.
- 냄새 : "중고품 가게에선 냄새가 나." 많은 이들이 새 플라스틱의 냄새와 백화점 방향제 냄새를 쇼핑의 흥분과 연관짓는다. 반면에 중고품 가게는 대부분의 독소가 빠져나간 상품을 팔고, 따라서 신상품 소매점에 비해 좀 더 건강한 쇼핑 환경을 제공한다.
- 기준 : "새 걸 살 수 있는 형편에 중고를 사다니 격이 떨어져." 옷이 사람을 말해주는 것이 아니라 사람이 옷을 말해준다. 사실, 빈티지는 요즘 쿨하고 희귀한 고급 의상으로 여겨지고 있다.

독특한 옷도 헌팅하며 탄소 발자국을 줄이는 중고 구입에 나서자. 하지만 먼저, 쓰레기 제로 옷장을 위해 중고품을 쇼핑할 때 따라야 할 규칙이 있다.

- 가볍게 입기 : 예를 들자면 레깅스에 딱 맞는 탱크탑 차림이면 통

로에서 시작해보기 편하다.

- 장바구니 가져가기 : 쇼핑을 자주 가지 않다 보면 피치 못하게 깜박할 가능성이 높지만, 뜻이 있는 곳에 길이 있다. 장바구니를 깜박했다면, 그냥 큰 물품으로 작은 물품을 싸서 오면 된다(예를 들면 티셔츠로 액세서리를 싸서).

- 자신의 소유품 목록 가져가기 : 스마트폰으로 볼 수 있게 해서 가는 게 편할 것이다. 중고 물품의 저렴한 가격표에 홀려 잡동사니 줄이기 노력을 잊어서는 안 된다.

- 오래갈 물건 사기 : 새 제품은 일상적으로 사용할 때 얼마나 잘 버틸지 불확실한 상태로 사지만, 중고는 이미 시험을 거친 옷들이다. 중고 상품의 상당수는 어느 정도 사용한(입고, 빨고, 말리고) 상태이므로 구매자는 현명한 쇼핑을 할 수 있다. 만약 옷 디자인이 잘못되어 줄어들거나 뒤틀리거나 보풀이 일어 있다면, 중고품 가게 옷걸이에 걸렸을 때 이미 그 단점이 드러나 있을 가능성이 높다. 게다가 옷의 현재 상태는 시간의 흐름에 따라 앞으로 어떻게 될지 단서를 보여준다. 보풀 있는 스웨터는 앞으로 더 보풀이 심해질 것이다. 가죽 구두와 벨트, 금속 액세서리처럼, 내구성이 좋을 뿐만 아니라 수선하기 쉬운 품질 좋은 소재를 고르자.

- 천연 소재 사기 : 내 경우에 부엌에서 플라스틱을 없애는 건 쉬웠지만, 침실이나 옷장에서 합성 섬유와 거리를 두기는 훨씬 어려웠다. 청바지에는 라이크라^{lycra}가, 양말과 스웨터에는 아크릴이, 시트에는 폴리에스터가 이제 흔하게 들어간다. 하지만 순수 면, 마, 실크,

삼베, 대나무, 모직 그리고 황마에는 '숨쉬는' 기능이 있으며, 합성 섬유로 인한 알레르기 위험이 없고, 정전기 방지제가 필요 없으며, 생분해(이론상으로는 퇴비화도) 가능하다.

- 구석구석 조사하기 : 고급품 매장위탁판매품, 디자이너 중고 세일, 빈티지 등에서는 상품의 상태에 세밀하게 주의를 기울인다. 반면에 중고품 매장에서는 그렇게 철저하지 않다. 얼룩이나 구멍이 없나 살피자. 만약 당신의 솜씨로 흠집을 수선할 수 있다면 깎아달라고 말해보자.

- 잘 맞는지 확실히 살피기 : 사이즈 기준이 수년간 바뀌었고 브랜드마다 제각각일 뿐만 아니라 옷이 세탁 후 줄어들었을 가능성도 있다. 사이즈 라벨을 믿지 말자. 옷에 붙은 사이즈 라벨이나 브랜드에 의존하지 말고 실제 맞는지를 보고 골라야 한다. 시간과 돈을 낭비하지 말자. 시착해봐야 한다.

- 입기 전에 세탁하기 : 이제 당신 것으로 옷장에 들일 차례다.

지속가능한 삶에는 자제력이 필요하다. 패스트 패션에 맞서는 방법을 배워야 한다. 패션 잡지, 광고판, 버스 정류장의 '만족을 창출하는 것'이 아니라 '현재 가진 것에 대한 불만족을 창출하는' 의도적인 마케팅 캠페인으로부터 자신을 지켜야 한다. 중고 옷들로 전환하기까지는 분명히 끈기와 의지가 필요하며 익숙해져야 한다. 쇼핑몰에 즐겨 다니던 사람이라면 하룻밤 사이에 중고 시장에 빠져들 순 없을 것이다. 하지만 점진적인 변화가 중요하다. 쉽게 적응하는 방법은 우선 혼합형 옷장을 구성하는 것이다. 질 좋은 기본(세월을 타지 않는 클래식)은 새것으로 사고 독특한 소재나 대담한 색깔의 흥미로운 중고 아이템은 추가하는 식이다. 반년마다 가는 쇼핑 때, 후자는 중고품 가게에서 교환한다(싫증난 색깔은 기증하고 대신 새로운 색상의 다른 것을 구매하는 식으로). 자선 단체 상점에 기증한다면 좋은 일을 하는 셈이 된다.

다목적 아이템 구매

쓰레기 제로 생활방식은 현명하게 소비하는 방법을 새로 배우는 일이며, 또한 창의력을 발휘하여 일상 활동을 흥미진진하게 만드는 일이기도 하다. 패션에서 나는 미니멀하지만 신중하게 고려한 옷장 구성이 사실 개인적 스타일을 돋보이게 할 수 있다는 것을 깨달았다. 선별된 소수의 아이템을 최대한 활용하여 다목적성으로 만드는 것이 비밀 요령이다. 이는 여러 가지 많은 다른 방식으로 입을 수 있는 아이템을 신중하게 골라 구매하는 것부터 시작된다. 산책에서부터 파티까지, 해변에서부터 콘서트까지, 화창한 오후에서 선선한 밤까지. 다목적 원피스 한 벌에 다양한 액세서리, 신발, 레이어드를 활용하면 스무 가지 외출복이 될 수 있다. 어떤 상황이나 계절에도 적용할 수 있는 다양한 아이템을 고르는 방법을 여기에 소개한다.

• 기본 아이템은 무난한 색으로(검정, 갈색, 회색이나 남색 등 피부 톤에 어울리는 것). 변함없이 당신 옷장을 구성하는 옷, 다음 번 쇼핑 나섰을 때 바뀔 가능성이 가장 적은 색상을 반영해야 한다.

- 눈에 띄는 색이나 무늬는 무난한 색보다 쉽게 질린다. 그러므로 이런 물품은 교체 품목으로, 옷장에 생기와 발랄함을 더하고 다음 번 쇼핑에 나섰을 때 교체할 가능성이 높은 물품이 된다.
- 금속류 색상은 한 가지로 통일하자. 당신의 피부 톤을 잘 살려주는 금속 색상을 찾아내자. 웜톤 피부라면 금색 액세서리를, 쿨톤 피부라면 은색 액세서리를 고른다.
- 너무 캐주얼한 색상이나 패턴은 피하자. 물 빠진 색상이나 무지개 색깔 홀치기염색은 쓰임새가 제한적이다. 포멀한 행사에 맞춰 차려입을 수가 없다.
- 여러 계절 입을 수 있는 소재를 고르자. 모직류는 여름용으론 너무 덥고, 실크는 겨울용으론 너무 얇다. 파자마 한 벌이면 여름에 가볍고 겨울에도 따뜻하며, 남의 집에 손님으로 묵을 때도 보기 민망하지 않을 것이다.
- 중간 두께 소재 위주로 고르자. 레이어드하거나 다른 옷 아래에 입을 수 있다.
- 너무 포멀하거나 캐주얼하지 않은 소재를 고르자. 테리천은 너무 캐주얼해서, 격식 갖춘 다른 아이템들과 짝지어 입기 어렵다.
- 관리가 쉬운 소재를 고르자. 손빨래나 드라이클리닝을 해야 하는 소재는 피하자. 세탁기에 돌려도 되는 소재를 우선으로 삼자.
- 신발은 가죽과 스웨이드로 고르자. 캔버스화나 메시 소재보다 좀 더 다양한 활동과 험한 환경을 버텨낼 수 있다. 또한 좀 더 격식 있는 자리에서도 어울려 연중 내내 신을 수 있다.

- 기본 아이템들은 중간 정도의 잘 맞는 핏으로 고르자. 레이어드하
  거나 단독으로 입을 수 있다.
- 레이어드하기 어려운 디자인은 피하자. 넓은 소매나 터틀넥 등.

리폼

자주 쇼핑을 가지 않다 보면 결국에는 해어지고 찢어지는 일이 생기
고, 옷이 적다 보면 가끔은 지겨워지기도 한다(특히 연중 두 번 하는 쇼
핑철이 다가올 무렵엔). 이러한 곤경에 대처하려면 고려해야 할 것이
많다. 옷의 사용 수명을 늘릴 수 있는 리폼 아이디어를 여기 실었다.

- 액세서리 : 액세서리 핀이나 꽃으로 구멍을 가린다.
- 빌리기 : 아이 스카프, 남편 모자, 어머니 보석으로 옷차림에 포인
  트를 준다.
- 염색 : 천연 염료를 써서 흰 셔츠를 변신시키고, 탈색된 부분은 마
  커로 가린다. 쓰고 남은 가정용 페인트를 요령 있게 뿌려서 얼룩
  을 가릴 수도 있다.
- 짜깁기 : 구멍 난 양말이나 스웨터를 수선하자.
- 잘라내기 : 셔츠에 꿰매 붙인 디자인 패치, 바지의 벨트 고리, 스웨
  터 주머니가 마음에 안 든다면 떼어내자. 완전히 달라진다.
- 축소시키기 : 모직 스웨터는 뜨거운 물에 돌려 좀 더 작은 사이즈
  로 만들거나 다른 유용한 아이템을 만들 수 있다. 친구 레이첼이 스
  웨터 팔 부분을 잘라내어 소형견 스웨터를 만드는 법을 가르쳐주

었다. 소매 끝이 강아지 스웨터의 칼라 부분이 되고, 그 아래쪽에 앞다리 넣을 구멍 두 개만 만들어주면 된다. 겨울철 우리 치와와를 따뜻하게 해줄 수 있다.

• 붙이기 : 본드 한 방울로 신발을 고쳐 신을 수 있다.

• 단 줄이기 : 단 길이는 옷을 완전히 바꿔놓을 수 있다. 원피스를 셔츠로, 청바지를 반바지로(나는 오렌지색 실을 써서 청바지 디자인을 살렸다) 만들 수 있다.

• 용도 변경하기 : 체인 벨트는 목걸이로도 활용 가능하다. 허리 부분이 고무줄로 된 치마는 튜브탑으로, 길이가 긴 탑은 미니드레스로 입을 수 있다.

• 대조시키기 : 대조는 전체 차림에 감각을 더하고 오래된 옷을 되살릴 수 있다. 낡은 옷을 새 옷과, 캐주얼을 포멀과, 스포티함을 드레시함과 조화시켜보자.

• 매듭 묶기 : 셔츠 단을 허리에 묶거나 폭 넓은 바지의 밑단을 매듭지으면 핏감과 전체 느낌을 바꿀 수 있다.

• 레이어드 : 레이어드하면 아이템이 달라 보인다. 예를 들어 민소매 원피스를 셔츠 아래 입으면 스커트처럼 보인다. 레이어드는 또한 흠을 가려주기도 한다. 얼룩이 빠지지 않는 빨간 셔츠를 스웨터 안에 받쳐 입으면 포인트 색상이 된다.

• 수선하기 : 솔기를 고치거나 단추를 달기만 해도 옷을 구제할 수 있다. 하지만 수선은 또한 새로운 발상을 끌어내기도 한다. 낡은 양말의 발목 밴드 부분으로 찢어진 스웨터 소매를 고칠 수 있다.(겪어봐

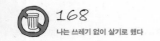

서 아는데 아무도 눈치 채지 못한다!)

- **다트**천을 신체에 입체적으로 맞추기 위해 일정 부분 줄이는 것-옮긴이 : 셔츠에 다트를 넣어주면 디자인을 더 좋게 할 수 있고 구멍을 감출 수 있다(또한 구멍이 더 커지는 것을 방지한다).

- **정리하기** : 옷장 안 옷들을 다시 분류하고 정리하면 새로운 전망이 보인다. 옷 보관 위치를 바꾸기만 해도 그 잠재 가능성이 부각될 수 있다.

- **패치 붙이기** : 무릎에 난 구멍은 더 커지기 전에 막아야 한다. 처음 징조가 보일 때 바지 안쪽으로 접착 패치를 다림질해서 붙이자.

- **물어보기** : 검색하면 어떻게 할지 나올 것이다. 유튜브에는 바느질하지 않고 오래된 셔츠를 원피스로, 남자 셔츠를 스커트로 바꾸는 방법들이 많이 있다. 나는 어떤 짧은 영상을 보고 영감을 얻어 남자 셔츠를 50가지 다른 방법으로 입는 방법을 실험해보았다.

- **반품하기** : 아직 가격표가 붙어 있다면 망설이지 말고, 가게에 반품하자.

- **줄이기** : 옷을 건조기에 돌리면 딱 달라붙게 줄일 수 있다(특히 건조기에 돌리지 말라고 되어 있는 옷들이 잘 된다).

- **맞바꾸기** : 옷을 교환하는 모임을 열거나 온라인 교환 웹사이트를 이용한다.

- **풀기** : 오래된 스웨터를 풀어 새것을 짠다. 낡아 못 입는 옷에서 단추를 떼어내 입을 만한 옷의 없어진 단추를 대체한다.

- **꾸미기** : 오래 신은 샌들이 지겨우면? 앵클 스트랩 대신 리본을 달

고 나비 모양으로 묶어보자.
* 휘감기 : 스키니 벨트는 손목에 여러 번 감아 팔찌로도 사용 가능하다. 스카프를 허리에 둘러 해변에서의 커버업으로 활용 가능하다.
* 지퍼 : 지퍼를 살펴보자. 지퍼 손잡이가 부러졌으면 종이클립, 체인 고리, 리본을 달아 대신하자.

: : 모으기

빈티지 옷들의 품질은 이제는 옷들이 대체로 오래 입도록 만들어지지 않는다는 것을 보여준다. 중고 시장은 입을 만한 옷들을 처분하는 통로지만, 이 옷들이 닳아 입지 못하게 되면, 중고 구매자의 책임이 된다. 중고 옷 애호가라면 어쩔 수 없이 일반적인 구매자보다 더 많이 수선 불가능한 구멍이나 손상을 직면하기 마련이다(내 경우에는 쇼핑 기간 사이에 평균 세 벌 정도가 닳아 버리게 된다).

재활용
집에서 우리의 노력은 낡은 티셔츠를 걸레로, 발이 커져 못 신게 된 양말을 편리한 먼지떨이로, 오래된 나일론 스타킹을 효율적인 구두 닦이로 쓰는 정도로 제한된다. 필요한 것 이상으로 모아들일 필요는 없다. 재활용 작업은 전문가들에게 맡기는 것이 최선이다.

　미국환경보호국은 최종 섬유 폐기물의 약 97퍼센트가 재활용 가능하다고 추산한다. 그러나 약 20퍼센트 정도만이 재활용되는데 소비자들이 재활용 가능 여부를 모르기 때문이다. 어렸을 때 퐁텐드보 클루세에서 나무 기구로 오래된 침구를 아름다운 종이로 바꾸는 것을 본 기억이 나지만, 오늘날까지 그 견학에 대해선 까맣게 잊고 있었다.

전 세계에 걸쳐 섬유 폐기물 가운데 소수만이 공사장, 그림 작업, 자동차업계에서 쓰는 걸레로 변신하고, 또 얼마 정도는 잘게 분해해 솜이 되어 내열재, 충전재, 방음재 등으로 쓰인다. 하지만 재활용 업자들은 모든 종류의 섬유 폐기물, 우리가 그냥 내버리거나 만약의 경우를 생각해 쌓아두고 있는 여분의 것까지 다 수거할 수 있기를 바란다.

중고 판매 단체인 굿윌은 어느 브랜드든 상관없이 천연섬유와 인공섬유 다 재활용을 위해 받고 있다. 수선할 수 없을 정도로 구멍이 나고 해지고 얼룩진 물품들은 상자에 담아 '헌옷'이라고 써붙여 참여하는 곳에 기증하면, 그쪽에서 섬유 재활용 업체로 보낸다.

제조업체 쪽에선 파타고니아가 앞장서서 자신들이 생산한 의류에 책임을 지며, 장비를 수리하고 재활용하는 프로그램을 만들어가고, 때로는 오래된 옷으로 새로운 옷을 생산하기도 한다. 스포츠의류가 필요하다면 중고 시장에서 이 브랜드를 찾아보도록 하자.

신발 업계에서는 나이키가 신발 재사용Reuse-A-Shoe 프로그램을 통해 어느 브랜드의 신발이든 분해하여 운동 시설 바닥 포장재로 만들고 있다. 활기찬 아들 둘을 두고 있는지라, 우리는 이 재활용 방법을 전적으로 활용하고 있으며 이를 모아두는 통을 두고 있다.

퇴비화

이용 가능한 퇴비함의 종류에 따라, 침실이나 옷장에서 흔히 찾을 수 있는 다음과 같은 물품들을 퇴비화하는 것을 고려해볼 수 있다.

- 재활용하기엔 너무 작은 면, 마, 실크, 삼베, 대나무, 모직, 황마 등의 천조각
- 베개에서 나온 깃털
- 스웨터 보풀(천연섬유일 경우)
- 태닝하지 않은 가죽을 잘게 썬 것

매립

대부분 침실을 포함하여 방마다 쓰레기통이 놓여 있을 것이다. 영수증, 상품 태그, 종이 포장재봉투, 상자, 휴지 등이 주로 들어간다. 중고를 사면 포장재는 거의 배제할 수 있고, 아니라면 현장에서 거절하거나, 어쩔 수 없는 경우라면 부엌에서 재활용할 수 있다. 침실에는 애초에 쓰레기통이 필요 없고, 쓰레기통이 없으면 어쩌다 생기는 쓰레기도 자제하게 될 것이다.

이동 옷장

우리는 때로 돈을 받고 집을 빌려준다. 그러면 주말과 휴가 때 여행

비에 보낼 수 있다. 집을 비울 때가 되면, 우리는 각각 옷장에 넣어
두는 기내 휴대용 가방을 꺼내서 거기다 옷장의 옷들을 싹 집어넣
고, 지퍼를 닫은 다음 떠난다. 솔직히 가끔은 옷장의 옷을 늘리고 싶
은 충동을 느끼지만, 이 간소함으로 얻게 된 창의력이나 보이지 않
는 이점을 떠올리고 참는다. 꾸려서 떠날 수 있는 옷장은 이런 면에
서 유익하다.

- 효율성 : 쇼핑을 줄여 시간이 절약되고, 수납 일거리가 최소화되며,
  아침에 입을 옷을 빨리 정할 수 있다. 각각의 옷이 보기 쉽고 매치
  하기 쉬우며, 집어들기 쉬워진다.
- 에너지 절약 : 어떤 옷을 어느 정도 기간 동안 입었는지 파악하게
  되니 빨랫감이 줄어든다.
- 경제적 절약 : 가진 옷이 적으면 당연히 쇼핑과 보관 비용이 줄어
  들고, 비행기 여행 때 수하물 비용도 절약된다.
- 손쉬운 여행 : 들고 가기 가볍고 꾸리는 시간도 덜 든다(여행에 뭘
  가져갈지 고민할 것 없이 다 넣을 수 있다).
- 쉬운 관리 : 무엇을 수선했고 어디 얼룩이 있는지 훤히 아는 것이
  가능하다.
- 비상시 대비 가능 : 비상시에 몇 분 만에 짐을 꾸릴 수 있고 들고
  이동하기 쉽다.
- 생태계 보호 : 옷이 많으면 그만큼 귀중한 자원을 써버리지만, 적
  으면 그렇지 않다.

완벽하고 다목적으로 이용 가능한 옷들을 갖추는 데는 시간과 연습이 필요하다. 나는 사는 지역의 기후, 방문하는 곳, 즐겨 하는 활동에 딱 맞는 수량(너무 많지도, 적지도 않은)과 종류의 옷을 파악하기까지는 대략 2년이 걸렸다. 내 옷들은 강연부터 개인 상담, 예술 창작과 야외 활동하이킹, 채집, 캠핑, 여행, 집안일매주 청소와 빨래, 사교활동, 그리고 좋아하는 이동 방법걷기와 자전거까지 다 아우를 수 있다. 내가 고른 옷들은 어느 상황에나 믹스매치 가능하고, 격식 갖춰 차려입거나 편하게 입을 수 있다. 드문 상황을 위해 구석에 박아 두는 옷은 없다. 내게 있어, 이상적인 옷장 구성은 계절을 넘어 다용도로 쓸 수 있는(예를 들어 다용도 커버업은 수영복 커버업도 될 수 있지만 추운 날씨엔 랩이나 스카프로도 쓸 수 있다) 아이템으로 이루어져 있으며, 또한 나의 변화무쌍한 활동을 망라하는 아이템들로 이루어져 있다.

"여자는 가방 안의 내용물을 보면 그 사람을 알 수 있다."라는 말이 있다. 내 가방은 정말로 내 생활방식의 정수를 대표한다. 가방은 노트북 컴퓨터를 넣을 수 있을 만큼 크지만 공적인 행사에 들 수 있을 만큼 얌전하다. 탈착 가능한 끈이 있어 낮에는 메신저 백으로, 저녁에는 클러치로 바꿀 수 있다. 가죽은 검은색이고 튼튼하며, 관리가 쉬워서 채집과 여행 목적에도 맞다. 지퍼 주머니가 몇 개 달려 있어 따로 지갑을 둘 필요도 없다. 하루 종일 내 소지품휴대폰, 선글라스, 현금, 보험증, 신용카드, 다용도 밤, 손수건들을 다른 가방에 옮겨 담을 일 없이 고객의 집에서 산악자전거 모임, 칵테일파티까지 다닐 수 있다. 물론 사람마다 필요한 가방이 다르다. 만약 당신이 알래스카의 게잡이 어부거나 하와이

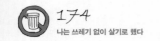

의 서핑 강사라면, 당신의 가방 그리고 필요한 옷의 양과 종류는 나와 현저히 다를 것이다.

신발 관리

먼지 털기는 낡은 양말을 사용한다. 땀이 마른 자국을 없애려면 혼합 식초 세제를 쓴다. 광을 내려면 낡은 나일론 스타킹을 쓴다. 보호를 위해선 다목적 밤을 쓴다.

방수 처리

만드는 법

1 밀랍 2큰술과 오일 1과 1/2작은술을 중탕으로 녹인다(나는 1인치 깊이의 물에 작은 유리병을 넣어 쓴다).

2 가죽에 브러시로 바른다(바르는 사이 밀랍이 식으면서 얼룩이 질 것이다. 겁이 날지도 모르지만 놀랄 필요 없다. 얼룩은 신발이 마르면 사라진다).

3 헤어드라이어와 오래된 양말을 써서 밀랍이 신발에 배어들게 한다.

침실을 위한 다섯 가지 R

• 거절하기 : 트렌드에 저항하고, 스타일을 살린다.

- 줄이기 : 가구는 최소한, 옷가지 수는 적게 다용도로 고른다.
- 재사용하기 : 중고 옷을 사서 리폼하여 사용기간을 늘린다.
- 재활용하기 : 낡은 옷은 기증하여 재활용한다.
- 썩히기 : 모직 스웨터 보풀은 퇴비화한다.

한 걸음 더 나아가기

이 장에서 다룬 대부분의 아이디어는 눈에 보이는 형태로 존재하는 쓰레기를 다루고 있지만, 에너지, 물, 시간 절약을 다룬 다음의 팁을 통해 지속가능성을 위한 당신의 노력을 완성할 수 있을 것이다.

에너지
- 독서등의 백열전구를 LED 전구로 교체하자.
- 책은 도서관에서 대출하거나 이북E-book으로 다운로드한다.
- 발꿈치 돌, 면도칼, 스틸울steel wool, 철을 가늘게 깎아 만든 금속 수세미−옮긴이로 스웨터 보풀을 제거한다.

물
- 침실 화분에는 자리끼잠자리 머리맡에 준비하는 물−옮긴이 남은 것을 주자.

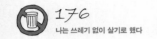

시간

- 침대 정리는 간단한 스타일로. 예를 들어 나는 이불을 침대 아래쪽
  으로 반 접어놓는다. 그러면 침대 환기가 되고 곧장 잠자리에 들
  수 있다.
- 세탁물 바구니를 옷장에 두고 그 옆에서 옷을 벗는다.
- 짙은 옷, 흰 옷, 드라이클리닝용 세탁물 바구니를 각각 따로 하는
  것을 고려해보자.
- 밤에 먹는 약은 자기 전 세수를 하는 곳인 욕실에 두는 것이 가장
  좋다.
- 장신구는 옷 입는 곳에서 가까운 옷장 안에 보관하자.

Chapter
05

⋮

살림이
간소해지면
생활비가
줄어든다

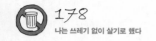
나는 한 손에 치맛자락을 모아쥐고 다른 손으로 윤을 낸 난간을 잡고 어머니에게 빌려 신은 힐의 또각거리는 소리에 맞춰 계단을 내려갔다. 우리는 벨기에에 있는 친한 가족의 저택에 손님으로 머물고 있었고, 그 웅장함 속에서 스스로를 드라마 〈달라스*Dallas*〉 세트장의 여배우라고 상상했다. 열 살 때 이미 나만의 꿈의 집을 그리고 있었다. 높은 계단에 널따란 잔디밭이 딸린 커다란 집.

20년 후, 스콧이 열심히 일해 내 환상을 이루어주었으나, 현실은 내가 상상한 것과 거리가 멀었다. 남편은 바비 어윙처럼 카우보이 부츠를 신은 게 아니라, 반바지와 다이빙 부츠 차림으로 연못에 들어가 무릎까지 잠긴 채 잡초를 뽑고 있었다. 정원 일이 우리 주말을 거의 차지했고, 정기 청소가 하루를 다 잡아먹었다. 한 달에 두 번 가사 도우미가 왔지만, 집 안에 온통 어질러진 아이들 장난감, 커다란 돌출 유리창에 늘어가는 손자국, 방구석에 모여드는 먼지 뭉치를 멈추게 해주진 못했다. 그러나 우리는 집에 드는 시간과 유지비를 인생의 현실로, 우리의 꿈을 살아가기 위해 치러야 할 피할 수 없는 대가로 받아들였다.

이사하면서 우리의 방식을 새로 생각해볼 기회가 생겼다. 자발적 소박함을 받아들이며 우리는 의문을 갖게 되었다. 우리가 인생에서 원하는 것은 무엇일까? 우리는 충만하게 살고 있을까? 인생은 한 번뿐이고 하루의 시간은 제한되어 있다. 집 크기 줄이기가 우리의 의문에 답을 주었다. 투자 관리에 들이던 우리의 자유 시간을 사랑하는 이들과 보내거나 취미활동, 창작, 배움 등 진정으로 즐기는 일에 쓸 기

회가 생겼다. 남는 방을 청소하고 허구한 날 자라나는 잔디를 깎거
나, 아니면 일해서 번 내 돈으로 사람을 고용해서 그런 일들을 시키
는 게 아니라, 뭐니 뭐니 해도 내가 죽기 전에 충분히 경험해보고 싶
은 활동이었으니까…….

　이 장에서는 청소, 세탁, 유지 그리고 정원 일을 어떻게 간소화할
수 있는지 다룰 것이다.

식초의 마법

비록 대용량 식초를 찾지는 못했지만(나는 유리병에 든 제품을 산다),
집과 정원 관리에 식초는 필수적이다. 대부분의 경우 나는 이런 혼
합법을 쓴다.

식초 혼합하기

만드는 법

스프레이 병에 물 1컵과 증류 백식초 1/4컵을 넣는다.

참고

향을 더하고 싶다면 정제하기 전 식초에다가 감귤류 껍질을 2주가량 담가
우려낸다.

다음 방법으로 식초를 사용하여 청소, 세탁, 살충 등에 쓰면 따로 해당 제품을 살 필요가 없다.

- 끈끈이 제거액 : 따뜻한 식초에 불려서 스티커를 제거한다. 껌은 얼음으로 굳혀 큰 덩어리를 떼어낸 다음, 따뜻한 식초로 나머지를 제거한다.
- 욕실 청소 : 기본 혼합 식초로 선반, 바닥, 세면대, 샤워부스, 거울, 기타 설비의 비누 찌꺼기와 물때를 녹여내고 광을 낼 수 있다. 또한 식초에 칫솔을 담가서 타일 틈새를 문질러 닦고 샤워기 헤드는 식초에 하룻밤 담가 누적된 석회를 제거한다.
- 탈색 방지 : 혹시 세탁할 때 물이 빠지는 옷이 있다면, 세탁 전 식초에 담근다.
- 배수구 청소제 : 배수구 청소용 철사로 배관을 청소한 다음, 베이킹소다 1/4컵, 그 다음에 증류 백식초 1/2컵을 붓는다. 부글거림이 멈출 때까지 마개를 막아놓았다가 끓는 물을 붓는다.
- 매직 지우개 : 벽에 낙서된 펜, 연필, 크레용 자국은 천이나 칫솔을 물이 섞이지 않은 식초 원액에 담갔다가 지우면 된다.
- 식물 영양제 : 자른 생화의 수명을 늘리려면, 식초와 설탕 1술을 꽃병 물에 넣는다. 또한 꽃병에 낀 석회 찌꺼기는 정제하지 않은 식초에 담가 제거할 수 있다.
- 유리 세정제 : 극세사 천이 있다면 그걸 쓰자. 물 외에 다른 제품은 필요하지 않다. 원칙적으론 기본 혼합 식초를 창문, 거울, 유리에

스프레이로 뿌린 다음 천으로 문지르면 된다.

• 제초제 : 일반 식초를 스프레이로 잡초 위에 뿌리기만 하면 된다.

• 벌레 기피제 : 개미가 집으로 들어올 통로창문턱이나 문틀 등에다 스프레이로 뿌린다. 또한 버서틀비니거Versatilevinegar.org에 따르면, 물 1리터당 증류 백식초 1작은술의 비율로 섞어 애완동물에게 마시는 물로 주면 벼룩과 진드기를 막을 수 있다. 1리터당 1작은술의 비율은 18킬로그램짜리 동물에 대한 것이다.

• 장신구·금속 세척제 : 변색된 청동, 황동, 구리를 깨끗이 하려면, 소금 1작은술과 식초 1/4컵을 섞은 혼합물로 닦은 다음에 따뜻한 물로 헹구고, 부드러운 천으로 윤을 낸다. 은제품은 증류 백식초 1/4컵과 베이킹소다 1큰술에 제품을 담갔다가, 헹구고 부드러운 천으로 윤을 낸다. 금제품은 그냥 식초에 한 시간 담갔다가 헹군다. 진주에는 쓰지 말 것.

• 주방 세정제 : 일반 식초로 도마를 살균하자. 얼룩 제거제나 식기세척기 린스 대용으로 쓸 수 있다(그냥 식기세척기 린스 투입구에다 대신 넣으면 된다). 기본 혼합 식초를 이용해서 싱크대, 조리대, 냉장고(칫솔로 곰팡이 낀 접합 부위를 닦는다)를 청소한다. 전자레인지 청소는 기본 혼합 식초를 컵에 약간 담아 전자레인지에 넣고 끓어오를 만큼 돌려서 악취를 제거하고 음식 찌꺼기를 불려 떨어지기 쉽게 한다. 오븐 청소는 식초를 스프레이로 충분히 뿌린 다음에, 베이킹소다를 뿌리고 하룻밤 그대로 두었다가, 스파츌라로 긁어내고 깨끗이 닦아낸다. 커피메이커의 석회질 제거는 커피메이커 물통에

물과 식초 1/4컵을 채워서 내리고, 비운 다음에 헹궈낸다. 수챗구멍이나 손, 식품 병에서 나는 불쾌한 악취 제거에는 식초 원액을 쓴다. 도자기 잔에 물든 커피나 홍차 얼룩은 몇 시간 동안 식초에 담갔다가, 그래도 남은 자국은 베이킹소다로 문지른다.

• 세탁 보조제 : 희석하지 않은 식초 반 컵을 헹굼물에 더하면 세제 찌꺼기가 쌓이거나 옷이 누렇게 변하는 현상을 방지할 수 있으며, 섬유유연제와 색깔 살려주는 기능을 하며, 정전기로 달라붙는 일이 줄어든다.

• 곰팡이 제거 및 방지 : 식초 원액으로 닦으면 대부분 표면의 곰팡이를 제거할 수 있다. 샤워 커튼 곰팡이를 방지하려면, 식초를 해당 부분에 스프레이로 뿌리거나 세탁 시 헹굼물에 식초를 더하자.

• 니코틴 얼룩 제거 : 니코틴으로 얼룩진 벽은 식초 원액으로 닦는다.

• 악취 제거제 : 불쾌한 악취를 유해한 향기로 뒤덮지 말고, 악취 근원지를 찾아 처리하고 환기시킨다. 그런 다음 방에다 식초 한 그릇을 두어 끈질기게 남아 있는 악취를 빨아들이도록 한다새로 페인트칠한 방의 페인트 냄새, 차 안의 토사물 악취, 부엌의 탄 냄새 등.

• 애완동물 접근 막기 : 개나 고양이가 물어뜯거나 긁거나 소변을 보지 않았으면 하는 곳에 식초를 스프레이로 뿌린다.

• 걸레질을 빠르게 : 일회용 청소포는 필요없다. 극세사 대걸레 청소포에다가 기본 혼합 식초를 스프레이로 뿌리고 바닥을 닦는다.

• 녹 제거제 : 작은 물품에서 녹을 제거하려면 식초 원액에다 몇 시간 담가둔 다음, 칫솔로 문지르고 잘 헹궈낸다. 남아 있는 녹은 쇠

수세미로 문지른다.

- 얼룩 제거제 : 머스터드, 볼펜, 연필, 크레용 자국에는 식초를 부은 다음, 칫솔로 문질러서 얼룩을 제거한 뒤에 평소대로 세탁한다.
- 변기 세정제 : 식초를 스프레이로 뿌린 다음 박박 닦는다. 잘 안 떨어지는 건 식초를 스프레이한 뒤, 베이킹소다를 뿌리고 좀 두었다가 박박 닦는다.
- 소파 커버 닦기 : 기본 혼합 식초를 천 위에 살짝 스프레이하고 닦아내어 악취를 잡고 표면의 때를 제거하며 색깔을 살린다(먼저 눈에 안 띄는 곳에다 테스트한다). 식초 냄새는 날아가고 깨끗한 향이 남는다. 극세사 천으로 닦아내면 애완동물 털을 잡아낼 수 있다.
- 비닐 세정제 : 물 4리터에 식초 1컵 비율로 섞어 왁스 처리하지 않은 비닐 리놀륨 바닥을 닦고 광낼 수 있다.
- 목재 재생액 : 식초와 오일을 1:1 비율로 섞어서, 나뭇결 방향으로 문질러 물 묻은 컵이 남긴 고리 얼룩과 긁힌 자국들을 지운다. 또한 다용도 밤을 목재 광택제로 쓸 수도 있다.
- 지퍼 : 지퍼를 확인하자. 만약 지퍼가 매끄럽게 내려가지 않으면, 그 위에 식초를 스프레이하고 몇 번 올렸다 내렸다 하면서 끼어 있는 찌꺼기를 제거한다.

이제 쓰레기를 줄이고 살림, 유지, 정원 일을 편하게 하는 방법을 더 본격적으로 알아보자.

살림

동생들과 나는 할아버지가 "인간은 발전으로 인한 희생양이 될 거다!"라고 할 때마다 무슨 말인지 몰라 눈을 굴리곤 했다. 어른이 되자 이제 그 말뜻을 이해하게 되었다. 일회용품이 시장에 등장하고 우리 가정에 들어온 이래, 사람들의 청결 기준은 극단적으로 향하게 되었다.

재사용 가능한 물품보다 더 깨끗하고, 고로 더 건강한 삶을 약속하는 일회용품 광고에 휩쓸려, 우리 사회의 세균 공포증은 점차 심해졌다. 그래서 종이타월, 라텍스 장갑, 휴지, 항박테리아 물티슈 같은 제품을 사용하고 버리는 데에서 안도감을 찾게 되었다. 우리의 구매력을 노리는 말도 안 되는 주장들로 인해, 지저분하고 위험하여 절대로 박멸하거나 최소한 피해야 하는(불가능한 일이다) 세균들의 공격을 받고 있으며 재사용은 역겹다고 믿게 된다. 어느 회사는 자기네의 일회용 수건을 홍보하며 "욕실 수건을 정기적으로 세탁하는 걸로는 손 위생을 보장할 수 없습니다."라고 주장했다. 업계 전문가들은 깨끗한 세탁물을 포함하여 어디든 세균이 존재하는 곳마다 시장을 만들어내고, 우리가 더욱 일회용품과 독성 화학제품에 의존하게 유도한다. 하지만 이런 지어낸 기준에 맞춘 생활은 자원 고갈과 일회용품 폐기를 통해 우리 지구의 건강을 위협할 뿐만 아니라 우리 자신의 건강마저도 위태롭게 하고 있다.

마더 네이처 네트워크환경 뉴스와 정보를 다루는 미디어 웹사이트에 따르면, 미국 소비자들은 1년에 거의 10억 달러를 필요하지도 않은 항균 제품을 사는 데 쓰고 있다고 한다. 어떤 사람들은 열쇠고리에 손 소독제를 달고 다니기도 한다. 공공장소에서 손 소독제 디스펜서를 찾아 두리번거리는 사람들도 있다. 그러나 메이요 클리닉은 "항박테리아 비누가 일반 비누보다 살균에 더 효율적인 것은 아니다. 항박테리아 비누를 사용하다간 자칫 제품의 항균 성분에도 살아남는 박테리아의 발전을 초래할 수도 있으며, 미래에는 이러한 세균을 없애기가 더욱 어려워질 것이다."라고 경고하고 있다. 우리는 제대로 알지도 못하면서 보이지 않는 전쟁을 치르고 있으며, 그 적을 전력으로 공격함으로써 슈퍼버그_{항생제로 쉽게 제거되지 않는 박테리아}를 키우는 셈이 된다.

흠잡을 데 없는 청결과 위생 사이에서 적절한 균형을 찾는 일이 새롭게 요구되고 있다. 어떤 세균은 우리의 면역 체계에 이로우며 항박테리아 물티슈와 젤은 꼭 필요한 것이 아님을 알아두어야 한다. (1)간편한 살림 방법을 적용하고 (2)청소와 세탁 세제를 줄이고 (3)남은 쓰레기를 퇴비화하여 집안일을 간단하게 하자.

: : 간소한 관리 도입

간소함은 참으로 매력적이다. 일단 작은 집의 이점과 시간 절약 가능성을 깨닫게 되자, 나는 일상 활동을 꼼꼼히 뒤져 더 간소화할 기회를 찾았다. 가능한 한 최대로 집안일을 자동화하고 직접 할 일을 줄일 방법을 찾아보았다.

청소 방법

요즘 매일 아침 집 정리는 딱 5분이 걸린다. 대청소는 2시간. 유로 댄스 음악을 틀어놓고, 제일 하기 싫은 집안일을 매주 운동으로 삼았다. 청소 도우미를 쓰거나 헬스장에 등록할 필요가 없다. 효율성을 높임으로써 시간이 더 생기니 사업 수익이 높아지고 아이들과 보낼 시간도 늘어났다. 집 청소를 고생 않고 하는 방법 몇 가지를 소개한다.

- 미니멀한 생활방식을 도입한다. 가진 게 적으면 치우고 정리할 것도 적다.
- 기부할 물건을 둘 자리를 정해두라. 잡동사니 치우기는 항시 진행한다. 처분하기 편하게 해두자.
- 관리하기 쉬운 소재를 택하라. 예를 들어 가죽 소파는 천 소파보다 더 오래 가고 관리하기 쉽다. 그냥 닦아내면 된다.
- 먼지를 닦아내야 하는 평면 공간을 가능한 한 없애거나 줄이자. 고정물은 세워두는 것보단 벽에 거는 타입을 고르자. 예를 들어 텔레비전, 조명, 옷걸이 등이 벽에 걸려 있으면 바닥 청소가 쉬워진다.
- 샤워 후엔 욕실 창문을 열어놓거나 환기 팬을 최소한 20분은 돌려서 곰팡이 발생을 줄이면, 그만큼 닦아내야 할 일이 줄어든다.
- 요리할 때는 주방 후드 팬을 돌려서 기름때가 쌓이는 걸 줄이자. 기름때는 닦아내기 어렵고 먼지가 들러붙는다.
- 현관에 신발장을 설치하곤 실내에선 신발을 신지 않도록 하여 바깥 흙이 들어오지 않게 한다.

- 애완동물 출입은 몇몇 방으로 한정한다.
- 부엌 싱크대 아래 물비누 디스펜서를 설치하여 설거지와 손 닦기를 편하게 하자.
- 벽난로에는 가스 전열기를 설치한다. 나무를 태우는 벽난로보다 더 공기가 깨끗하고 효율적일 뿐만 아니라(온도 설정이 가능하다), 재를 치울 필요가 없다.
- 식물은 공기 청정 효과가 있다. 미우주항공국NASA 연구에 따르면, 가장 효율적인 식물 열 가지는 다음과 같다. 대나무야자, 아글라오네마, 잉글리시 아이비, 거베라 데이지, 드라세나 자넷 크레이그, 마지나타, 행운목, 산세베리아, 포트멈 국화, 스파디필룸, 와네키.
- 식품은 벌레가 생기지 않도록 밀폐용기에 보관한다.
- 청소는 위에서부터 아래로 먼저 먼지를 떨어낸 후, 바닥 청소는 제일 마지막에 한다.
- 주방 물품은 설거지가 편하도록 식기세척기에 돌려도 되는 것으로 산다.
- 일일이 손으로 설거지하지 말고 식기세척기를 가득 채워 돌리자. 시간과 물을 절약할 수 있다. 식기세척기를 바꿀 때가 되면, 중고 시장에서 서랍형 모델을 찾아보자. 칸 하나를 돌리는 사이 다른 칸에다 설거지감을 넣으면 된다. 싱크대에 설거지거리가 쌓이는 사태를 피할 수 있다.

세탁

옷가지가 적으면 세탁을 자주 해야 한다고 생각하기 쉽다. 그렇지 않
다. 대책을 강구하여 세탁 횟수를 줄이고 각자 상황에 맞는 세제를 찾
아내는 것이 비결이다. 세탁을 덜 하면 시간이 절약될 뿐만 아니라,
옷 수명이 늘어나고 색이 바래는 것을 늦출 수 있다. 세탁을 줄이는
요령은 다음과 같다.

- 옷 숫자를 최소로 유지하여 관리를 쉽게 하고, 하루에 여러 번 갈아
  입기를 지양하고 입었던 옷이 쌓이는 일을 줄인다.
- 특별한 관리가 필요하지 않은 소재를 고른다.
- 드라이클리닝을 해야 할 경우, 갖다 주고 가져올 필요가 없도록 배
  달 서비스가 되는 곳을 택하자. 그리고 나중에 비닐 커버를 처리
  할 일이 없도록 재사용 가능한 의류 커버를 받아주거나 제공하는
  업체를 찾자. 철사 옷걸이는 다음번에 세탁 맡길 때 재활용하자.
- 냄새를 확인하고 얼룩은 그 부분만 빨아서 세탁 전에 한 번 더 입
  도록 하자.
- 침실마다 세탁물 바구니를 두자. 손님방에도 두면 손님들이 기뻐
  할 것이다.
- 식구들에게 얼룩은 그때그때 해결하도록 권하자. 예를 들어, 와인
  얼룩은 즉시 소금으로 조치를 취해두면 세탁할 때 쉽게 빠진다. 세
  탁실에 종류별 얼룩 제거 방법을 붙여놓는다.
- 양말 짝을 찾아 맞출 일이 없도록 양말 브랜드와 색을 통일한다.

남편은 새벽 6시 출근하기 전에 맞는 양말 짝을 찾아 헤맬 일이 없어서 좋아한다.

- 천연소재를 택하면 정전기에 깜짝 놀라거나 정전기 방지제를 쓸 일이 없다.
- 식구마다 수건걸이나 색깔, 혹은 무늬를 지정하여 각자의 목욕 수건을 구분하고 세탁 횟수를 줄인다.
- 침구 세탁을 미루자. 유럽에서는 사람들이 잦은 세탁 대신 때로 시트를 널어 바람을 쏘인다. 프랑스어에선 '정화하다'와 '바람을 쐬다'가 동의어이기도 하다.
- 세탁기가 가득 차면 한 번에 돌려서 효율을 극대화하자.
- 건조 과정이 끝나자마자 옷을 개켜서 다림질할 일을 줄이자.

청소용품을 정리하면 여러 가지 이점이 있다. 흔하게 사용해왔던 제품의 독성을 파악하고, 진짜로 필요한 것이 무엇인지 평가하고, 간소한 대체품으로 바꾸고, 그럼으로써 상당한 수납공간을 확보할 수 있다. 하지만 그 과정에서 정리의 난관에 맞부딪힐 수도 있다. 이제 원하지 않게 된 독성 제품들은 어쩌면 좋을까?

지역 유해폐기물 처리 시설에 버리거나(제한이 있을 수 있다), 여전히 그런 제품을 구매하고자 하는 사람들에게 줘버리거나(프리사이클이나 크레이그리스트 같은 웹사이트), 아니면 마저 써버리는 방법이 있다. 하지만 잡동사니 정리에 쓰이는 시간은 그 자리에서 결정을 내리고 그에 따라 습관을 바꾸면 가장 효율적이다. 여기에 청소용품을 정

리할 때 고려해볼 만한 질문 몇 가지가 있다.

쓸 만한 상태인가? 고쳐 쓸 수 있는가?

쓰레받기가 깨져서 먼지를 제대로 쓸어담을 수 없다면 재활용하고 더 오래 쓸 수 있는 금속 쓰레받기를 새로 구입하라. 부스러지는 스펀지나 닳은 수세미로 청소하며 시간을 낭비할 이유가 있을까?

정기적으로 사용하는가?

금속광택제 같은 제품은 거의 사용하지도 않으면서 일 년 내내 싱크대 아래 귀한 공간을 차지하고 있다. 걱정 말고 치우자. 이따금 제품이 필요할 때면 앞서 소개한 식초 활용 방법을 쓰거나 집에서 만들 수 있는 대체품을 검색하자.

같은 종류의 제품이 이미 있는가?

일반 가정의 부엌에는 많은 종류의 세제가 있다. 설거지 세제, 손세정제, 바닥 세척제, 애완동물 샴푸 등등. 하지만 카스티야 비누 같은 천연제품 한 가지면 모든 경우에 사용 가능하다. 특수 용도 제품을 여러 가지 둘 필요가 없다.

내 가족의 건강에 위험할 수 있는가?

환경단체 EWG Environmental Working Group는 노닐페놀 에톡시레이트 nonyl-phenol ethoxylates, 2−부톡시에탄올 2-butoxyethanol, 부톡시디글리콜 butoxydiglycol, 에틸렌ethylene 또는 디에틸렌 글리콜 모노부틸 에테르diethylene glycol monobutyl ether, 디에틸렌 글리콜 모노메틸 에테르diethylene glycol monomethyl ether, 메톡시디글리콜methoxydiglycol 등이 함유된 제품을 피하라고 권유한다. 또한 에탄올아민MEA, DEA, TEA과 '쿼트quat'라는 단어가 붙은 성분이 들어간 스프레이 제품 역시 사용을 피해야 한다. ADBAC, 벤잘코니움 클로라이드benzalkonium chloride, 또는 이름이 '~모니움 클로라이드'로 끝나는 성분을 경계해야 한다고 한다. 하지만 이 발음조차 안 되는 단어들을 누가 기억할 수 있을까? 그냥 간단히 유독, 위험, 치명적이라는 단어가 사용설명서의 경고에 들어 있는 제품을 골라내어 유해 폐기물 시설에 가져다주자. 차라리 그보다 모조리 치워버리고(걱정도 함께) 식초와 다음의 추가 무독성 대체법만을 쓰도록 한다.

죄책감 때문에 갖고 있는가?

비싼 가격 때문에("이걸 얼마를 주고 샀는데") 혹은 독성 때문에("버리려니까 마음이 좋지 않아") 제품을 보관하는 건 합당한 이유가 될 수 없다. 진정한 유용함, 효율성 그리고 건강에 대한 영향을 가차 없이 평가하여 정리해야 한다.

남들이 갖고 있어서 두고 있는 물건인가?

빨래 바구니를 두고 있다면, 다른 것을 같은 용도에 쓸 수는 없을까? 옷장마다 세탁물 바구니를 두고 있다면, 더러운 옷들을 모아 세탁기로 옮기는 용도 말고도, 빨아 개킨 옷들을 분류해 담아 도로 각자의

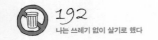
옷장으로 옮기는 데도 쓸 수 있다.

내 소중한 시간을 쓸 만큼 가치가 있는가? 정말로 시간을 절약해주는가?

예를 들어, 나에게는 진공청소기가 오히려 비생산적이었다. 그걸 벽장에서 꺼내 코드를 풀고, 플러그를 꽂고, 진공청소를 하고, 플러그를 빼고, 들고 계단을 올라가, 다시 코드를 감아둘 시간이면(가끔 먼지통을 비워주는 것은 말할 필요도 없다), 그 사이 집을 두 번은 쓸고도 남는다. 시간 절약은커녕 관리에 더 많은 시간을 잡아먹는 로봇 청소기와 함께, 나는 진공청소기를 치워버렸다. 그 이후로 시간, 에너지, 돈 절약은 물론이고 벽장 공간도 확보하게 되었다.

이 공간을 다르게 쓸 수 있을까?

만약 다림질을 아주 가끔만 한다면 부피 큰 다림질대 대신 평평한 공간에 뭔가를 깔고 쓰면 된다.

재사용 가능한가?

종이타월, 일회용 대걸레 청소포, 스펀지 따위는 잊어버리자. 재사용 가능한 대체품을 고려하자.

: : 재사용 청소 도구

재사용 가능한 대체품을 도입하면 환경에 좋을 뿐만 아니라, 비용 절약이 정말 상당히 된다. 다음과 같은 도구를 사용하면서 왜 진작 쓰지 않았을까 하고 나 자신을 구박했다.

세탁 가능한 천

나는 집을 친환경화하기 시작할 때 극세사 천 한 묶음을 샀다. 극세사의 성능 덕에 유독성 세제, 물티슈, 스펀지, 종이타월이 즉시 필요 없게 되었다. 덕분에 친환경 청소로 전환하는 일이 전혀 힘들지 않았다. 그건 그렇지만 극세사 천은 합성섬유다. 티셔츠를 잘라 쓰는 쪽이 최종 처리 면에서는 더 환경친화적인 대안이다(면은 생분해 가능하며 널리 재활용 가능하다).

대걸레 청소포

일회용 대걸레 청소포를 이용하는 것보다는 전통적인 물에 빨아 쓰는 대걸레가 더 쓰기 쉽고 물을 훨씬 절약할 수 있다. 세탁 가능한 천을 끼우거나 극세사 청소포를 구입할 수도 있지만, 합성 소재가 아닌 대안으로 펠트 천이나 면 크로셰편물 청소포가 있다. 수공예 웹사이트 엣시Etsy.com에 많은 종류의 물품이 있다.

빗자루

진공청소기를 포기한 우리 집에는 빗자루가 대부분의 바닥 청소와 거미줄 제거 도구가 되었다. 천연 소재 빗자루로는 실크, 옥수수, 코코넛 껍질 섬유, 돼지털과 말털 등이 있다. 우리 빗자루는 실크 소재

인데, 앞부분이 둥글게 되어 있어서 구석 쓸기가 용이하다는 점이 제일 마음에 든다.

금속 수세미

스테인리스 스틸 메시 타입은 여러 해(어쩌면 평생) 가고 우리 집 관리에 아주 유용했다. 유리에 남은 스티커 끈끈이와 스테인리스 스틸 표면에 타서 딱딱하게 굳은 더께를 제거하는 데 쓴다(결 방향으로 문지른다).

수세미 솔

설거지나 카운터에 말라붙은 반죽을 긁어내는 용도로는 스펀지나 거친 수세미보다 천연섬유 나무 솔이 좋은 대체품이며 더 오래 간다. 어떤 제품은 재사용 가능한 손잡이가 달려 있어 손에 지저분한 것이 묻지 않게 해준다. 또한 수세미를 키우거나 버리지 않고 모아 둔 삼 노끈으로 수세미를 코바늘뜨기할 수도 있다. 합성 수세미와 달리 이 세 가지는 100퍼센트 천연 소재이며 퇴비화 가능하다.

칫솔

낡은 칫솔은 손이 잘 닿지 않는 타일 사이나 냉장고 틈새 닦기에 적당하다. 우리는 퇴비화 가능한 칫솔을 사기 때문에, 솔이 낡아 쓸모가 없게 되면 퇴비로 만든다.

: : 쓰레기 없는 무독성 대안 제품

줄이기로 청소 과정을 간소화했지만, 더 중요한 점은 세제에 흔히 들어 있는 독성 화학물질을 끊는 데 도움이 된 것이다. 이제는 암호 같은 세제 성분 목록을 놓고 우리 건강에 무슨 영향을 미칠 수 있는지 해독할 필요가 없다. 하지만 우리 가정에 맞는 세탁 세제를 찾는 일은 솔직히 쉽지 않으며 사실 약간 짜증스럽다. 매주 세탁기를 돌릴 때마다, 도기 구슬에서부터 비누나무 열매(우리 뒤뜰에서 키울까 고려했었다)까지 대여섯 가지의 친환경 세제를 시험해보았으나, 칙칙해져 버린 흰 옷과 기름 얼룩진 짙은 옷이 세탁기에서 나오는 등 희망 가득했던 조사의 결과는 실망뿐이었다. 세제 없이 돌린 실험에서는 확연히 차이가 나는 결과가 나왔다. 하필 얼룩 제거에 효과가 있었던 제품 하나는 재활용 불가능한 마분지 상자 포장이라 환경에 대한 나의 헌신에 찬물을 끼얹었다. 한동안은 환경친화적인 생활이란 얼룩을 감내해야 하는 것인가 생각했지만, 결국엔 우리에게 맞는 요령을 찾아냈다.

얼룩을 제거해주면서 동시에 당신이 정한 포장 제약 조건을 만족시키는 세탁 세제를 찾는 것은 개인적인 문제로, 각 가정마다 알아서 정해야 할 일이다. 어느 가정에는 알맞은 세제가 다른 가정에는 아닐 수도 있다. 나는 얼룩을 말끔히 제거하는 에코 세탁이란 몇 가지 변수에 달려 있다고 생각한다. 세탁기(드럼세탁기냐 통돌이냐), 물 성분(경수냐 연수냐), 세탁 물 온도(온수냐 냉수냐), 얼룩 종류(기름때인가 음식물

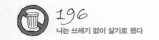
인가), 옷 소재(합성섬유인가 천연섬유인가) 그리고 색깔(짙은 색인가 흰색인가). 설거지 세제도 마찬가지다. 물이 연수인가 경수인가 그리고 식기세척기 브랜드에 따라 결과는 다양하다.

여러 브랜드와 구할 수 있는 벌크 제품을 시험한 끝에, 우리가 택한 청소와 세탁 세제는 다음과 같다.

식기세척기와 세탁기 세제

대다수의 친환경 세제는 플라스틱 용기에 담긴 액체 형태거나 안에 비닐 코팅이 된 마분지 상자에 든 가루 형태이다. 사기 전에 상자를 잘 살피자. 나는 찾을 수만 있다면 비포장 벌크로 파는 브랜드를 선호한다(흔히 벌크로 파는 물품은 아니다). 아니라면, 벌크 재료들로 직접 만들어 쓴다.

식기세척기 세제 만들기

만드는 법

밀폐 용기에다가 워싱소다 4컵(베이킹소다를 쓸 수도 있지만 효과가 떨어진다), 구연산 1컵(맥주 재료상에서 벌크로 판다) 그리고 천일염 1컵을 섞는다. 식기 세척기 린스 투입구에 식초를 더하면 최상의 결과를 얻을 수 있다.

세탁 세제 만들기

만드는 법

통에다가 워싱소다^{중탄산소다} 1/2컵, 비포장 파란 비누를 갈아낸 것 1/2컵(시판 세제에 사용되는 광표백제가 들어 있다) 그리고 따뜻한 물 3리터를 섞는다. 섬유유연제 투입구에 식초를 더하면 최상의 결과를 얻을 수 있다.

물비누 만들기

카스티야 비누는 식기세척기와 세탁기용을 제외한 집 안 모든 세제로 사용 가능하다. 나는 그걸로 식탁 의자, 바닥, 손, 설거지 그리고 개 목욕용으로 쓴다. 고체 비누도 좋지만, 물비누를 싱크대 디스펜서에 넣어두고 설거지거리나 손에 곧장 받아 쓰니 생활이 간편해졌다. 카스티야 물비누는 꽤 비싸서, 나는 직접 만들어 쓴다. 솔직히 이렇게 만들면 닥터 브로너스 브랜드 것만큼 기름때가 잘 빠지진 않지만, 내가 쓰기엔 충분하다. 스콧은 손에 묻은 자전거 기름을 닦아낼 때는 고체 비누를 쓴다.

만드는 법

냄비나 양동이에다가 갈아낸 비누 1과 1/2컵을 따뜻한 수돗물 4리터와 섞어 저은 다음 하룻밤 둔다. 핸드블렌더로 갈아준 다음 병으로 옮겨 담는다. 쉽게 쓸 수 있도록 싱크대 디스펜서에 넣는다.

스크럽 파우더

우리는 베이킹소다를 벌크로 사서, 금속 수세미는 너무 거칠어 안 되

고 나무 브러시 솔은 너무 약해서 안 되는 중간 정도의 물건을 스크
럽 파우더로 문질러 닦고 있다.

 ## 스크럽 파우더 만들기

만드는 법

베이킹소다를 셰이커 양념병으로 옮겨 담는다. 닦을 부분에 물을 스프레이
한다. 파우더를 톡톡 뿌려주고 천으로 문질러 닦는다.

참고

파우더를 약간의 물에 타 반죽을 만든 다음 닦을 부분에 발라 천으로 문지
를 수도 있다.

다림풀

나는 다림질을 거의 하지 않는다. 거기에 시간과 전력을 그만큼 들일
가치가 없다. 우리는 앞서 언급한 요령대로 최대한 옷에 주름이 지지
않게 하여 다림질할 필요를 없앤다. 하지만 세탁소에 드라이클리닝
을 맡겨 스콧이 사업 관계 미팅에 입고 나갈 드레스셔츠를 빳빳하게
마무리한다. 그 세탁 업체에선 무독성 세탁 시스템을 사용하며 재사
용 가능한 옷 커버를 제공한다(옷을 갖고 이동할 때 이용할 수 있어 편
리하다). 하지만 어떤 이유로 남편 셔츠를 다룰 일이 생기면, 나는 수
제 다림풀을 쓴다.

다림풀 만들기

만드는 법

물 0.5리터와 녹말 1큰술을 섞어 스프레이통에 담는다. 흔들어 쓴다.

우리가 하는 집 안 청소와 세탁은 이게 전부다. 잘 안 빠지는 얼룩이 있으면, 종류를 알 수 없을 경우엔 레몬, 소금 그리고 햇빛을 쐬인다. 기름 얼룩에는 녹말이나 식기세척기 세제 반죽을, 머스터드, 펜, 연필, 또는 크레용 얼룩에는 식초를, 타르 얼룩에는 요리용 기름을, 그리고 딸기 물든 옷에는 30센티미터 높이에서 뜨거운 물을 붓는다(마법처럼 사라진다). 부엌 싱크대 아래에서 치운 세제들 자리에는 딱 필요한 곳에 체를 둘 수 있게 되었다.

: : 찌꺼기 퇴비화

청소하고 빨래하고 나면 찌꺼기^{쓸어서 나온 먼지와 건조기 보푸라기 등}가 남게 된다. 퇴비함의 종류에 따라 이러한 쓰레기들을 퇴비화하는 것을 고려해 볼 수 있다. 퇴비는 이러한 자잘한 자원을 도로 환경으로 돌려보내는 훌륭한 방법이다.

유지보수

최상의 관리·유지야말로 물품들의 사용기간을 늘리고 수리와 벌레로 인한 쓰레기를 방지하는 데 필수적이다. 하지만 아무리 열성적으로 자연보호와 쓰레기 줄이기 노력을 한다 한들 필연적으로 어느 정도 쓰레기가 나올 수밖에 없다. 우리 가족이 매년 배출하는 1리터들이 병 하나의 매립 쓰레기는 대체로 오래된 전선, 오래되어 떨어진 회반죽, 회반죽을 새로 바르는 데 쓴 천조각, 말라 떨어진 페인트 부스러기, 그 자리를 새로 칠하는 데 쓴 페인트 롤러 등이다. 이건 기본적으로 우리 집을 불과 물로 인한 피해나 더 많은 쓰레기가 발생하는 사태를 막기 위해 필요한 물품들이다. 쓰레기 제로의 삶을 유지하려면 사전 조치를 취함으로써 수리가 필요한 일을 줄이도록 노력해야 하고 수리 물품보다는 쓰레기 제로 대체품을 선택해야 할 것이다.

: : 간소한 관리 도입

가끔 우리 집을 빌려주니 집과 정원을 말끔하게 치우게 되었다. 다음과 같은 사전 조치를 취하면 관리를 최상으로 유지하는 일이 가능해진다.

- 간소한 생활방식을 도입한다. 가진 것이 적을수록 고칠 것이 적고, 수리 상태를 최상으로 유지하기 쉽다.

- 품질 위주로 구입한다. 요새 우리가 구매하는 상품들의 상당수는 오래가도록 만들어져 있지 않다. 수명 짧은 저질 물품들을 골라내자. 질 좋은 물품에 돈을 더 쓰는 것은 시간이 지나면 수리나 교체 비용을 절약함으로써 보충된다. 예를 들어, 금속이나 나무 연장을 고른다면 처음엔 돈이 더 들겠지만 더 오래 가고, 더 근사해 보이며, 더 쉽게 수리할 수 있다.
- 문제가 생기면 가능한 한 빨리 사용을 중단하고, 너무 늦기 전에 수리하자.
- 괜히 머리 쓰지 말자. 뭔가 망가지면 제조사에 연락한다. 어떻게 수리할지 그쪽에서 알려줄 것이고, 수리 부품을 무료로 보내주는 경우도 많다.
- 집의 외관을 잘 관리하여 벌레 문제를 방지하자. 흰개미가 생기지 않게 나뭇조각을 치우고, 설치류가 들어오지 않게 나무와 덩굴은 집과 거리를 두자.

: : 쓰레기 없는 대안 선택

집 수리 제품들과 그 포장은 배제하기 어렵지만 쓰레기가 나오지 않는 대체품이 일부 있다.

고철 처리장, 프리사이클, 크레이그리스트는 사소한 수리나 조경 일에 필요한 목재, 타일, 페인트, 파이프, 울타리 등의 중고와 남은 재료를 구하기에 좋은 곳이다. 지역 건축업자들도 기꺼이 쓰던 창문이나 널빤지, 벽돌 등을 나누어줄지 모른다. 페인트 소량은 페인트 가게에서 반품과 색깔 테스트를 하고 남은 통을 파는 경우가 있다. 그 밖에는 몇몇 지자체에서 유해폐기물 수집 프로그램을 통해 페인트를 모아서 주민들이 가져갈 수 있게 해준다. 지역 시설에 문의해보자.

몇몇 지역 철물점에선 못, 나사, 나무토막, 특수 품목^{펠트 패드, 죔쇠, 후크} 등을 묶음이나 무게 단위로 판다(포장 없이). 비포장 벌크 품목은 가게마다 다르지만, 일단 눈여겨보기 시작하면 예상치 못한 곳^{페인트 가게, 시골} ^{잡화점 등}에서 찾게 될 것이다. 앞으로 구매하게 될 경우에 대비해 기억해두고, 자잘한 물품들을 살 때는 잊지 말고 천 주머니를 가져간다.

공동 소비의 훌륭한 예로 생활공구 대여소가 여기저기 생기고 있다. 장비를 보관해두고 최대한 활용할 수 있는 곳이다. 집 수리, 조경 그리고 자동차 수리 등에 필요한 공구를 무료로 빌려준다. 공구 대여소는 도서관을 모델로 하여 구축되었으며, 대출 제한, 연기, 예약, 연체료 등의 비슷한 서비스를 하는 경우가 종종 있다. 지역 주민센터에도 문의해보자. 그 외에는 그냥 이웃집 벨을 누르고 공구를 빌려보자.

정원

어느 날 문득 하이킹 중에 눈앞의 식물들 이름을 하나도 모른다는 생각이 들었다. 나는 산책을 통해 더 많은 것을 얻고 싶었다. 내 주위의 식물들에 대해 전부 알고 싶었다. 그래서 지역 식물군, 특히 식용 식물 위주로 배우기 위해 야간 대학 식물학 강좌에 6개월 등록했다. 강좌를 수료하고 조사한 후에, 나는 상세한 토종 식용 식물 목록을 만들어 우리 집 정원에 그걸 심을 계획을 세웠다. 우리 정원 식물 조건에 완벽하게 맞는 듯했다. 우리는 지역 토종 묘목장에 가서, 파는 종류를 모조리 사서(일곱 가지를 서른 개 정도), 설명대로 심었다. 하지만 두 달 사이, 전부 죽거나 사슴에게 뜯어 먹혔다. 돈과 수고 그리고 플라스틱 모종 포트 낭비였다.

그래서 우리는 전문가에게 도움을 받아 사슴으로부터 안전하고 실패하지 않으며 가뭄에 잘 견디고 우리 수고와 스케줄을 위해 관리가 적게 필요한 정원을 꾸미기로 했다. 초기 비용이 좀 들기는 해도, 장기적으로는 시간과 돈이 절약되었다. 그녀의 지시에 따라 스콧과 내가 심은 식물들은 사슴들의 습격을 이겨냈고 우리 토양의 제약에 맞을 뿐 아니라 관리할 필요도 적었다. 우리는 이제 식용 채소는 발코니 안에만 키우고, 내 식물학 지식은 하이킹할 때만 써먹고 있다.

손이 덜 가는 정원 조성은 개인적 선택의 문제이기는 하나(정원 일을 즐기는 사람들도 있으니), 쓰레기 없는 대체품을 도입하는 것은 고려해볼 일이다.

: : 간소한 관리 도입

스콧은 이제 정원 일을 하려고 다이빙 부츠를 신고 나설 일이 없다. 그리고 정원 일이 정말 좋아서 하는 게 아니라면 당신도 그럴 필요는 없다. 여기에 정원을 관리하기 쉽게 하는 요령 몇 가지가 있다.

• 자주 가지치기를 하지 않아도 되는 식물을 고른다.
• 지역 환경에 적응하여 자주 물을 주지 않아도 되는 식물을 고른다. 예를 들어, 잔디 대신 키가 작은 자생 풀을 심을 수 있다. 보기에 좋고 잔디깎기를 할 필요가 없다.
• 잔디밭을 유지하고 있다면 베어낸 잔디를 치우지 말자. 흙으로 영양분이 돌아가도록 그대로 둔다. 덩어리 지지 않도록 잔디가 건조할 때 깎는다.
• 일 년에 한 번 뿌리덮개나 낙엽을 깔아 잡초가 자라지 않게 한다.
• 잡초가 나오면 식초 원액을 스프레이로 뿌린다. 감당하지 못할 만큼 자랄 때까지 두면 안 된다. 식초 스프레이를 준비해두자.
• 균류나 잎진드기 같은 해충은 눈에 띄자마자 물비누 1/4컵을 물 4리터의 비율로 풀어 스프레이로 뿌려 더 큰 문제가 발생하지 않도록 막는다. 또한 무당벌레를 구입하여 진딧물을 없앨 수도 있다.

: : 쓰레기 없는 대안

정원을 제대로 가꾸려다 보면 유해한 파장을 낳는 조치를 취하게 되는 경우가 종종 있다. 우리 정원에선 향긋한 향기가 날지 몰라도, 그 결과 발생하는 근처 매립지의 메탄가스는 그렇지 못하다. 어쩌다 우리는 퇴비나 흙까지도 비닐봉지에 포장하게 되었을까? 단순한 자연 보전 규칙에 어긋나는 것 같다. 쓰레기를 발생시키는 정원 꾸미기는 불합리하며 그럴 필요가 없다. 이런 대안들을 고려해보자.

- 비포장 벌크 씨앗을 찾아보자. 묘목장에서는 찾기 힘들다. 식품점의 벌크 코너가 제일 가능성이 높다. 천 주머니 챙겨가는 것을 잊지 말자.
- 씨를 달걀판에 심어, 플라스틱 화분 사용과 반납할 일을 줄이자.
- 묘목장에서 플라스틱 화분을 사왔다면, 혹시 반납받아 재사용하는지 물어보자. 많은 곳에서 그렇게 한다.
- 원치 않는 식물이나 바위, 울타리 판자, 파이프 등의 남는 정원 용품이 있다면 다른 사람에게 주자. 크레이그리스트에 무료 드림 글을 올리자. 금방 받아갈 사람이 나서고, 묘 포트를 재사용할 좋은 기회이기도 하다.
- 흙, 돌, 비료 등등은 그냥 집으로 배달시키거나, 재사용 가능한 포대에 담긴 걸로 구매하라. 우리 집은 뿌리덮개, 흙, 돌들이 쌓여 있는 원예용품점에 가서 주머니에 담아 사온다.
- 화단 경계는 공사장의 폐자재 목재, 폐기물장의 도기 화분, 관개용수 부품을 활용하거나 철물상에서(낱개로 파는 곳에서) 구매한다.
- 집에서 퇴비를 만든다면, 물론 그걸 비료로 줘도 된다. 하지만 몇몇 폐기물은 그냥 식물 밑둥에 곧장 줘도 된다. 소변은 감귤류에 최고의 비료이며, 커피 원두 간 것은 토마토처럼 산성을 좋아하는 식물

에게 좋고, 물과 삶은 달걀 껍질은 훌륭한 석회 공급원이다. 또한 지렁이 퇴비함에선 분변토 액비가 편리하게 수도꼭지로 나오게 할 수 있다. 나는 4배로 희석해서 식물에 비료로 준다.

- 수확한 채소가 너무 많은가? 무료급식소에 기증하거나, 이웃에게 나눠주거나, 크레이그리스트에 무료 드림 글을 올리거나, 잼을 만들거나, 냉동하자.
- 수확물 일부는 내년에 심을 종자로 보관한다.
- 원예 연장은 최소한으로 유지하자. 제일 나은 것을 골라두고, 나머지는 원예 클럽이나 양로원, 그보다는 공구 대여소에 기증하자.

수세미 키우기

욕실이나 스파에서 흔히 이용하는 천연 수세미를 정원에서 키울 수 있다! 수세미는 한해살이 식물로, 남미 원산의 박과 넝쿨 채소이며 거대 호박처럼 보인다. 열대종이라 따뜻한 기후에서 잘 자라지만 실내에서 싹을 틔우고 서리를 피한다면 찬 기후도 견뎌낸다. 추운 때가 지나고 나면 양지 바른 곳, 가능하면 남쪽을 면한 곳에 옮겨심는다. 격자나 울타리를 타고 오르거나 땅에 뻗어 최대 9미터까지도 자란다. 덜 자란 수세미는 먹을 수도 있지만 섬유질이 생길 때까지 기다리자.

수세미 키우기

만드는 법

1 수세미 열매가 완전히 갈색이거나 누렇게 무르익었을 때 딴다. 제법 가볍게 느껴지고 껍질이 푸석하다.

2 꽉 눌러 껍질을 벗긴다.

3 씨를 털어낸다.

4 내년에 심게 씨는 따로 둔다.

5 물에 담그거나 수압이 센 호스로 물을 부어 깨끗이 한다.

6 햇빛 아래 말린다.

7 원하는 모양대로 자른다.

집 안 관리를 위한 다섯 가지 R

• 거절하기 : 일회용과 항박테리아 청소용품 사용을 중지하자.

• 줄이기 : 식초와 베이킹소다로 청소하자.

• 재사용하기 : 재사용 가능한 걸레를 쓰고, 공구를 대여해서 쓰자.

• 재활용하기 : 재활용할 수 있는 유리병에 든 증류 백식초를 구매하자.

• 썩히기 : 먼지 쓰레기를 퇴비화하자.

한 걸음 더 나아가기

이 장에서 다룬 대부분의 아이디어는 눈에 보이는 형태로 존재하는 쓰레기를 다루고 있지만 에너지, 물 그리고 시간 절약을 다룬 다음의 팁을 통해 지속가능성을 위한 당신의 노력을 완성할 수 있을 것이다.

에너지

- 가능하면 건조기보다는 빨래를 널어 말리자.
- 세탁물을 하루에 몽땅 빨고 건조하자. 세탁물을 한 번 건조하고 열기가 남아 있을 때 다음 세탁물을 돌린다.
- 냉장고 필터를 일 년에 두 번 청소해서 효율을 높인다.
- 가능한 한 찬물에 세탁한다.
- 낙엽 청소기 대신 갈퀴를 쓰자.
- 전구가 나가면 LED 전구로 교체하자.
- 새 건전지를 사야 한다면 충전식 건전지를 사자.

물

- 적하관개물을 오랜 시간 조금씩 떨어뜨리는 장치는 스프링클러에 비해 물 사용량이 50퍼센트이고, 뿌리덮개를 해주면 수분을 유지할 수 있다.
- 강수량을 측정하여 자동으로 물 주는 양을 조절하는 식의 절수 시스템이 내장된 급수 시스템을 설치하자.
- 빗물 받는 통을 쓰자.

- 지자체에 가능한지 문의하여, 세탁하고 난 그레이워터를 정원에 주는 물로 재활용하는 시스템을 설치한다(원예 목적일 경우에만).
- 욕실 샤워기 아래 양동이를 두어, 물이 데워질 때까지 나오는 찬물을 받아둔다. 정원에 물을 주는 데 쓴다.

Chapter
06

:

일터에서의
쓰레기 제로는
업무를 효율적으로
바꾼다

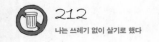

이따금 대학에서 초청을 받아 우리 가족의 생활방식에 대해 강연을
할 때가 있다. 보통 강연 뒤에 질의시간이 있다. 그중 한 가지가 특히
충격으로 와닿았다. 학생 하나가 미심쩍어하며 말했다.

"저희 같은 학생들이 어떻게 강사님처럼 할 수 있겠습니까? 강사
님하고 달리 저희는 바쁜걸요."

사람들은 쓰레기 제로 생활방식을 전원주택 거주자나 전업주부
와 연관짓는 경향이 있으며, 내 강연 목적은 그런 선입견을 깨부수는
것이었고 이미 말했지만 그 학부생은 강연에 늦게 도착했다. 유리병
과 직접 만든 물건으로 가득한 우리 집 묘사가 그 학생을 더욱 단정
짓게 했을 것이다. 시간이 남아도는 가정주부겠거니 하고. 나는 학생
의 말에 당황하여 대답했다.

"나도 바쁘답니다."

집으로 돌아오는 길에 나는 '바쁨'이란 단어의 진정한 의미를 곰
곰이 생각했다. 시트콤 〈사인필드Seinfeld〉에서 조지가 열심히 일하는
척하던 에피소드를 떠올렸다. 그는 스트레스 받은 척 연기하기, 한숨
짓기 그리고 상사에게 일에 몰두하고 있다는 인상을 주기 위해 어지
른 책상을 내보이는 등의 영리한 수법을 썼다. 바쁘다는 것은 거짓으
로 가장할 수 있다. 어질러진 책상이나 얼마나 시간을 아껴야 했는지
보다는 생산성 정도에 따라 직업적 공헌도를 평가하는 쪽이 더 공정
해 보인다. 오늘날 우리는 자신이 중요한 사람이며 삶을 충실하게 살
아가고 있음을 사람들에게 내보이기 위해 빡빡한 스케줄을 남들이
알아주기를(그리고 가끔은 동정하기를) 바란다. 우리 문화는 바쁘다는

것을 행복과 충만함, 인기, 근면함과 연관짓지만 바쁘다는 것은 능률적이라는 것과 동의어가 아니다.

　이전에는 미루기가 나의 가장 큰 적이었으나 생활을 간소화하려고 노력하다 보니 미루는 버릇은 과거 일이 되었으며 능률을 최대로 높일 수 있었다. 내 생산성을 제약하는 요소를 가늠하고 관리하는 일은 확실히 적극적 노력이 필요하다. 첫 단계는 사무실을 간소화하는 것이고, 두 번째는 디지털 잡동사니를 제거하는 것이다.

업무 공간

이전 살던 집에선 스콧과 나는 각자 다른 방에서 일했다. 나는 손님방(침실, 욕실 그리고 주방을 갖춘)을 작업실로 개조했고, 남편은 침실 하나를 사무실로 바꿨는데 방이 어찌나 크던지 빈 공간을 채우려고 필요 없는 가구라운지 의자 등를 갖다놓았다. 각각 집 양 끝에 위치한 사무실 두 곳 다 텔레비전, 전화, 프린터, 사무기기, 문구류, 쓰레기통, 책상 조명 등을 갖추었다. 파일이 쌓인 남편의 사무실 바닥을 내가 견딜 수 없게 되면 문을 닫으면 되고, 다년간 모아놓은 내 사무실의 커다란 사진 액자들을 남편이 무시하고 싶다면 문을 닫아버리면 되었다. 집을 줄여 이사갔을 때 우리는 사무실을 합칠 수밖에 없었다. 다년간의 꾸준한 간소화를 통해 사무실 공유는 실리적이며 친환경적이고 경제적임을 깨닫게 되었다. 그 과정을 통해 우리는 중복되는 물품들을 처분하고 사무용품과 문구류를 합쳤고, 전반적인 난방비와 전기료 절감을 이끌어냈으며 인터컴 없이 서로 대화할 수도 있게 되었다.

더 넓게 보면, 최근 떠오르는 공동 사무실 유행은 훌륭한 대안이다. '홈 오피스 같이 쓰기'의 친환경적 이점이 똑같이 적용되며 사회적, 집단적, 상호 지원적 환경을 프리랜서나 소규모 사업자에게 제공한다. 또한 집과 일 사이의 거리를 둘 수 있다. 파자마를 벗고 옷을 차려입는 단순한 행동만으로도 생산성에 긍정적인 영향을 줄 수 있다!

홈 오피스 함께 쓰기든 공동 사무실 쓰기든, 유연성 있는 근무 스타일을 지원하며 불필요한 잡동사니를 처리하는 것이 중요하다. 나는 다른 많은 것들과 함께 사진 액자들을 전부 치워버렸다.

: : 간소화하기

알버트 아인슈타인은 "어지른 책상이 어지러운 정신의 증거라면, 텅 빈 책상은 무엇의 증거란 말인가?"라고 말한 적이 있다. 내게 있어 텅 빈 책상은 텅 빈 정신의 증거가 아니다. 깨끗한 책상은 날카롭게 집중한 지성의 증거다. 싹 치워진 작업 공간은(여기에는 받은메일함과 컴퓨터 바탕화면도 포함된다) 내가 사소하고 자잘한 일들을 전부 처리했다는 뜻이다. 일은 생산성에 근거하여 평가되어야 한다. 작업 공간은 그걸 최대화해야 한다. 사무실 공간에 있는 물품들을 평가하여 효율을 최대로 올리자. 여기에 정리정돈을 할 때 고려할 만한 질문 몇 가지가 있다.

쓸 만한 상태인가? 고쳐 쓸 수 있는가?

고장 난 전자제품은 전자폐기물 모으기 운동을 통해 기부하자. 필기구를 확인해보자. 제대로 나오지 않는 건 버린다. 만약 제일 아끼는 펜이 그중 하나라면, 제조사에 연락해서 리필이나 수리를 문의한다.

정기적으로 사용하는가?

전문 서적을 가끔 참고할 때를 위해 보관하는 경우가 종종 있지만, 귀한 공간을 차지하고 먼지가 쌓일 뿐이다. 지역 도서관에 기증하여 필요할 때면 가서 참고하고 지역사회에 도움이 되게 하자. 또한 인터넷 서점 아마존에 팔 수도 있다. 경험을 통해 아는데, 오래된 교과서가 제법 놀라운 소득을 낳는다.

같은 종류의 제품이 이미 있는가?

한 사람에게 펜, 연필, 형광펜이 정말로 몇 개나 필요할까? 아마 하나씩이면 될 것이다. 싸구려 열 개보다 좋은 펜 하나를 갖고 있는 쪽이 낫다. 간소화 사업을 하면서 기업체 및 호텔 공짜 펜이 수십 개 널린 집을 여럿 보았다. 이 정신나간 공짜 펜 문화를 중단하는 데 일조하자. 거절하고 받지 말자. 중복되는 문구류펜, 연필 등는 지역 공립학교나 학년 초 해당 물품에 대한 수요가 있는 소규모 중고가게에 기증하자.

내 가족의 건강에 위험할 수 있는가?

가정용 레이저 프린터에선 미세먼지가 나오는데 이는 호흡기 문제,

천식 그리고 몇 가지 암 유발로 이어질 수 있다. 또한 오존과 질소산 화물이 발생하여 두통, 메스꺼움, 피부염을 일으킬 수도 있다. 프린터를 옮기는 것을 고려해보자. 미술용품을 살 때는 AP 인증 표시를 확인하자. 이는 미국미술창작재료연합회ACMI가 그 제품을 무독성으로 평가했다는 의미다. 유독성 용품은 지역 유해폐기물 처리 시설을 통해 처분하자. 예를 들어, 고무시멘트와 초강력접착제는 각각 헵탄^{또는 핵산}과 시아노아크릴레이트가 함유되어 있으며 둘 다 유독성 기체를 발산하므로 처분을 고려하자.

죄책감 때문에 갖고 있는가?

조직의 일원이어야 한다는 죄책감 때문에 사무실을 기업체 증정품이나 회사 로고 티셔츠로 어지럽히고 있다. 정말 회사의 '2010 세일즈 컨퍼런스' 티셔츠를 다시 입을 일이 있을까? 십중팔구는 아닐 것이다.

남들이 갖고 있어서 두고 있는 물건인가?

대부분의 사무실에는 화이트보드가 설치되어 있고 형광펜을 쓴다. 다른 것으로 대신할 순 없을까? 보드용 마커는 거울에도 화이트보드와 마찬가지로 잘 써진다. 거울은 또한 빛 반사와 공간이 더 넓어 보이는 부수적인 효과가 있다. 색연필로 형광펜을 대신할 수 있으며 지울 수 있다는 추가 장점이 있다.

내 소중한 시간을 닦고 씻느라 보낼 만큼 가치가 있는가?

중요한 것은 상패나 명판, 수료증 실물이 아니다. 실제 거둔 성취야 말로 진짜다. 사진을 찍어두고, 물질적 상패는 재활용하자. 이렇게 하면 청소가 줄어든다.

이 공간을 다르게 쓸 수 있을까?

내가 상담한 많은 가정에 똑같은 습관이 있었다. 전자제품 상자 보관하기. 그 상자들을 보관해봐야 원래 내용물의 장기적 가치에 보탬이 되지 않으며, 많은 자리를 차지하고 수년간 먼지가 쌓인다. 재활용하자. 그 자리를 되찾자. '만약의 경우'에 대비해 보관해둘 만한 가치가 없다.

재사용 가능한가?

스테이플러는 이제 홈 오피스의 필수품으로 여겨지지만, 일회용품이다. 스테이플러는 기부하고 대신 다음에 소개된 재사용 가능성을 지니며 좀 더 지속가능한 대안 중 하나를 택하자. 아마 종이 클립은 이미 집 어딘가에 있을 것이다.

: : 재사용 가능성

홈 오피스에 일회용을 두지 않으려면, 자연히 안 쓰고 안 사는 방법을 익히거나 재사용 가능한 대체품을 도입해야 할 것이다. 일회용품

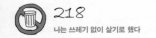
은 쓰고 나면 재보충해야 한다. 일회용품 사용을 중단함으로써 물품 관리뿐만 아니라 쇼핑도 간소화하게 된다.

필기구

대부분의 사람들은 절약 차원에서 사무용품을 대용량으로 사지만, 절약형 묶음 상품은 포장 쓰레기를 줄여주기는 해도 낭비와 일회용품 사용을 조장한다. 거기에 더해, 대용량 사무용품 판매점의 세일즈와 마케팅 전략은 소비를 부추기기 위해 아무리 사소한 사무용품조차 대용량 묶음으로 사도록 이끈다. 연필 꼭지 지우개를 딱 하나는 살 수 없다. 한 봉지로 살 수밖에 없는 것이다. 낱개를 사려면 동네 문구점을 가보자. 딱 원하던 물건을 포장 없이 살 수 있는 경우가 많다. 장기적으로 보면 그게 절약이다.

- 펜 : 오늘날 가장 재사용 가능한 펜은 피스톤이나 컨버터가 들어 있고 병에 든 잉크를 채우는 방식의 만년필이다. 가장 지속가능한 펜은 이미 존재하는 펜이다. 이베이에서 중고품을 찾아보자. 다른 대안은 스테인리스 스틸 리필 가능 볼펜을 고르는 것이다. 하지만 이런 볼펜심은 포장되어 나오고 결국 쓰레기가 된다.
- 연필 : 가장 내구성 좋고 재사용 가능한 연필 대용품은 심을 넣는 스테인리스 스틸 샤프펜슬이지만, 샤프심이 플라스틱 케이스에 포장되어 판매된다. 제조사들이 심을 재활용 마분지 상자에 넣어 팔기까지는, 재생 신문지 연필나무 대신 신문지를 재생한 종이를 쓴 연필-옮긴이이 가장

훌륭한 쓰레기 제로 대안이다. 지우개 꼭지가 달려 있지 않은 모델로 골라(천연 고무 지우개를 별도로 구입한다) 너무 작아져 쓸 수 없게 되면 퇴비화할 수 있게 한다.

- 화이트보드 마커 : 화이트보드(혹은 거울)는 회의 때 큰 종이 패드를 대신할 재활용 가능한 대안이다. 리필 가능한 무독성 마커를 쓰자.
- 형광펜 : 형광펜은 펠트 팁이 무뎌지고 마를 뿐만 아니라, 못 쓰게 되면 매립 쓰레기가 될 수밖에 없다. 색연필은 같은 용도에 쓸 수 있으며 더 오래 간다. 앞서 언급했듯이, 지울 수 있다는 장점이 있으며 남은 몽당연필과 깎은 부스러기는 퇴비화 가능하다. 이번에도 지우개 안 달린 재생 신문지 색연필이 가장 우수한 쓰레기 제로 대안이다.

우편물

우편물은 불가피하게 탄소를 유발시키며 포장 쓰레기를 만들어낸다. 탄소를 줄이려면 일반우편을 이용하자. 포장 쓰레기를 줄이기 위해선 발송자에게 재활용 가능 소재를 요청한다. 에어캡 비닐, 스티로폼, 비닐봉지를 거절하고 종이나 천 같은 대체품 사용을 제안하자. 우편물은 청하지도 않았던 물품들 한 무더기로 이어지고, 아무리 사전 조치를 철저하게 취한다 한들 에어캡 봉투나 비닐테이프라는 형태로 원치 않는 비닐이 발생하게 된다. 그러므로 우편물을 보낼 때는 다음과 같은 점을 명심하자.

- 포장재를 재사용한다. 배송 받은 상자와 봉투를 따로 두는 곳을 정하고 새것 대신 그걸 재사용한다. 새것을 사야 한다면 에어캡 봉투 대신 신문지를 댄 봉투를 고르자. 잘게 자른 종이 역시 에어캡 비닐의 좋은 대체품이다.

- 종이테이프를 사용한다(노끈 대신). 털어놓자면 나로선 바꾸기 어려웠다. 우편물 주소를 방수 비닐 테이프로 붙여서 보호하면 마음이 편해지는 면이 있긴 했지만, 여러 해 동안 비닐 테이프를 쓰지 않았어도 내 우편물은 전부 목적지에 잘 도착했다.

- 받는 주소와 보내는 주소는 우편물 포장에 손으로 적는다. 기본적으로, 반송 주소 스티커 대신 스탬프를 만들어 쓰자. 스티커를 쓰면 재활용 불가능한 뒷면 시트지가 남아 매립지 행이 될 수밖에 없고, 스탬프는 오래 간다.

- 초대장이나 카드를 군이 우편으로 보내야겠다면, 엽서를 쓴다. 우편요금이 절약될 뿐만 아니라, 일반 카드보다 작고 봉투가 없어도 된다. 미국 내에서 일반 크기 약 30그램의 봉투를 발송하려면 무한 우표를 한 롤 구입하자. 우편 요금이 올라도 추가 우표를 붙일 필요가 없다(달리 말하자면, 유효기한이 없다).

문구류

- 서류 묶기 : 스테이플러는 일회용이므로 자원 낭비가 된다. 클립은 같은 용도로 쓸 수 있지만 재사용 가능하다. 클립을 스테이플러 대신 쓰거나 침 없는 스테이플러로 묶는다. 나는 재활용과 구하기 쉽

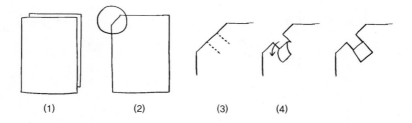

(1)   (2)   (3)   (4)

다는 점에서 클립을 골랐다. 아이들 학교에서 이래저래 딸려오니까. 몇몇 문구점에서 무게 단위로 벌크 구매가 가능하지만(잊지 말고 천 주머니를 가져갈 것), 아래 언급된 종이 쓰지 않는 대안들을 이용하면 클립이 필요한 일 자체가 줄어들 것이다. 종이 몇 장을 묶을 때, 나는 다음의 접는 방법을 쓰기도 한다. (1)종이를 나란히 정렬한다. (2)모서리를 뒤로 접는다. (3)접은 모서리의 중간을 두 군데 찢는다. (4)찢어낸 작은 부분을 앞으로 접는다.

• 잉크 카트리지 : 종이 쓰지 않는 대안을 열심히 이용하면 프린터가 필요할 일 자체를 완전히 없앨 수 있다. 아닌 경우엔, 절대 필요한 경우에만 인쇄하고 초안 모드로 하면 카트리지 수명을 늘릴 수 있다. 월그린스나 카트리지 월드 같은 잉크 충전소에서 리필을 할 수도 있다.

• 미디어 저장과 공유 : CD-R은 일회용이며, CD-RW는 다시 구울 수 있으니 재사용 가능하지만, USB와 외장하드가 더 효율적이고 더 오래 간다. 그러나 클라우드 서비스는 하드웨어가 필요하지 않으며 자동적으로 파일 싱크가 되고 어디에서든(컴퓨터 또는 스마트

폰으로) 파일에 접속 가능하며 공유가 편리하다. 구글드라이브나 드롭박스 같은 무료 클라우드 서비스 사용을 고려해보자.

: : 모으기

예전에 각자 사무실을 쓸 때 남편과 나는 둘 다 쓰레기통을 두고 있었으며 재활용품함이 없었다. 종이, 음식, 사진, 비닐봉지, 포장재 전부 다 뒤섞여 통 하나에 들어가 나란히 매립지로 향했다. 그때는 재활용은 음식 포장만 하는 거라 여겼다. 지금은 공동 쓰레기통을 재활용품함으로 바꿨을 뿐만 아니라, 재사용하려 둔 우편으로 받은 타이벡 봉투겉보기나 촉감은 종이 같은데 찢어지지 않는 소재 등의 물품들을 모으는 서랍도 있다. 앞서 얘기했듯이, 이런 것들은 재활용을 생각하기 이전에 가능한 한 거절하는 쪽이 최선이다.

재활용

- 종이와 마분지 : 사무실에서 가장 큰 재활용품함은 십중팔구 폐지함이겠지만, 아래의 광고 우편물 줄이기와 종이 없는 생활 요령을 실천하면 종이 쓰레기 제로를 달성할 수 있다.
- 플라스틱 : 대부분의 집 앞 재활용품함에는 비닐봉지나 타이벡 봉투 등을 넣지 못한다. 사전에 발신자에게 아무것도 우편으로 보내지 말아달라고 요청하는 것이 최선의 방지책이다. 그러나 요청이 받아들여지지 않는다면 해당 소재들을 따로 재사용을 위해 두거나

아니면 마트 등의 비닐 재활용품함에 넣어도 되는 물품 목록을 확인해보자. 대안으로는, 타이벡 봉투를 재활용하는 곳으로 보낸다. 에어캡 비닐, 땅콩 스티로폼, 스티로폼패드 등의 완충재는 재사용에 참여하는 UPS 매장에서 받아준다. 대안으로는, 플라스틱 루스필 카운슬^{미국의 포장재 재활용 운동-옮긴이} 핫라인에 전화하면 그 물품들을 받아 재사용하는 지역 업체를 알려준다.

- 전자제품 : 새로 사는 것보다는 지금 있는 시스템을 업그레이드하자. 컴퓨터, 프린터, 모니터 등은(브랜드에 관계없이) 비영리 시민단체나 굿윌 등에 기증하자(몇몇 자선단체는 그걸 수리해서 학교나 비영리조직에 보낸다). 수리 불가능한 휴대폰과 소형 전자제품들은 근처 전자폐기물 재활용 시설이나 지역 전자폐기물 수집 재활용 운동에 갖다주거나, 아니면 이베이에 부품으로 팔아 이익을 낸다. 베스트바이^{미국 전자제품 체인점-옮긴이}는 지점 위치에 따라 리모컨, 전선, 코드, 케이블, 잉크와 토너 카트리지, 충전지, 비닐봉지, 카드, CD와 DVD^{케이스 포함} 등을 모으기도 한다.

매립

쓰레기통은 치우자. 대신 굿윌에 보낼 기증품 넣어두는 통으로 쓰자. 쓰레기 제로 사무실은 주로 종이 쓰레기 관리, 가능하다면 완전히 없애는 것을 목표로 한다.

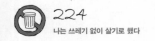
디지털 디톡스

오늘날 진정한 의미에서의 혼자 보내는 시간이란 드물어졌다. 그 결과 우리는 집중력과 창의력에 문제를 겪고 있다.

우리는 365일 24시간 내내 유선, 휴대폰, 음성사서함, 이메일, 문자, 메신저 그리고 소셜미디어에 접속해 있다. 무분별하게 사용할 경우, 스마트폰과 태블릿은 정육 매대 앞에서도, 우체국에 줄 섰을 때도, 버스에서도 우리의 주의력을 차지해버린다. 집에서는 식탁에서, 욕실에서, 침실에서 우리는 온라인에 연결되어 있다. 우리는 한 번에 여러 가지 일을 하는 것을 시간을 완전하게 활용한다고 여긴다. 현실 세계와 디지털 세계에 동시에 존재하려 하는 것이다. 차에 탔을 때 지나가는 바깥 풍경을 보는 소박한 즐거움은 영화, 트위터, 게임에 밀려났다.

온라인에 지나치게 사로잡히는 일이 있을 수 있다. 디지털 기기를 지나치게 사용하면 환경 면에서 자원을 소모할 뿐만 아니라(최신 기기가 필요하고 시시한 정보를 다운받느라 대형 서버를 끊임없이 돌려야 하니), 인간 차원에선 해로울 수 있다. 현실의 삶에, 진짜 삶에 에너지를 쏟지 못하게 된다. 인간 대 인간으로서 접촉, 얼굴을 직접 대면하는 만남을 못하게 된다. 우리의 행동거지 하나하나가 공개되고 프라이버시를 빼앗긴다. 끊임없는 오락거리는 우리가 독립적인 생각과, 감상을 하고 감사와 심지어 행복을 느끼기 위해 필수적인 혼자만의 시간을 빼앗아간다.

소셜미디어가 유용한 비즈니스 마케팅 수단일 수 있긴 하지만, 개인적인 차원에서는 삶에 충족감을 느끼지 못하고 열의를 잃게 된다. 가끔은 내가 질 수밖에 없는 무언의 시합을 하고 있는 기분이다. 내 친구들은 나보다 훨씬 인기 있고, 트윗 숫자도, 성취한 것도, 경험도 나보다 더 많다. 소셜미디어는 내가 20년 전에 묻어버렸다고만 여겨왔던, 자기 확신이 바닥을 치던 고등학교 시절을 다시 경험하게 만든다.

생활방식 간소화 단계를 밟을 때, 우리는 물품과 전자기기에 들이는 시간만이 아니라 우정 역시 평가했다. 우리의 삶에 긍정과 행복 그리고 힘을 가져다주는 이들을 가려내어 그들에게 집중하고 그 외는 멀어지게 두었다. 이러한 줄이기 과정을 통해 우리 곁의 진정한 친구들의 가치를 깨닫게 되었다. 온라인 친분을 쌓는 데 소중한 시간을 써버려 현실 세계의 친구들을 잃는다면 무슨 소용이 있을까? 불만족스럽고 무의미한 온라인 관계에 안달복달하기엔 인생은 너무 짧다는 것을 나는 깨달았다.

소중한 관계를 튼튼하게 하고 사랑하는 이들과의 순간을 살아가는 것이 그 이후로 우리 가족의 우선순위가 되었다. 나는 소셜네트워크에 속해야 한다는 압박감을 이제 벗어던졌다. 내가 진정으로 아끼는 이들은 내게 연락할 방법을 알고 있다. 소셜미디어나 일반적으로 인터넷은 일을 미루는 이들의 골칫거리다. 하지만 디지털 시간 낭비 요소를 가려내고 벗어나기란 어렵지 않다. 개인 페이스북 계정 삭제는 나의 디지털 라이프 간소화의 첫 단계였으며 생산성을 높여주었

다. 여기에 내가 밟은 단계 전부가 있으니 당신도 고려해보도록 하자.

- 소셜미디어 계정을 삭제한다. 나는 특정 혜택을 제공하는 사업상
  의 계정만 유지한다. 글 올리기는 필수적인 것으로만 제한하고, 최
  대한 자동화하기 위해 계정들을 동기화한다.
- 웹 관련 할 일 목록을 만든다. 그 외의 시간엔 인터넷을 차단해서
  딴짓을 하거나 목적 없이 서핑하는 일을 피한다.
- 일할 때는 휴대폰을 끈다. 구글 보이스를 이용해서 구술한 음성메
  일을 내 메일함으로 보낸다.
- 메일 체크하는 시간을 정한다. 메일이 올 때마다 하루 종일 체크를
  하는 대신, 하루에 세 번 체크하는 시간을 정하고, 답이 필요한 건
  만 간결하게 답장한다. 나는 늘 받은메일함을 비우고 해야 할 일 목
  록을 만들기 위해 노력한다. 일단 한 가지 사항을 실행에 옮기고 나
  면 저장하거나 삭제한다.
- 컴퓨터 바탕화면을 말끔하게 유지한다. 개인 폴더와 즐겨찾기는
  주기적으로 정리한다.
- 영감을 주는 환경에서 일하고 가끔 인터넷으로 도피한다. 내가 가
  장 좋아하는 작업 장소는 아마 우리 집 데크로, 딴짓거리가 자연 관
  찰밖에 없다. 나무에서 뛰어다니는 다람쥐들이나 메이어 레몬 새
  싹 주위를 맴도는 벌새 정도. 하지만 글쓰기 마감이 다가와서 최대
  한 생산성을 높이고 싶을 때면, 유선 전화가 울리거나 와이파이가
  터지지 않는 카페나 공원에서 제일 일이 잘 된다.

적당히 사용한다면 전자기기는 시간을 절약해주고 지식과 효율을 높여주며, 모바일 기기는 환상적인 장소에서 일할 수 있게 해준다. 하지만 디지털 잡동사니를 정리하는 것은 환경 면에서도 훌륭한 단계로, 저장 공간과 메모리, 속도를 최대화하기 때문에 업그레이드와 새로운 테크놀로지에 대한 필요가 줄어들고, 계속 늘어가는 서버 팜을 불필요하게 붐비게 할 일이 없어진다. 일부러 전자기기 사용을 제한했거나 아니면 인터넷 접속이 안 되어 부득이하게 그래야 했던 휴가를 마지막으로 보낸 것이 언제였는지 기억하는가? 푹 쉰 느낌으로, 인터넷을 끊는 것이 얼마나 쉬운지 놀라울 것이다. 전자기기 사용을 제한하면 그 휴가 느낌을 일 년 내내 유지할 수 있다. 내게 텅 빈 테이블, 받은메일함 그리고 컴퓨터 바탕화면은 내가 할 일을 다 처리했으며, 정신 산만하게 하는 요소와 일을 미적거릴 이유를 다 제거했다는 뜻이다. 이런 것들은 내가 통제할 수 있는 영역이다. 이에 비해 광고 우편물은 훨씬 까다롭다.

광고 우편물

한때 나는 포터리반가구 및 생활용품 브랜드 - 옮긴이 시즌 새 카탈로그를 가지러 우편함으로 뛰어가곤 했다. 당시엔 그 간행물의 집 꾸미기 아이디어에 끌려 계절 실내 장식을 따라하곤 했다. 우편함에서 곧장 재활용통으로 직행하는 페니 세이버 등의 다른 무료 간행물과 달리, 그 카탈로그는 집으로 가져가 정기구독 잡지로 가득 찬 바구니에 넣곤 했다. 잡지와 카탈로그들이 내가 휙휙 넘겨볼 수 있는 속도보다 더 빠르게 날아 들어오는 듯했지만, 나는 가장 최신호만 보관했고, 이 카탈로그는 앞둔 시즌에 대해 몽상할 수 있게 도와주었다. 그 카탈로그에서 영감을 얻어 맥스와 레오가 할로윈 사탕 얻으러 다닐 때 펠트천으로 호박을 꾸미거나, 문고리에 크리스마스 장식을 매달곤 했다. 5년 동안 그 회사의 아이디어를 살피다가 첫 구매에 나섰다(카탈로그 전화 주문은 아니고 매장에서). 우리의 작은 집에서 맞는 첫 겨울에 난방비를 절약해줄 인조모 담요 세트를.

요즘 나는 궁금해졌다. 생활용품 브랜드에서 첫 판매를 달성하기까지 내 우편함에 보내는 나무들이 평균 몇 그루나 될까? 딱히 그런 낭비적인 마케팅 방법을 쓴다고 기업체를 탓하는 것은 아니다. 뭔가 중단시키기 위한 적극적 조치를 취하지 않은 채 카탈로그를 받아온 나 역시 광고 우편물 관행 지속에 책임이 있긴 마찬가지다.

생활 간소화를 시작할 때, 나는 일과를 점검하고 우편물 처리가 생각 이상으로 시간을 잡아먹는다는 것을 깨달았다. 한 번 우편함에 다녀오면 우편물 분리, 그중 일부를 집 앞 재활용품함에 갖다 넣고, 나머지는 집 안으로 가져가고, 한 묶음청구서와 고지서은 남편 책상에, 다른 한 묶음식당과 마트 광고은 부엌 카운터에, 또 한 묶음아이들 활동은 내 작업실에 가져다 놓는다.

행선지나 내용물과 상관없이 결국엔 전부 다 처음 그게 나왔던 우편함 옆 집 앞 쓰레기통에 버려지거나 잘해봐야 재활용품이 되고 만다. 우리 집의 폐지 관리에 신경을 쓰기 시작하자 광고 우편물이 문제임을 알았다. 그래서 우리 집 쓰레기 줄이기에 나서기 훨씬 전부터 우리는 원치 않는 우편물 방지 작업에 착수했다.

이내 광고 우편물 막기가 참 짜증나는 일임을 알게 되었다. 내가 얼마나 많은 핑계거리를 들었는지 상상도 못할 것이다. "재활용하시면 돼요." "그게 일자리를 창출합니다." "종이는 재생가능한 자원이에요." "그저 종잇조각에 불과한데요." "재생용지로 제작했습니다." 심지어 이런 말도 들었다. "저도 환경을 아낍니다. 채식주의자인 걸요." 갖은 변명을 넘어 나는 드디어 광고 우편물이 어떤 식으로 운영되는지 이해하기 시작했다. 지자체 교육 카탈로그는 내 세금으로 발송된다는 것을 알았다. 미국환경보호국은 미국인들이 매년 통틀어 500만 톤에 가까운 무게의 광고 우편물을 받는다는 조사 결과를 발표했다. 44퍼센트 이상이 개봉하거나 읽히기도 전에 쓰레기 행렬에 합류한다.

광고 우편물을 뿌리뽑으려면 시간과 노력이 든다. 나는 이제 최신 생활용품 카탈로그를 찾아 우편함으로 달려가지 않는다. 이제 내가 맞서 싸워야 할 우편물이 몇 통인지를 센다. 시간의 흐름에 따라 그 수는 줄어들었지만, 아직도 매주 두세 통은 받고 있고 그 출처는 보통 파악할 수 없다. 광고 우편물 근절은 옳은 명분이다. 장기적으로 보면 시간, 돈, 자원을 절약해주며 수고도 덜게 된다. 광고 우편물과의 전쟁 선포를 위해선 사전 조치를 취하라.

- 꼭 필요할 때만 연락처를 준다. 예를 들어 제품 품질보증서는 필수
  적인 것이 아니라 당신의 소비 습관 데이터를 수집하고 광고물을
  보내기 위한 목적이다. 개인 정보를 내줘야만 할 때는 내 이름과 주
  소를 팔거나 공유, 거래하지 말라고 쓰거나 말해놓는다.

상업 카탈로그
직접 해당 업체에 전화하여 수신 중단을 요청한다.

1종 우편물
원치 않는 우편물은 개봉하지 말자. 그 우편요금에는 반송 요금이 포
함되어 있다. '수령 거부 – 발신자에게 반송'과 '우편 발송 목록에서
빼주세요'라고 미개봉 봉투 앞면에 써서 돌려보낸다. 나는 그 목적을
위해 우편함에 펜을 하나 두고 쓴다.

이전 거주자 앞으로 온 우편물
이전 거주자 주소 변경 알림 양식을 쓴다. 새 주소 대신에 '이사감, 변
경 주소 없음'이라고 쓴다. 서명란에는 당신 이름을 적고 '현재 거주
자가 위의 신청자를 대신하여 작성함'이라고 쓴다. 변경 양식을 택배
원이나 집배원에게 준다.

일반·3종 우편물
'반송 서비스 요청' '전송 서비스 요청' '신규 주소 요청' 등이 적힌 봉

투는 열지 말자. 여기 우편요금에는 반송요금이 포함되어 있으므로, 이것 역시 개봉하지 않은 봉투 겉면에 '수령 거부 – 발신자에게 반송'과 '우편 발송 목록에서 빼주세요'라고 써보낸다. 그게 아니면 봉투를 열어 연락처를 찾아보고, 거기에 전화나 이메일, 우편으로 수신자 명단에서 빼달라고 요청한다. 이러한 우편물은 일반적으로 행사 광고지, 브로슈어, 쿠폰 모음집 등이 들어 있다. 또한 당신 이름과 주소의 대여, 공유, 판매 금지를 요청한다.

대량 광고 우편물

지역 교육 카탈로그 발송 등에 쓰이는 저렴한 대량 우편은 발송 지역 내의 모든 가정에 보낼 수 있다. 이건 특정 개인이나 주소로 발송되는 것이 아니라 '지역' 또는 '우편 고객'에게 발송되는 것이라 가장 막기 힘들다. 우체국 관계자에 따르면 집배원은 그걸 배달해야 하고 거절당하면 도로 가져가기야 하겠지만, 우편요금에 반송 비용이 포함되어 있지 않기 때문에 집배원은 더 이상의 조치 없이 그냥 버릴 거라고 했다. 이러한 우편물 발생을 줄이는 최선의 방법은 발송자에게 직접 연락하여 다른 종류의 발송 방법을 택하거나 인터넷 커뮤니케이션을 통하도록 설득하는 것이다. 지자체 관련 우편물의 경우에는 이런 우편 방법을 보이콧하도록 해당 시의회를 설득해볼 수 있겠다. 하지만 사실 우체국에서 이런 낭비적인 발송 방법을 아예 제공하지 않는 것이 가장 이상적이다.

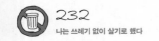

종이 없는 세상

우리 사회에서 종이가 사라지게 되리라는 것에는 의심의 여지가 없다. 전자책이 종이책을 대신하는 매체로 부상 중이며, 교과서 대신 태블릿, 장볼 목록 대신 앱이 쓰이고 있다. 내가 종이 없는 생활로 바꿔가면서 취한 몇 가지 조치를 여기 실었다.

- 재사용할 이면지를 모을 파일이나 트레이를 정한다.
- 원시림을 베어 만든 종이와 비닐 포장된 복사지는 구매 거부한다.
- 잡지와 신문 구독을 중단한다. 대신 온라인으로 본다.
- 중요한 영수증과 서류는 디지털화하여 보관한다. 디지털 파일은 세금 관련 증빙 서류로도 유효하다. 온라인 파일을 프린트하지 않고 저장하려면 큐트PDF 라이터CutePDF Writer를 다운받는다.
- 초대장과 인사 카드는 프린트하는 대신 이메일로 보낸다.
- 책갈피나 학교 콜라주 과제 등을 위해 종잇조각이 필요하면 재활용품함을 뒤진다.
- 여분의 종이는 지역 유치원에 기증한다.
- 인쇄 효율 최대화를 위해 인쇄용지 여백을 확 줄인다.
- 종이 없는 세상을 상상해보자.
- 점차 늘어가는 종이 없는 모임에 가입하자.
- 팩스 기계는 처분하자. 헬로팩스 같은 서비스를 이용한 전자팩스를 권장한다.

- 이면지에만 프린트하도록 하자

- 이메일 청구서와 온라인 뱅킹을 일상 관행으로 삼자.

- 아이들이 선생님에게 중요한 서류만 집으로 보내달라고 요청한다.

- 종이 뉴스레터 구독을 중단한다.

- 새 종이를 쓸 때는 양면에 인쇄한다.

- 정말 인쇄할 필요가 있는 일인가 생각해본다. 절대 필요할 때만 인쇄한다. 대부분의 경우에는 그렇지 않다.

- 광고 우편물 봉투를 재사용한다. 바코드는 잊지 말고 전부 줄을 그어 놓는다.

- 어도비 아크로뱃의 서명 기능을 이용하거나 사인나우 SignNow.com 를 이용하여 전자서명한다.

- 명함은 받지 말고 사양하자. 관련 신상을 스마트폰에 입력한다.

- 잘게 자른 종이는 포장용 완충재로, 이면지는 금속 클립으로 묶어 임시 메모장으로 삼고 장불 목록, 할 일 목록, 양면 인쇄지는 선물 포장이나 개 대변을 주울 때 쓴다.

- 비즈니스 잡지나 책은 지역 도서관에 가서 읽는다.

- 종이에 연필로 써서 나중에 지우고 재사용할 수 있게 하고, 그보다는 종이 대신 컴퓨터, 휴대폰, 또는 보드에 적는다.

- 종이가 집에 들어오는 경로를 차단한다.

   그리고 다른 모든 방법이 실패한다면, 종이나 재활용 공책을 만들 수 있다.

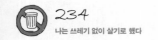

: : 홈메이드 사무용품

재활용 공책

나는 아이들 학교에서 온 종이로 공책을 만들어 메모나 그림 그리기에 쓴다. 여행에 가져가기에 완벽한 크기이고 1년은 버틸 만큼 제본도 튼튼하다.

 공책 만들기

필요한 재료

A4 이면지 15장, 색깔 있는 A4 이면지 2장(선택사항), 못과 망치, 끈과 바늘

만드는 법

1   종이를 전부 인쇄된 면을 안으로 해서 반 접는다.

2   같은 방향으로 겹치고 선택사항인 색지를 제일 위와 아래에 놓는다.

3   못하고 망치로 접은 모서리 쪽에 일정 간격으로 구멍을 뚫는다.

4   바늘로 구멍을 따라 실을 꿴다. 실 끝이 아래쪽_{공책 뒷면}으로 가게, 시작한 곳에서 끝나게 한다.

5   매듭을 묶는다.

접착풀

어릴 때 아버지가 우유로 와인 병에 라벨을 붙이는 걸 보았다. 현재
나는 종이끼리 붙일 때나 종이를 유리에 붙일 때 우유를 쓰지만, 좀
더 강한 접착력이 필요하거나 규모가 큰 작업에 쓸 접착풀이 필요하
다면 이 방법을 쓴다.

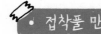

접착풀 만들기

만드는 법

1   작은 냄비에 물 1/2컵을 끓인다.
2   밀가루 1큰술과 전분 1작은술을 넣어 천천히 휘저어 넣는다.
3   약한 불에서 가끔 저어주면서 되직해질 때까지 둔다.
4   되직해졌다면 여기에 백식초 1큰술을 넣는다.
5   작은 유리병에 보관하고 천연 페인트 브러시로 바른다.

참고

말랐을 때 투명하고 나무 위에도 쓸 수 있다.

일터 관리를 위한 다섯 가지 R

• 거절하기 : 명함, 사은품, 공짜 펜이나 연필, 광고 우편물 그리고 낭
  비적인 우편 완충재는 거절하자.

- 줄이기 : 품질 좋은 필기구를 택하자. 좀 더 잘 챙겨 쓰게 될 것이다.
- 재사용하기 : 우편 완충재와 이면지는 재사용하거나 용도를 바꿔 사용한다.
- 재활용하기 : 양면을 다 쓴 종이만 재활용품으로 내놓는다.
- 썩히기 : 분쇄한 종이와 연필 깎은 부스러기를 퇴비화한다.

한 걸음 더 나아가기

이 장에서 다룬 대부분의 아이디어는 눈에 보이는 형태로 존재하는 쓰레기를 다루고 있지만 에너지, 물 그리고 시간 절약을 다룬 다음의 팁을 통해 지속가능성을 위한 당신의 노력을 완성할 수 있을 것이다.

에너지

- 대기전력 소모를 없애기 위해 자동절전형 멀티탭을 쓴다. 우리 집에선 이게 적용이 불가능해서 우리는 멀티탭에 꽂아 놓고 밤이 되면 차단 스위치를 끈다.
- 형광등은 LED 전구로 교체한다(컴팩트 형광전구에는 수은이 들어 있어 깨지면 건강에 해롭다).
- 불필요한 내용을 복사해서 이메일로 돌리는 일을 삼가고, 첨부 파일 크기를 제한하고, 메일 서명 설정을 간단하게 하여 이메일 용량과 서버가 그걸 처리하고 보관하는 데 드는 에너지를 줄인다.
- 컴퓨터는 절전 모드로 설정하자. 대기 모드일 때는 스크린세이버

말고 잠자기 상태로 넘어가게 한다. 내 컴퓨터에는 필요할 때 버튼 하나로 모니터를 끄는 기능이 있다.

• 새 컴퓨터를 산다면 노트북으로 하자. 에너지 효율이 더 좋다. 전시상품을 사는 걸 고려해보자. 더 저렴할 뿐만 아니라 포장이 딸려오지 않는다.

물
• 마시다 남은 물은 화분에 주자.

시간
• 동네 문구점을 이용하자.

Chapter

07

학교의
쓰레기 제로는
아이들과 교육을
변화시킨다

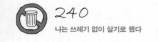

다음 질문 없이 아이들에 대한 쓰레기 제로 논의는 완결될 수 없다. 쓰레기는 어디에서부터 생겨나는가? 무언가가 생산되었을 때? 우리가 버렸을 때? 아니면 우리가 자원에 의존하는 새로운 생명을 만들었을 때?

　미국통계국에 따르면, 내 어머니가 태어났을 때 세계 인구는 25억 명쯤이었다. 오늘날 세계 인구는 70억 명을 돌파했다. 이 추세로는 인구 과잉이 목전에 닥쳐왔고 아마도 우리의 가장 큰 생태학적 위협이 될 것이다. 지구는 그만한 증가세를 감당할 수 없다. 우리의 인구 계획과 소비 습관을 바꾸지 않으면, 우리 지구는 결국 인구 증가를 지탱할 만한 자원을 생산하지도, 그 쓰레기^{고체든 기체든}를 다 처리하지도 못할 것이다.

　이런 환경적 영향을 의식한 몇몇 커플은 아이를 갖지 않거나 입양하는 쪽을 선택하기도 한다. 이런 행동이 칭찬받을 만하긴 해도 애정 넘치는 커플들 전부가 따르기는 쉽지 않을 것이다. 아이러니하게도 나 역시도 내 아이들과 그 아이들의 미래 때문에 나의 생활방식, 자연보호에 대해 다시 생각해보게 되었고 마침내 이 책을 쓰기에 이르렀다. 아이를 갖느냐 아니냐는 개인적 선택이니 뭐라 판단하지 않겠다. 뭐니 뭐니 해도, 나 자신도 아들 둘이 있으니까. 하지만 이 근본적인 질문을 넘어서서, 우리 아이들과 그 아이들의 아이들 생존을 위해 우리가 해야 할 필수적인 일들이 있다.

• 혈연관계의 대가족 형성에 대한 생각을 다시 돌아본다. '내 자신

을 대체한다'는 것을 넘어서서 출산 대신 입양으로 가족을 늘리는
것은 어떨까?

• 갑작스런 임신으로부터 우리 자신을 지키자. 현재 나와 있는 피임
법 중에, 난관수술과 정관수술이 가장 쓰레기가 적게 발생하며 제
일 효율적인 방법이다. 자궁내피임기구루프의 경우 비수술적 대안
중에 가장 쓰레기가 적게 발생하며(최대 12년까지 가능), 미국가족
계획협회에 따르면 '가장 저렴하고 복원이 간단한 장기간 피임법'
이다. 다이어프램과 자궁경부캡 역시 적절한 재사용 가능 방법이
지만, 젤(부득이하게 포장되어 판매된다)을 같이 써야 효과가 있다.

• 아이들에게(미래 세대에게) 환경을 보호하고 자원을 아끼도록 가르
친다. 소박하게 살고 물건보다는 체험이 풍요로운 삶을 즐기도록
가르친다. 어린이들의 마음은 깨끗하고 더럽혀지지 않았으며, 영향
받기 쉬우므로 일찍부터 가르칠수록 좋다. 하지만 시작하는 데 너
무 늦은 때란 없다. 나이에 상관없이, 아이들이 새로운 개념을 이해
하고 익히는 능력은 의심하지 않아도 좋다.

나는 육아 전문가가 아니니 당신에게 주제넘게 아이를 어떻게 키
워라 하진 않겠다. 하지만 쓰레기 제로인 삶을 살아가려면 아이들과
의 연관이 불가피하다. 이 생활방식의 도입은 우리 가정생활에 영향
을 미쳤으며 우리의 육아를 이끌었다. 이 장에서 밝힌 노하우는 내 경
험을 통해 익힌 것이다. 물론, 한 가정에서 무엇이 최선인지는 부모가
정해야 한다. 하지만 예를 들자면, 아이들이 음식에 대해 올바른 선택

을 하도록 돕는다(간단하고 정말 실제적인 방법들이 있다).

다른 부모들은 아이들이 포장된 브랜드에 너무 집착해서 쓰레기 제로 생활방식은 꿈도 꿀 수 없다고 내게 종종 말하곤 한다. 나는 부모들이 자기들 습관을 바꾸지 않기 위한 핑계로 아이들을 내세운다고 본다. 어느 어머니가 머뭇거리며 물었다.

"댁의 아이들은 어떻게 오레오 쿠키를 포기했나요?"

변화를 시도할 때는 피해야 할 식품(포장과 가공된)에 덜 집중하고 비포장 벌크 판매대와 직거래 장터에서 기다리고 있는 신선 식품들에 좀 더 집중하는 것이 도움이 된다. 아이들은 천성적으로 수수하다. 라벨에 상관없이 자신들의 소박한 필요가 충족되면 만족한다. 어른들이야말로 브랜드의 중요성에 집착하고 아이들이 거기에 신경 쓰도록 길들인다. 아이들에게 기회가 주어지고 시도해보라고 격려해준다면, 비포장 벌크 시리얼이나 집에서 구운 쿠키에도 포장된 제품만큼 만족스러워할 것이다. 마찬가지로 아이에게서 장난감을 빼앗는 게 목표가 아니라 아끼지 않는 것들을 처분하여 좋아하는 장난감들을 찾기 쉽게 하는 것이다. 『내 아이를 망치는 과잉육아』의 저자 킴 존 페인은 말한다.

"간소화는 그냥 물건들을 치우는 게 아니다. 당신 삶에, 목적에, 마음에 자리를 비우고 여유를 만드는 것이다."

맞벌이 부모는 또한 자기들은 일 때문에 너무 바빠 생활방식을 바꾸고 쓰레기 제로 대안을 수용할 수 없다고 종종 내게 말하곤 한다. 하지만 그들은 무엇을 위해 야근을 하고 돈을 버는가? 생활을 꾸려가려면 일자리가 필요하지만, 많은 경우 노동의 양은 부모가 세운 가족에 대한 기준과 그들이 굴복한 사회적 압력에 달려 있다. 제일 잘나가고, 빠르고, 비싼 최신 제품들을 사들이려면 일정 수준의 경제력이 필요하다. 대조적으로, 쓰레기 제로 생활방식은 적은 소비를 지향하므로 생활비 감소로 이어져 노동 시간 감소, 가족과의 시간 증가, 집에서 해먹는 식사가 늘어나게 된다.

새로운 생활 기준에 적응하고 진정한 필요와 경제적 충분함 가운데 균형을 찾기란 시간이 걸리지만, 자발적 간소함을 도입하면 경제적으로 즉각적인 영향이 나타난다. 소비를 줄이자 우리 가족의 생활이 전반적으로 느긋해졌고, 쓰레기 제로의 효율성으로 늘어난 시간 덕에 아이들과 나의 관계가 완전히 바뀔 수 있었다. 부산스럽고 스트레스에 시달리던 예전의 엄마 대신 차분하고 유쾌한 엄마가 되었다. 물론 예외는 있지만, 대체적으로 충동적인 육아 결정 대신 숙고하고 결정을 내리게 되었다.

좀 더 일찍 시작했더라면 얼마나 좋았을까. 우리 아이들의 삶은 찰리 채플린 영화의 리듬으로 굴러가는 느낌이다. 어느새 걸음마를 떼고, 혼자 옷을 입고, 혼자 학교에 가고, 그러더니 부모 품을 떠난다. 매일매일 아이들에 대한 걱정, 기쁨 그리고 사랑을 통해 삶이 얼마나 소중한지 되새긴다. 가족을 위한 시간을 따로 빼두지 않는다면, 시간을 내어 안아주고, 부대끼고, 놀아주지 않으면 아이들의 어린 시절은 얼마나 빨리 지나가는지 모른다! 쳇바퀴 경주에서 벗어나 소박한 삶이라는 인적 드문 길로 발길을 돌리면 삶의 소중한 순간을 누릴 여유

가 확실히 생긴다.

　우리의 쓰레기 제로 행로는 점진적이었으며 아이들은 우리가 말해줄 때까지 많은 변화가 있었음을 알아채지 못했다. 요즘 아이들의 삶은 친구들과 우리 가족, 이웃들과 함께 어우러진다. 우리는 먹고, 놀고, 일하고, 자고, 가끔은 다른 모든 사람들처럼 말다툼도 한다. 우리는 그저 쓰레기 제로 원칙에 따라 결정을 내리고 이따금 맞닥뜨리는 장애물에 대한 해결책을 찾음으로써 가족의 유대감을 굳건히 했다는 점이 다를 뿐이다. 내 아이들이 커서 집을 떠났을 때 자기들이 자란 환경에 반항하게 될지(대부분의 아이들이 그렇듯이), 아니면 쓰레기 제로 생활방식을 고수할지는 나로선 예측할 수 없다. 하지만 우리가 아이들에게 심어준 자연보호 윤리에 대해 나는 확신을 갖고 있다.

　여기에 우리 아이들의 변화를 가져왔고 또한 지금까지 쓰고 있는 생활방식 기본 수칙들이 있다.

규칙적인 일정을 정하고 전통을 세운다

이는 안정성과 가정 내의 체계를 북돋아주며, 가족을 정의하고, 아이들에게 소속감, 기대 그리고 자신감에 대한 건전한 감각을 심어준다.

함께 하는 것을 장려하지만 거절하는 방법도 익힌다

사회화는 중요하지만 사회 활동, 과외 활동이 지나치게 많으면 가족과 함께 보내는 시간을 빼앗긴다. 친구들의 초대와 과도한 스케줄을 거절하는 방법을 익힌다. 사회 활동과 가족과 함께하는 시간 사이의 균형을 찾자. 예를 들어 저녁식사는 관심사를 공유하고 생활방식에 대한 아이디어를 나눌 대표적인 기회이며, 공예품 만들기는 유대감을 형성하기에 이상적인 시간이다.

TV를 끄고 디지털 미디어를 제한한다

둘 다 아이들의 주의를 사로잡아 반응 없는 좀비가 될 지경으로 만든다. 이러한 미디어는 켜기는 너무 쉽고, 끄기는 너무 어렵다. 이런 것들을 없애거나 제한하면 독서와 광고 없는 영화 그리고 그보다 더 중요한 체계 없는 놀이와 창의력 탐구를 할 시간이 생겨난다. 의미 있는 가족 시간과 토론을 나눌 여지가 생긴다. 전자기기를 끄면 또한 아이들이 갖고 있지 않은 것을 원하게 하고 가진 것을 불만족스럽게 여기게 하는 광고의 홍수로부터 아이들을 지킬 수 있다.

의식을 일깨운다

도서관은 지식의 보고다. 환경보호 메시지가 깔려 있는 영화와 책을 빌려오자. 생태학 이슈와 우리의 행동이 어떻게 지구의 건강에 영향을 미치는지 설명하기 위한 교육 보조 자료로 사용한다. 변화의 중요성을 지적하고, 아주 작은 노력일지라도 환경에 긍정적인 영향을 어떻게 하면 줄 수 있는지 논의한다.

자연과 소통한다

야외활동을 장려하여 아이들이 자연을 느끼고 보호하는 방법을 익히게 한다. 환경보호 수칙을 가르쳐서, 왔을 때보다 떠난 자리를 더 아름답게 하자. 환경과 교감을 느끼게 되면, 생태학적 설명과 쓰레기 제로가 왜 필요한지 이해하게 된다. 하이킹, 캠핑, 보물찾기, 야외 생존기술, 카누, 자전거, 강과 호수에서의 수영, 숲속 요새나 바닷가 모래성 짓기는 자연환경에 동화되고 아이들에게 기본 생존기술을 가르칠 훌륭한 방법들이다. 추가로, 채집과 채소 키우기는 인간과 지구의 관계를 한층 강화시킨다.

장보기를 함께한다

말할 필요도 없이 아이들 없이 장보는 게 가장 편하다. 하지만 가끔은 이런 기회를 이용해 제철 농수산품을 알려주고, 에코 쇼핑^{원산지를 확인하여 지역 상품을 찾는 일}에 대해 가르치고 벌크 코너에서 좋아하는 걸 고르게 하자.

아이들을 참여시킨다

아이들을 가족생활에 가능한 한 최대한 함께 참여하게 하자. 나이와 장소가 된다면 아이스크림 가게에 병을 가져가 채워오라고 할 수 있고(아이들이 좋아하는 맛으로 넣을 수 있다), 당신이 하는 자원봉사나 캠페인 활동에 참여시킬 수도 있으며, 요리와 청소 같은 일상 활동을 함께할 수도 있다. 이러한 활동은 아이들의 자신감을 북돋워주고 기억에 남는 직접 경험을 제공한다.

체험이라는 선물을 준다

아이에게 값진 선물은 소유하는 물건이 아니라 체험이다. 8장에 제시된 선물 아이디어를 참고하자.

자립심을 북돋아준다

지시하지 말고 이끌어주자. 집 밖에서는 아이들에게 스스로 결정을 내리도록 둔다. 아이들은 종종 또래 친구들의 시선을 걱정한다. 아이들이 사회관계에서 쓰레기 제로를 필히 실천하리라 기대하지는 말자. 아이들에게 자주적이 되도록 가르치자. 부모가 붙어 있어 봐야 아이에게나 부모에게나 도움이 되지 않는다. 반면에, 균형을 찾으면 아이들이 제 나름의 속도에 맞춰 활짝 피어날 것이다.

논다

메시지를 전하는 최고의 방법은 놀이를 통하는 것으로, 이때는 아이들이 기분이 좋고 수용력이 높다. 보드게임이나 스포츠는 유대감을 형성할 훌륭한 기회다. 하지만 즉흥적인 장난 역시 마찬가지로 중요하다. 유머 감각을 유지하고 가끔 일상에 깜짝 놀랄 요소를 도입하면 우울한 환경이나 집 안 상황을 밝게 할 수 있다. 가볍게, 재미있게 하자.

장난감

제한을 정해놓지 않으면 아이가 있는 집은 장난감으로 넘쳐나기 십상이다. 그 부피가 정말 감당할 수 있는 정도를 넘어서서 아이 방만이 아니라 거실, 복도, 욕조, 차고, 마당까지 차지할 수 있다. 오후 한나절 신나게 놀고 나면 색색의 플라스틱이 바닥에 널리고 결국에는 정리정돈 때문에 언쟁으로 이어진다. 이 난장판은 정말 누구 탓일까? 한참 걸리는 정리정돈과 이어지는 말다툼의 근본 원인은 누구에게 있나? 장난감을 꺼낸 아이들? 그렇게 많은 걸 집에 들인 부모?

몇 년 전, 아이들이 치우라는 내 말을 무시하고 셋 셀 때까지 장난감을 주워 모으지 않자, 나는 아이들 방에 커다란 쓰레기봉투를 가지고 들어가 흩어진 장난감들을 천천히 담았다. 비록 이 방법은 두어 번밖에 쓰지 않았지만, 아이들에게 정리할 동기를 부여하는 데는 아주 효과가 있었다. 하지만 쓰레기 제로를 실천하면서, 그 전략은 필요 없게 되었다. 우리가 간소함을 실천한 이래, 치우기가 더 이상 괴로운 일도 갈등의 원인도 되지 않게 되었다고 아이들 스스로 열성적으로 말했다. 정리 체계가 갖춰지고 거기 더해 아이들 장난감 숫자가 적으니 치우기가 빠르고 쉽고 힘들지 않게 되었다. 아이들에겐 이 차이가 쓰레기 제로 과정에서 가장 눈에 띄는 장점이었을 것이다.

체계화를 갖추고 유지하기 위해(장난감을 밟고 넘어질 위험을 제한하기 위해), 아끼는 장난감(선택), 처분할 장난감(간소화) 그리고 정리하는 방법과(체계화) 상태를 유지하는 방법을(거절) 알아볼 것이다.

: : 선택하기

모든 장난감이 평등하게 만들어진 것은 아니다. 어떤 장난감들은 다른 것보다 타고난 감각 발달을 더 촉진시킨다. 아이러니하게도, 아이들의 발달을 촉진한다고 광고하는 장난감이 실제 그런 효과가 있는 경우는 드물다. 오히려 거의 디자인이라 할 것도 없는 장난감이 아이들의 상상력을 촉발시키는 경우가 종종 있다. 아이들이 관계를 형성하는 것은 가장 단순한 형태의 물체이다. 재활용품을 갖고 놀게 해주면 그걸로 공예놀이를 할 것이다. 천을 주면 옷을 디자인할 것이다. 냄비를 주면 식당을 차릴 것이다. 빈 통의 뚜껑을 주면 음악 밴드를 만들 것이다.

아이들의 장난감 소재 선택은 디자인만큼이나 중요하다. 플라톤은 말했다. "가장 효과적인 형태의 교육은 아이들이 멋진 물건들을 갖고 놀게 하는 것이다."

아이들에게 아름다운 장난감을 주면 아낄 가능성이 더 높다. 나무, 금속, 천 같은 소재는 아이들 놀이에 아름다움을 가져다줄 뿐만 아니라 촉감과 질감에 대한 아이의 감각을 발달시킨다. 보통 더 오래가고, 전반적으로 건강에 좋으며, 좀 더 쉽게 고칠 수 있다. 예를 들자면 공허한 플라스틱 조각에 비해 단단한 나무 조각은 무독성 컴파운드로 붙이거나 못을 박을 수 있다. 장난감을 처분할 때는 아이의 나이와 필요를 염두에 두고, 플라스틱이 아니며 다음과 같은 능력을 키워주는 단순한 아이템을 남겨둔다.

- 창의력 : 쌓기 블록과 공예 재료
- 상상력 : 미니어처 캐릭터, 가축, 기사^{knight}
- 모방 : 재미있는 옷, 모자, 가방, 장갑, 구두, 헝겊인형, 주방기구
- 리듬 : 하모니카, 마라카스, 트라이앵글, 북, 실로폰, 우쿨렐레, 리코더
- 사회적 교감 : 보드게임, 카드, 도미노, 나무 쌓기, 퍼즐, 꼭두각시 인형
- 실외 활동: 로프, 재활용 타이어, 나무 그네, 자전거, 가죽 공, 스케이트보드, 금속 양동이와 삽, 낚시 장비

: : 간소화하기

내가 의뢰를 받아 체계화했던 가정들을 통해, 나는 아이들의 장난감에 대한 애착이 종종 그 부모가 아이들에게 어떤 가치를 주입했는지를 반영하며, 일반적으로 두 가지 방향으로 드러난다는 것을 발견했다.

첫째, 아이들에게 사준 장난감은 우리가 어린 시절 갖고 싶었던 물건들의 컬렉션인 경우가 많다. 이 장난감들에 대해 떠벌릴 때 "리모콘 조종 자동차를 갖고 있다니 얼마나 좋아, 나는 그런 거 없었어." 라고 하여 우리의 희망과 꿈은 우리 아이들이 떨쳐버려야 할 부담이 된다. 둘째, 우리가 물건에 대한 애착을 설명할 때 쓰는 말이 아이들의 논리에 영향을 미친다. "친구가 준 거야." "이걸 얼마 주고 샀는데." 또는 "나중에 필요할지도 모르잖아." 같은 말로 우리가 개인 물건을 처분할 수 없는 핑계를 댈 때, 아이들은 비슷한 표현으로 장난감을 버릴 수 없는 이유를 정당화한다. "산타 할아버지가 준 거예요."는 흔히 듣는 핑계다. 정리를 할 때는 자신과 아이의 필요에 솔직해진다. 다음의 질문에 대해 솔직하게 대답해보자.

작동 가능한 상태인가? 나이에 적당한가?

일반 가정에서 고장 나고 쓸 나이가 지난 장난감 숫자가 제대로 작동하는 장난감 숫자와 맞먹는 경우는 흔하다. 바퀴가 달아난 자동차, 부속을 잃어버린 보드게임, 머리 없는 인형이 멀쩡한 장난감들과 뒤섞여 있다. 좀 더 커야 쓸 것은 따로 빼두고, 쓸 나이가 지난 것은 기증하고, 부서진 것은 버리면 아이의 진짜 장난감이 즉각 드러난다.

아이가 정기적으로 사용하는가?

장난감이 가득 찬 보관함은 꽉꽉 들어찬 옷장이나 마찬가지다. 고를 게 너무 많으면 아이는 같은 장난감만 계속 고르게 된다. 이는 심리학자 배리 슈워츠가 '선택의 패러독스'라고 명명한 것으로, 너무 많은 선택안에 의해 유발된 마비 상태이다. 아이가 좋아하는 것들을 골라내고 나머지는 따로 두었다가 기증하거나 나중에 다시 주거나, 아니면 친구와 교환하자.

같은 종류의 제품이 이미 있는가?

독서를 좋아하게 만들려고 흔히 아이 방에 온갖 책을 꽂아놓지만 금

방 아이는 자라 대상 연령이 지나고 책의 무게에 책꽂이가 휘고 만다. 이 책들은 제법 돈이 들고 상당한 공간을 차지할 뿐만 아니라 종종 아이들 나름의 독서 페이스를 발달시키는 데 방해가 되고 책 선택을 제한하게 된다. 참고도서, 종교 관련서, 어린아이들의 잠자리에서 읽어줄 책 몇 권을 제외하면, 지역 도서관이 아이들의 책을 보관하기에 더 적합하며 아이에게 비할 데 없이 다양한 책들을 보여줄 수 있다. 우리가 쓰레기 제로 생활방식을 실천한 이래 우리 아이들이 읽은 책들을 모조리 샀었다면, 우리의 저축은 지금보다 훨씬 적었을 것이다.

내 아이의 건강에 위험할 수 있는가?

아이의 건강을 우선순위로 삼고, PVC 장난감은 프탈레이트가 함유되어 있으니 처분한다. 마찬가지로, 봉제인형은 먼지가 쌓이고 천식을 유발하는 알레르겐이 생길 수 있다. 세탁이 용이한 것으로 아끼는 인형 한두 개만 고르자. 그리고 공예 재료에 ACMI의 AP 인증 표시^{무독성}가 없다면, 독성에 유의하자.

당신이나 아이의 죄책감 때문에 보관하고 있는가?

선물 준 사람이나 장난감 가격에 대한 감정은 한켠으로 치워두자. 아이의 진정한 필요와 건강을 고려하여 고르자.

남들이 갖고 있어서 아이가 두고 있는 물건인가?

다양한 전자기기들이 아이들을 대상으로 판매되고 있지만 휴대용 게

임기, 휴대용 DVD 플레이어, 전자책 기기 등 많은 기기들이 한 가지 제한된 목적으로만 쓸 수 있다. 다른 걸 그 용도에 사용할 수 있을까? 나머지는 처분하고 노트북 컴퓨터나 태블릿 같은 다용도 단일기기만 남기자. 덤으로 아이를 디지털 기술에 접하게 하여 컴퓨터 능력을 키울 수 있다.

내 소중한 시간을 치우고 닦느라 보낼 만큼 가치가 있는가?
일부 아이들은 천성적으로 모으는 경향이 있긴 하지만, 그 외 아이들에게 이러한 모으기는 종종 부모의 격려에 의해 시작된다. 예를 들어, 만약 아이가 어떤 물건에 관심을 보인다면 부모는 보통 생일이나 명절에 거기에 또 보태기 마련이다. 모으기는 소비주의의 본보기일 뿐만 아니라 많은 양이면 엄청난 먼지가 쌓인다. 모았던 것을 팔아 대신 좋아하는 활동을 할 순 없을까?

아이가 이 공간을 다르게 쓸 수 있을까?
예를 들어 기차놀이 세트 테이블이 아이 방 데코의 일부일 수 있다. 하지만 부피가 크고 높이 때문에 제약이 있으며, 아이 스스로 바닥에 놀이공간을 만들어낼 능력을 제한하게 된다. 매트를 깔아 다용도 놀이공간으로 사용하거나, 자리가 된다면 대신 일반 테이블을 놓을 수 있다.

재사용 가능한가?

파티 경품은 수명이 짧다. 겨우 몇 번만 쓰게 만들어졌고, 일회용품으로 여겨진다(그리고 부서지면 아이들이 운다). 가지고 있는 것들을 모아 원하는 사람에게 주자. 또한 '거절하기'를 참고하여 다시 집에 들이는 일이 없게 한다.

참고로 상태 좋은 중고 장난감은 쉼터나 유치원에 기증할 수 있다. 새것은 오퍼레이션 크리스마스 차일드를 위해 따로 둔다. 책은 공공도서관이나 학교에 기증한다.

비디오 게임

남편과 나는 우리 집에 비디오 게임은 들이지 않을 거라고 생각했었다. TV를 우리 생활에서 없애는 데 성공하고, 우리는 게임도 막을 수 있을 거라 생각해 몇 년 동안 아이들의 애원에도 버텨왔다. 하지만 시간이 흐르면서 아이들은 비디오 게임을 할 곳을 다른 데에서(친구나 이웃집에서) 찾게 되었고 결국엔 집보다 그곳에서 보내는 시간이 더 많을 지경이 되었다. 우리의 최선의 노력에도 불구하고, 외딴곳으로 이사가지 않는 이상 게임은 피할 수 없음이 분명해졌다. 만약 쓰레기 제로의 원칙 중 하나가 인간관계와 소통을 강화하는 것이라면, 지속 가능성 한도를 존중하고 사회화를 북돋는다는 전제하에 게임이 들어설 자리도 있을 것이다.

- 게임기와 게임 소프트웨어를 중고로 산다.
- 리모컨에는 충전 건전지를 쓴다.
- 게임 대상 연령을 세심히 살피고(커먼센스미디어commonsensemedia.org에서 추천 게임을 찾아보자), 가능하면 육체적 활동과 연계된 것을 고른다.
- 시간 제한을 정한다.
- 멀티플레이어 모드 사용을 제한한다.

:: 정리하기

이제 처분할 것을 처분했으니, 장난감을 꺼내기 쉽고 치우는 데 힘들지 않게 체계적으로 정리할 때다.

- 장난감들을 인형, 가장 용품, 나무 블록, 악기, 게임 등 그룹별로 나누자.
- 장난감 그룹마다 통을 하나씩 배정한다. 철망처럼 속이 보이는 재질이 좋다.
- 통마다 라벨을 붙인다. 글로 쓰는 대신 간단한 그림으로 하면 어린 아이들이 통 내용물을 쉽게 구분하는 데 도움이 된다.
- 미리 정한 통 개수를 고수한다. 하나 늘어나면 다른 하나를 뺀다는 규칙을 적용한다.
- 적정 사용 연령에 유의한다. 쓸 때가 지난 장난감은 기증하거나, 친

구와 교환하거나, 동생을 위해 따로 빼둔다. 팔아서 나이에 맞는 다른 장난감을 살 수도 있다. 중고품 가게, 차고 세일, 크레이그리스트, 이베이 등에서 중고를 사는 것을 고려해보자.

- 할아버지 할머니와 친구들에게 간소한 생활을 위해 물질적 선물을 제한하고자 한다고 알린다.
- 아이들에게 거절하는 방법을 가르치자.

: : 거절하기

아이들은 엄청난 양의 여분의 물건들을 받곤 한다. 할아버지 할머니가 선물한 장난감, 학교에서 집에 보낸 과제물 종이, 친구들이 준 파티 기념품 등은 자녀가 하나 늘어날 때마다 금방 쌓여가고 기하급수적으로 늘어난다.

어머니들이 정리 전문가의 가장 큰 고객층인 것도 놀랄 일이 아니다. 그러나 습관을 바꾸지 않는다면 아무리 최선을 다해 체계를 잡아놓는다 해도 잡동사니를 현실적으로 막을 수 없다. 더 많은 물건이 들어올수록 정리할 것도 늘어난다. 정리 상태를 유지하는 비결은 전문가 상담을 받거나 선반을 늘리거나 정리함을 더 사는 게 아니다. 그보다는 선물이 들어올 가능성을 관리하고 애초에 물건이 들어오는 것을 막을 방법을 찾아야 한다. 쏟아져 들어오는 물건들의 관리는 본질적으로 '거절하기'를 염두에 둔다.

앞서 논의했듯이, 잡동사니 방지 전략은 집 밖에서부터 시작한다.

뭐든 애초에 집에 들이지 않으면 나중에 처리할 필요도 없음을 명심하자. 쓰레기 제로 가정에서 아이들의 가장 중요한 임무는 물건을 갖고 오기 전에 한 번 더 생각하기이다. 아이들에게 어떤 물건은 오래 가지 못하고 금방 부서져서 너희들을 울게 만든다고 가르치자. 아이들에게 앞서서 주도하라고 가르치고, 가치가 있는 것과 금방 쓰레기가 될 것을 구분하는 방법을, 때늦기 전에 사양하는 방법을 알려주자. 거절하기에는 나름의 난관이 있다. 받는 것이 일반적인 예의가 된 사회에서 거절은 예의에 어긋나는 일로 여겨질 수 있다. 하지만 선의의 권유를 예의바르게 사양하는 방법을 아이들에게 가르치는 것은 우리 현대 부모들에게 달린 일이다. 남들과 다르게 행동하는 것에 대한 두려움은 거의 공통적으로 가지고 있으며 특히 아이들에게 더욱 크게 자리잡고 있다. 거절하려면 엄청난 용기가 필요하지만, 아이들은 이런 난관에 직면했을 때 자신감을 키우게 되고 남들의 본보기가 된다.

우리 아이들은 공짜 사탕을 거절하기 힘들어하지만, 5분 지나면 파티 기념품 장난감에 흥미를 잃게 되고 그러면 그건 잡동사니가(즉 자기들이 책임지고 정리정돈해야 하는 물건) 되며 결국에는 매립 쓰레기가 된다는 것을 깨우쳤다. 아이들이 기념품을 거절하면 그 집 어머니를 놀라게 하고 깊은 인상을 남긴다. 수영장 파티에서의 아쿠아봉에서부터(우리 집엔 수영장이 없으니) 색연필 세트(맥스는 십대니까)까지. 쓰레기 제로 생활방식에서 아이들의 가장 중요한 참여 영역인 거절하기는 아이들에게 독립적 결정을 내리도록 힘을 실어준다.

아이들이 부모의 구매력에 미치는 엄청난 영향력을 마케팅 천재

들이 알아챈 이래, 아이들은 손쉬운 광고 타깃이 되었다. 그리고 이
것은 아이들이 태어나자마자 시작된다. 아이들은 분유, 쿠폰, 기저귀,
일반 의약품 샘플이 들어 있는 비닐 기저귀가방을 세상에 온 환영 선
물로 받는다.

　아이들에게 전부 다 거절하게 하라는 말은 아니다. 그러려면 초인
적인 능력이 필요할 것이다. 하지만 나는 아이들이 저런 물품들의 처
리와 받는 행위의 영향에 대해 고려하게 될 것이라는 희망을 갖고 있
다. 아이들이 얼마나 많은 잡동사니를 방지할 수 있는지 놀라게 될 것
이다. 부모가 미리 선조치를 취해 아이를 편하게 해줄 수 있는 경우도
종종 있다. 예를 들어, 생일잔치를 여는 아이의 부모에게 우리 아이에
겐 기념품을 주지 말라고 미리 부탁할 수 있다(집의 잡동사니를 늘리지
않고자 한다고 말해둔다).

옷

나는 아이들 옷을 최소한으로 유지하는 것이 소규모 장난감 컬렉션
만큼이나 이점이 많다는 것을 알게 되었다.

　우리 생활을 간소화하기 전에 맥스와 레오는 지금보다 세 배는 옷
이 많았고, 주말이면 그중 상당수가 세탁기에 들어가 있곤 했다. 한
주 동안 아이들이 윗도리에 물이라도 튀면, 바지에 주스라도 쏟으면,
옷장에서 깨끗한 티셔츠와 반바지가 자판기마냥 줄지어 나왔다. 더

러운 벗은 옷은 빨래 바구니로 들어가기도 했지만 그냥 바닥에 떨어
져 있는 경우가 더 많았다. 아침에 신었다가 오후에 소파 아래서 양말
을 잃어버리고는 자동적으로 새로 양말을 꺼냈다. 재킷과 모자는 사
는 족족 사라졌다. 아이들의 옷장을 일회용품 자동판매기가 되도록
둔 거나 마찬가지였다. 요즘, 아이들은 소박한 옷장 구성 덕분에 한
주 동안 남은 옷들을 관리하고, 가지고 있는 것들을 아끼고, 가끔 잃
어버리는 것에는 책임을 진다. 하루 중간에 생각 없이 옷을 갈아입지
않고, 재킷을 예전만큼 자주 잃어버리지 않는다. 최소한의 옷장 구성
덕분에 매주 세탁물과 보충할 새 옷 구입이 훨씬 줄었다. 아이를 위한
소규모 옷장 구성을 도입하려면 다음과 같은 방법을 따른다.

• 나이와 활동 정도에 따라 한 주 동안 필요한 옷 정도를 가늠하고,
  소규모의 관리 가능한 분량을 유지한다.
• 아이가 좋아하는 옷을 포함하고, 얼룩을 감춰주는 짙은 색을 선호
  한다.
• 옷이 바닥에 쌓이지 않도록 아이에게 빨래 바구니 옆에서 갈아입
  도록 가르치고, 아이가 밝은 색 옷을 입는다면 세탁 분리와 시간 절
  약 차원에서 빨래 바구니를 두 개 내준다.

옷이 작아져 새 옷을 살 때는 옷 교환 웹사이트를 통해 부모들 간
에 옷을 맞바꾸면 훌륭한 절약이 되지만 포장과 배송으로 인해 많은
양의 탄소 발자국을 남기게 된다. 가능하다면 대신 지역 중고 가게를

택하고, 잊지 말고 쇼핑 목록을 챙기자. 아이가 스타일에 관심을 보인다면 쇼핑에 데려가자. 아이가 좋아하는 것을 고를 수 있게 될 뿐만 아니라, 옷의 출처와 중고 옷의 저렴한 가격을(옷에 돈을 덜 쓰면 그만큼 여행비용을 확보할 수 있다) 알려줄 훌륭한 기회가 된다. 더 중요한 점은 미래의 쇼핑 실습이 된다는 것이다. 중고 옷을 사면서 자란 아이들은 어른이 되어서도 그 전통을 이어나갈 가능성이 높다. 내 아들들 각자의 옷장에 있는 옷들을 살펴보자.

- 가을·겨울 : 바지 네 벌, 긴소매 셔츠 일곱 벌, 드레스 셔츠 한 벌, 긴 파자마 한 벌, 니트 모자 하나, 장갑
- 봄·여름 : 반바지 네 벌, 반팔 셔츠 일곱 벌, 칼라 달린 셔츠폴로나 버튼다운 한 벌, 수영복 한 벌, 플립플랍 한 켤레, 반팔 파자마 한 벌, 여름 모자 하나
- 연중 : 양말 일곱 켤레, 속옷 일곱 벌, 스니커즈 한 켤레, 후드 옷 한 벌, 방수 윈드브레이커 한 벌, 오리털 파카 한 벌, 여행용 트렁크

기저귀라는 난관

우리 아이들은 우리가 쓰레기 제로를 실천하기 훨씬 이전에 기저귀를 뗀 터라, 이 주제에 관해 친환경적 결정을 내려야 할 일은 없었다. 그건 그렇고, 변기 훈련 이전 시기 아이들이 가장 쓰레기를 많이 배출

하는 분야인 만큼 아이들에 관한 쓰레기 제로 이야기를 하면서 기저귀를 다루지 않고 넘어갈 수 없다.

안타깝게도, 친환경적 기저귀 문제에서 제품 생산, 지역적 제약 그리고 처리에 필요한 조건 등을 전부 고려한 모두에게 맞는 해답이란 없다. 기존의 일회용 기저귀 생산 과정에는 비재생성 자원석유과 염소가 사용된다. 가정에서는 독성이 있는 휘발성 유기 화합물VOC을 방출하며, 버렸을 때는 늘어가는 매립 쓰레기에 포함되어 메탄을 발생시키며 절대 분해되지 않는다. 미국 환경보호국에 따르면 일회용 기저귀는 전체 매립 쓰레기의 2.4퍼센트무게 기준를 차지한다.

최근, 셀 수 없을 정도로 많은 브랜드에서 기존의 환경에 해로운 일회용 기저귀에 맞선 '친환경적' 제품을 내놓고 있다. 생분해 가능, 퇴비화 가능, 변기에 버릴 수 있는 기저귀, 재사용 가능 기저귀 등이 시장에 나왔다. 어떤 걸 고를까? 친환경적이라는 주장을 경계하자. 모든 사실을 파악한 후에 자신의 상황에 가장 잘 맞는 제품을 고른다. 여기에 고를 수 있는 선택안들에 대한 내 의견은 다음과 같다.

생분해 가능 기저귀

어떤 제품이 생분해 가능하다고 광고한다고 해서 실제로 그게 생분해된다는 뜻은 아니다. 물질이 생분해되려면 빛, 물, 산소가 존재해야 하지만 일반적으로 포장된 매립 쓰레기는 그런 조건을 제공하지 못한다. 『102톤의 물음』에서 에드워드 흄즈는 애리조나 대학 학생들이 수집해온 매립 쓰레기 중심부 샘플을 살펴봤는데 과카몰리아보카도 등

을 으깨 만드는 멕시코 소스 – 옮긴이, 핫도그, 25년 전 신문이 멀쩡히 나왔다. 그러니 생분해 가능 기저귀가 매립지에서 분해되리라고는 기대하지 말자.

변기에 내릴 수 있는 기저귀(그리고 물티슈)

변기에 내리는 건 좋은 방법 같지만, 다시 묻자면 '어디로' 간단 말인가? 기저귀는 하수관을 따라 하수처리장으로 향하고, 만약 거기에 다다르기 전에 완전히 분해될 시간이 없다면, 필터를 막아버려 하수처리장에서 해결해야 할 문제가 된다. 지역 하수처리장을 견학했을 때 직원은 단호히 말했다.

"배설물과 휴지 외에는 아무것도 변기에 내리지 마세요. 변기에 내려도 된다고 표시된 물건도 마찬가지입니다."

이들은 정화조로 배출하지 말라고 충고하고 있지만, 나는 나아가 아예 하수관으로 내보내지 않는 쪽을 추천한다.

퇴비화 가능 기저귀

퇴비화 가능하다는 말은 적절한 조건을 만들어주면 기저귀가 그냥 사라진다는 뜻이다. 굉장한 아이디어로 들리지만, 아기 변은 어쩔까? 특수 인분 퇴비화 시스템을 따로 짓지 않는 이상, 더러운 기저귀를 집에서 퇴비화할 수도 없고 샌프란시스코에 있을 것 같은 지자체 고성능 퇴비화 시설에서도 처리할 수 없다. 이런 제품을 파는 회사에선 이 사실을 작은 글씨로만 언급하고 있다. 이런 기저귀는 한마디로 평범한 가정 퇴비함에선 처리할 수 없는데, 인분의 병원균을 죽일 만큼 온도가 올라가지 않기 때문이다.

천기저귀 서비스 업체
이것과 연결된 주요 환경 문제는 기저귀의 세탁과 배송 관련이다. 이런 서비스는 상품을 눈부시게 하얗게 만들기 위해 대량의 물과 염소 표백제를 사용하며, 가정으로 기저귀를 배달하고 수거하는 트럭 운행은 상당한 탄소 발자국을 배출한다.

그럼 나라면 어떻게 할까? 내가 맞닥뜨린 다른 모든 환경 난관과 마찬가지로, 다섯 가지 R을 순서대로 고려할 것이다. 만약 내게 아기가 있다면, 아기가 돌 되기 전에 기저귀를 뗄 수 있는 기술인 배변 커뮤니케이션elimination communication, 타이밍이나 아기의 낌새, 신호를 파악하여 배변 욕구를 파악하는 방법-옮긴이을 적용하여 기저귀 사용량을 줄일 것이다. 나는 재사용을 굳건히 지지하는 사람인 만큼, 이 방법은 내 윤리관과도 잘 맞는다. 물론 이 방법은 육체노동이 요구되고, 좀 더 자주 기저귀를 갈아주어야 하는 결과를 낳을 수도 있지만(천은 일회용 기저귀만큼 흡수력이 좋지 않다), 매립 쓰레기를 줄이기 위해서라면 기꺼이 감수하고 시도할 것이다.

하지만 다시 말하지만, 다들 각자의 가정에 최적인 방법을 골라야 하고, 이 해결책이 누구에게나 완벽하진 않다. 예를 들어 내 친구 로빈이 살고 있는 콘도에서는 공용 세탁실에서의 기저귀 세탁을 금지하기 때문에 이렇게 할 수 없다. 대신 그녀는 지역 퇴비화 가능 기

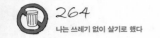

저귀 배달 및 수거 서비스 업체 얼스베이비earth-baby.com에 가입하여 썩히는 쪽을 택했다. 돈이 더 들긴 하지만 천기저귀 다음으론 최선의 선택이다.

학교

신학기가 시작됐다고 해서 최신 여름 블록버스터 영화의 슈퍼히어로가 그려진 공책 수십 권이나 결국 바닥에 굴러다니게 되는 쓰고 버릴 펜을 대용량으로 구매해야 한다는 뜻이 아니다. 신학기 시작은 새로운 친구를 만나고, 학용품 소모 마라톤을 피하는 창의적인 방법을 궁리하고, 새로운 점심 도시락 아이디어를 짜내고, 아이들을 위한 재미있는 활동을 골라주는 일이 될 수 있다.

: : 학용품

내가 어렸을 때는 학교가 채 끝나기도 전에 벌써 새 학기 첫날을 기다렸다. 요즘 나는, 아이들의 새 학년이 다가오면 닥쳐올 서류와 코팅된 과제 그리고 우리 집에서라면 사지 않겠지만 교실에서 쓸 거라 살 수밖에 없는 온갖 재활용 불가능한 물품들 생각에 골치가 아프다. 집으로 불필요한 서류를 보내지 말고 우리 아이들의 과제는 라미네이트 코팅을 하지 말아 달라는 요청을 선생님들은 매우 친절하게 존중해주었지만, 준비물 목록은 여전히 짜증의 근원이었다.

쓰레기 제로가 보편적으로 이루어지는 세상이라면 선생님들은 목록을 조정하고 한정된 준비물만 요구했을 것이다. 예를 들어, 아이들이 유치원부터 5학년까지 쓸 수 있는 일반 바인더를 택했을 것이다. 하지만 오늘날의 요청은 매우 까다로운데, 어떤 선생님은 2인치 두께의 지퍼 바인더, 반 인치의 지퍼 없는 바인더, 어떤 선생님은 플라스틱 포켓 폴더, 누구는 또 색색의 마분지 바인더로 요청하여 재사용을 가로막고 부모에게 불필요한 비용 부담을 가중시킨다.

선생님들은 재사용 가능한 작년 학용품을 새 학급 아이들을 위해 보관해두거나 동료 혹은 지역 중고품 가게에 기증할 수 있다. 그보다 더 나은 방법으로는, 생산자들이 무독성에 흔적이 남지 않으며 리필 가능한 현대적 기본 아이템들을 내놓고, 교사들은 준비물을 재사용 가능한 제품으로 한정하는 것이다. 그 꿈이 이루어질 때까지, 쓰레기 제로를 염두에 둔 학용품 챙기기는 다음과 같다.

- 목록을 확인하자. 작년에 남은 것을 살펴보고 그에 따라 진짜 필요한 아이템으로 목록을 업데이트한다. 아마 준비물 목록에 나온 만큼의 연필또는 샤프심과 마커는 이미 있을 것이다. 그리고 일회용 물티슈 대신 재사용 물수건을 자청할 수도 있다.
- 집의 책상을 뒤져보자. 검은 펜 같은 간단한 물품은 십중팔구 책상 서랍에서 나올 것이다.
- 지역 중고품 가게를 둘러보자. 사무용품은 큰 중고품 체인점이 취

급하기엔 너무 자질구레하다. 반면에 작은 중고품 가게는 중고 바인더, 포켓 폴더를 구입하기에 딱 좋은 곳이고 가끔은 노트, 마커, 연필, 컬러 펜도 있다.

- 동네 문방구의 단골이 되자. 찾던 물건이 앞에 언급된 곳에 없었다면, 작은 가게에서 딱 맞는 양을(10개들이 한 상자 대신 1개) 비포장으로(낱개 판매) 살 수 있다.

: : 도시락

많은 부모들이 도시락 만들기를 시간이 걸리고 창의력을 쥐어짜야 하는 불편함 정도로 여긴다. 시간을 들일 만한 가치가 있는 일일까? 쓰레기 제로 도시락을 싸주면 환경과 금전 이상의 이점이 있다. 즉 학교 급식의 대안으로서 가치가 있다. 우리 사회의 비만과 당뇨병 비율이 치솟고 있는 상황에서, 집에서 준비한 점심 도시락은 부모가 아이들이 먹는 것을 일정 부분 관리하고 감을 잡을 수 있는 방법이다. 아이에게 고른 영양을 갖춘 다채롭고 건강에 좋은 식사를 차려주면, 비타민 결핍을 메워줄 영양제가 필요 없어진다. 쓰레기 제로 원칙은 또한 가공식품의 섭취를(그리고 포장재에서 나오는 화학물질 흡수를) 줄여준다. 물론, 일단 집 문을 나서면 우리 아이들이 무엇을 얼마나 먹는지 정확히 확신할 수 없지만, 집에서 도시락을 싸오는 아이들의 경우엔 실제 음식 섭취와 선호도에 대해 부모가 어느 정도 알 수 있으니 그에 따라 도시락 메뉴를 조정할 수 있다.

　　도시락 만들기는 손이 가는 일일 수 있다. 건강과 쓰레기 제로 원칙을 고수하는 도시락을 만들기란 많은 이들에게 엄두가 나지 않는 일이다. 하지만 쓰레기 제로 식품 선반을 적용하고 있다면, 상대적으로 쉽고 스트레스가 없다. 투명한 유리 용기에 담아 식품 선반과 냉장고에 보관하면 선택한 식품이 금방 보인다. 저장 식품 교체 시스템 도입은 질리는 것을 방지하고 선택안을 제안하여 결과적으로 결정 속도를 빠르게 한다. 또한 아이에게 도시락 싸는 일을 돕게 하면 시간을 절약할 수 있다. 그리고 아이들이 그 음식을 좋아하고 먹을 가능성이 늘어난다. 또한 독립심과 건강한 식사 습관을 심어줄 귀중한 기회를 제공하며, 아이의 건강에 값진 원칙이 될 것이다. 다음은 아이들이 먹는 음식에 대한 참여와 관심을 불러일으키기 위한 단계의 예시가 있다.

- 썰기 : 바게트 같이 얇게 썰기 힘든 식품은 미리 썰어둔다. 피자나 키시quiche, 파이의 일종-옮긴이 같은 남은 음식을 한입 크기로 썰어줄 수 있다.
- 찍기 : 간장, 요구르트, 후무스, 머스터드 등으로 샐러드에 맛을 더한다.
- 나누기 : 일반 사이즈파인트 요구르트 용기에서 작은 양반 컵 분량을 덜어내어 작은 용기로 옮겨담는다.
- 데우기 : 남은 피자나 밥 요리를 데워 보온병에 보관한다.
- 말기 : 얇게 썬 육가공류햄 등, 김, 양배추 잎 등으로 말이를 만든다.
- 모양잡기 : 채소를 스틱, 원형, 육각면체, 별 모양으로 자른다(자르

고 남은 자투리는 샐러드에 쓴다).

• 꼬치 : 산적으로 미니 꼬치를 만든다. 아이들에게 꼬챙이 끝이 너무 날카롭다 여겨진다면 갈아서 뭉툭하게 만들 수 있다.

• 얇게 썰기 : 구운 바게트 슬라이스를 크래커 대용으로 준다. 오렌지 같은 과일 역시 슬라이스로 썰면 더욱 보기 좋고 먹기 편리하다.

건강한 도시락을 싸기 위해서는 간단한 도시락 싸기 가이드라인을 따른다. 다음 영양군 별로 겹치지 않게 한 가지씩 재료를 골라 만든다. 전부 낱개나 비포장으로 구입할 수 있으며, 우린 가능하면 유기농으로 산다. 중요성에 따라 고른다.

• 곡류(가능하면 통밀로) : 바게트, 포카치아, 번, 베이글, 파스타, 밥, 쿠스쿠스

• 채소 : 양상추, 토마토, 피클, 아보카도, 오이, 브로콜리, 당근, 파프리카, 셀러리, 깍지콩

• 단백질 : 육가공류, 남은 고기나 생선 요리, 새우, 달걀, 두부, 견과류, 땅콩버터, 콩

• 칼슘 : 요구르트, 치즈, 짙은 녹색 채소

• 과일 : 생과일이나 베리류, 홈메이드 애플소스, 건과일류

• 간식(선택사항) : 생과일이나 건과일, 요구르트, 홈메이드 팝콘이나 쿠키, 견과류, 그래놀라, 그 외 벌크 코너에서 무엇이든 관심 가는 간식

도시락을 싸는 데 따로 도시락통을 살 필요는 없다. 필요한 물품은 분명 이미 다 갖고 있을 것이다. 재사용 가능 용기, 주방타월, 선택 사항으로 포크와 숟가락이 필요하다. 많은 부모들이 아이들 도시락통으로는 스테인리스 스틸을 선호하겠지만, 맥스와 레오는 우리 유리병으로 잘 썼고, 아직까지 깨진 적이 없다. 기회가 주어진다면 아이들에겐 깨지기 쉬운 물건을 조심조심 다룰 능력이 있다고 나는 믿는다. 그 다음에 도시락통을 바게트 샌드위치와 과일과 함께 주방타월을 써서 후로시키 스타일로 싼다. 후로시키는 일본의 보자기 싸는 기술을 말한다. 이 방법으로 도시락을 쌀 수 있다. 일반적인 도시락 가방과 반대로, 주방타월은 여러 용도로 쓸 수 있다. 들고 다닐 때 겉을 싸는 보자기, 손잡이, 테이블 깔개, 냅킨까지 전부 하나로 겸할 수 있다.

: : **방과 후 활동**

아이들의 삶을 복잡하게 하는 것은 여분의 장난감만이 아니다. 방과 후 활동에 최대한 많이 등록시키는 것이 일반적이 되어가고 있다. 왜 아이들의 시간을 그렇게 빡빡하게 짜는가? 그게 아이들을 위해 과

연 좋을까?

이따금 맞벌이 부모들이 방과 후 활동을 아이 돌보미와 TV와 게임의 대안으로 이용하긴 하지만, 등록하게 되는 동기는 대부분 부모로서의 복잡한 감정에서 기인한다. 조기에 재능이 발견되지 않을까 하는 희망, 아이의 단순한 관심을 경쟁력을 갖출 만큼의 수준으로 개발할 수 있을까 하는 기대, 우리 자신이 어린 시절의 꿈을 쫓지 못한 후회, 다른 부모들이 아이 스케줄을 빡빡하게 짜는 것을 볼 때 느끼는 불안감, 아이의 잠재력을 최대한 탐색하지 못해서 프로 운동선수나 하버드 졸업생으로서의 아이의 미래를 가로막는 게 아닌가 하는 두려움. 비록 의도는 좋을지언정, 1분도 쉴 틈 없이 방과 후 활동에 등록하는 건 스트레스를 유발시키고 아이들에게서 가족과의 시간을 빼앗아 자연스런 발달 과정을 가로막을 뿐이다.

규칙에 얽매이지 않은 놀이를 통해 아이들은 야외를 즐기고, 자기만의 세계를 만들고, 상상력을 키우고, 부모의 염원과 무관하게 자신이 무엇이 되고 싶은지 깨닫게 된다. 자유로운 놀이는 아이들에게 스스로의 리듬에 따라 진화하고 자율성을 찾을 귀중할 시간을 만들어준다. 지루할 기회가 주어지면 아이들은 무언가 할 거리를 찾고, 문제를 해결하고, 자신들에게 아무것도 요구하지 않는, 스스로의 능력과 한계, 성취를 통제할 수 있는 세계로 들어갈 방법을 찾아낸다.

우리 부모들은 다들 아이를 위한 최선의 길을 바라며, 원하는 육아 방식을 택할 자유가 있다. 하지만 남편과 나는 이 생활방식이 쓰레기 감소 이상으로 우리에게 가져다준 혜택에 감사하며, 더 많은 가족들이 방과 후 활동과 얽매이지 않은 놀이의 균형이 가져다주는 이점을 발견하길 바란다.

미술과 공예

미술과 공예는 아이들과 유대감을 쌓고, 아이들의 소근육 발달에 도움이 되며, 아이들에게 자원을 소중히 하며 스스로 하는 자세를 심어줄 수 있다. 덤으로, 훌륭한 방과 후 활동이 된다. 하지만 이런 생각이 들지도 모른다. 적게 소유하는 삶이 창의성을 가로막진 않을까?

쓰레기 제로 생활방식을 도입하기 전, 나는 미니멀리즘을 창의력 내핍 상태로 여겼다. 하지만 오히려 그 반대임을 발견하게 되었다. 7년 전, 내게는 액자 수백 개, 쓰지 않은 캔버스 수십 개, 물감 수리터, 셀 수 없을 만큼의 붓 그리고 잡다한 미술용품 무더기가 작업실에 저장되어 있었다. 나는 작품을 통해서 고객들에게 받는 인정이 자랑스러웠다. 하지만 또한 나의 창의력 부족에 갑갑했던 것도 기억한다. 우리가 이사했을 때, 나는 저 미술용품들을 포함하여 내 물건 상당 부분을 처분했다. 학교와 친구들에게 기증하고, 크레이그리스트를 통해 남들에게 주고, 스크랩재사용 미술품 가게에 갖다주기도 했다. 미완성 작품과 거의 쓰지 않는 용품들을 처분하고 나자, 좌절감과 기대를 놓아버릴 수 있었다. 쓰지 않은 미술용품이 나를 괴롭히고 있었음을 깨달았다. 그것들은 그냥 거기 놓인 채 무언가 더 나은, 예술적인 것, 멋진 것, 나의 두려움을 날려버리고 내 능력을 뛰어넘게 해줄 무언가가 되기를 기다리고 있었다.

쓰레기 제로 생활방식과 함께, 이 초조함은 사라지고 일회용에 대한 대안을 찾는다는 만족감이 차올랐다. 창의력이 굳이 캔버스에 한정될 필요가 없으며, 창조할 기회는 우리 주위에 널려 있음을 나는 발견했다. 남은 음식을 요리로 재탄생시키거나 수리는 창의력의 근원이었으며 우리 정원, 퇴비함, 재활용함은 소재의 원천이었다. 이러한 소재는 계속 나오며 늘 근처에 있으니, 아이들과 나는 모으거나 저장해둘 필요 없이 그냥 필요할 때 집어오기만 하면 되었다.

옷이 사람을 만들지는 않는 것과 마찬가지로, 미술용품이 화가를 만들어주지는 않는다고 나는 믿는다. 고흐의 작품에 힘을 실어준 것은 넉넉한 미술용품이 아니라 그의 비전과 솜씨였다. 결국, "창조는 발명이며, 실험, 성장, 위험 감수, 규칙 파괴, 실수 저지르기 그리고 즐겁게 놀기다."메리 루 쿡의 말였다. 이 중 아무것도 미술용품에 의존하지 않는다. 예술과 예술 제작은 지극히 개인적인 일이다. 하지만 쓰레기 제로는 이전에는 깨닫지 못했던 내 안의 창의력에 불꽃을 당겼다.

친환경 운동이 부상하면서 공예는 재탄생을 경험하는 중이다. 환경을 염려하는 많은 부모들이 공예를 재료를 모으는 이유로, 쓰레기를 버리지 않을 방법 그리고 소비 습관을 정당화하는 핑계로("플라스틱 물통을 사도 괜찮아. 나중에 새 모이통으로 만들면 되지.") 이용하고 있다. 버릴 소재로 공예품을 만드는 것은 잘 알려진 쓰레기 줄이기 전략이 되었다. 하지만 미디어를 통해 제시된 프로젝트의 다수가 쓰레기 제로 원칙에 위배된다. 그들은 독성 재료^{강력 접착제}를 이용하거나 우리에게 애초에 거절했어야 하는 소재^{비닐봉지}의 사용을 찬성한다. 우리에게 필요하지 않은 아이템 제작을 제시하거나 재활용 가능하던 재료를 불가능하게 만드는 과정이 들어간다. 재사용은 잡동사니를 오히려 늘릴 수 있으며 공예가 쓰레기를 만들 수 있음을 주의하자. 다음은 아이들과 쓰레기 제로 공예를 할 때 염두에 두어야 할 점들 몇 가지를 소개해본다.

도구

대량의 근사한 도구가 필요하진 않다. 몇 개면 충분하다. 수성물감, 색연필, 노끈, 가위, 집에서 만든 접착풀과 어른의 감독 하에 연장통 사용을 하게 해주자. 도구는 쓰레기를 만들어내거나 독성이면 안 된다. 낱개로 살 수 있는(딱 필요한 만큼만 비포장으로) 소규모 중고품 가게나 미술용품점을 이용하자. 또한 이후의 처리 문제도 고려한다. 예를 들어, 교사와 아이들에게 인기 있긴 하지만 요즘 마커는 재사용도 재활용도 불가능하다. 그보다는 물감, 파스텔, 색연필을 쓰자. 무독성 AP 인증을 확인하고, 직접 물감을 만들어 쓰는 것을 고려해보자.

재료

아이에게 집의 사용 가능한 폐기물을 재료로 사용하도록 이끌자. 집에 있는 매립용, 퇴비용, 재활용 아이템을 이용하도록 하자(언젠가 쓸 경우를 대비해 일 년 내내 보관해둘 필요는 없다). 치즈 왁스^{치즈가 보관 중에 마르}

거나 상하는 것을 방지하기 위해 치즈 겉에 씌우는 왁스─옮긴이, 씻은 버터 포장지, 나뭇조각, 나뭇가지, 건조기 보푸라기, 못 쓰는 옷, 펠트 모직 스웨터, 양면 인쇄한 종이, 택배 상자는 훌륭한 재료다. 드물게 소재가 딸릴 경우엔(선생님이 잡지 오려낸 것을 가져오라고 하거나), 이웃들이 기꺼이 나눠준다.

용도

공예를 하는 목적은 보통 네 가지 범주 중 하나다. 수리, 제작, 꾸미기, 또는 예술적 탐구. 마지막 목적은 특히 아이의 발달에 중요하지만소재, 촉감, 색을 체험, 아이가 커감에 따라 실용적인 공예 활동을 시작할 수도 있다. 예를 들어, 깁기, 목공, 바느질, 뜨개질은 기능적인 물품을 고치거나 만들어내는 데 있어 유용한 기술이다. 당신이나 가정, 불우한 사람이나 자연에 유용한 것을 만들어보자고 제안하면 잡동사니 장식품을 늘리지 않을 뿐만 아니라 아이가 그 과정을 통해 자원 보전, 생존 기술, 베푸는 마음을 얻어 한층 더 성장할 것이다. 예를 들어, 천조각이나 펠트 모직 스웨터를 퀼트 담요로 만들어 불우한 사람을 따뜻하게 해줄 수 있다. 나뭇조각은 벌집을 만들어 머리뿔가위벌에게 건강한 집터를 제공하고 번식을 돕는다.

과정

공예품이 수명이 끝난 이후를 고려하자. 완성된 후에 재활용이나 퇴비화가 가능할까, 아니면 결국엔 매립지로 향하는 쓰레기가 될까? 재활용이나 퇴비화 가능한 재료를 사용할 때는 영구적으로 재료가 섞이지 않도록 주의하여(예를 들면 나무에 합성 접착제), 완성된 물품이 여전히 재활용이나 퇴비화 가능하게끔 하자. 수명이 짧은 대안 공예품 만들기는 쓰레기 제로 노력을 향상시킨다. 예를 들어, 모래조각, 양초 만들기, 테이블 장식(2장에 설명된 대로), 플레이도^{고무찰흙}는 창의력을 북돋우며 일시적인 작품이라 컬렉션이나 매립 쓰레기가 되지 않는다.

 수성 염색 물감 만들기

색깔

파랑·보라 : 허클베리, 블루베리, 포도, 적양배추, 시든 장미 꽃잎, 와인, 오징어 먹물

빨강 : 비트, 붉은 엘더베리, 딸기, 체리, 라즈베리

노랑·오렌지 : 석류나 양파 껍질, 골든 비트, 노랑 순무, 셀러리 잎, 당근 꼭지나 뿌리, 터메릭

녹색 : 페퍼민트, 시금치, 아티초크 잎

갈색 : 커피, 홍차, 빨간 양파 껍질, 간장, 분변토 액비, 호두 과육과 껍질, 나무껍질과 마른 낙엽(독 없는 식물), 탄 토스트, 갑오징어 먹물

검은색·회색 : 블랙베리, 문어 먹물, 숯, 태운 아몬드

만드는 법

1 액체를 그대로 사용하거나 졸여서 원하는 정도의 진하기로 만든다.

2 단단한 재료를 물에 담가 끓여서, 원하는 정도의 진하기가 될 때까지

졸인다. (재료 크기에 따라) 체나 필터로 거른다.

사용법

1   물감으로 쓰려면 액체 1/4컵 분량에 소금 1/2 작은술과 백식초 1/2 작
    은술 비율로 섞어서 작은 유리병에 보관한다.
2   부활절 달걀을 물들이려면 끓는 액체에 담근다.

 ## 빨래 건조기 보푸라기 반죽 만들기

만드는 법

1   냄비에 건조기 보푸라기 3컵, 물 2컵, 소금 2큰술을 담근다.
2   밀가루 3/4컵을 넣고 중불에서 반죽이 형성될 때까지 젓는다.
3   반죽이 되었다면 식힌다.

사용법

단독으로 사용하거나 종이반죽처럼 쓰면 된다(틀에 식용유나 다용도 밤을 바른
다). 반죽을 며칠 말리고 나면 아주 단단한 소재가 된다. 여름과 햇빛은 이
활동에 가장 잘 맞는다.

참고

건조기 보푸라기를 불쏘시개로, 속 채우기^{헝겊인형이나 퀼트 이불}, 종이 만들기 재
료로 쓸 수도 있다.

아이와 학교를 위한 다섯 가지 R

- 거절하기 : 무료 기념품, 여분의 학교 서류 그리고 코팅된 종이를 거절하자.
- 줄이기 : 장난감과 방과 후 활동을 줄이자.
- 재사용하기 : 중고 옷과 학용품을 사자.
- 재활용하기 : 퇴비나 매립 쓰레기용 재료로 공예 만들기를 하자.
- 썩히기 : 공예품을 퇴비화하자.

Chapter
08

인간관계에서의
쓰레기 제로는
오히려 관계를
두텁게 만든다

...

전통을 맹목적으로 따라서는 안 된다. 그러면 아무런 배우는 바가 없다.
전통을 이해해야 할 필요가 있다.

_오버힐 체로키 인디언 속담

기념일이나 명절은 매우 개인적이다. 다들 집안의 전통이 있고 어쩌
면 종교적으로 지키는 계율이 있을 것이다. 쓰레기 제로 생활방식이
기념일의 즐거움을 감소시키거나 중요한 전통을 어기게 만들어서는
안 될 일이다. 그렇긴 해도 쓰레기 제로 원칙은 우리 가족의 기념일
보내는 방식을 바꿔놓았다. 평균적으로 미국인들은 추수감사절부터
크리스마스까지 기간에 연중 다른 때보다 주간 쓰레기 발생량이 25
퍼센트 더 늘어난다고 하니, 먼저 당신의 기념일 보내기가 줄이기를
통해 개선될 수 있는지 돌아보자.

크리스마스

맥스와 레오가 아장아장 걷는 아기였을 때, 나는 아이들을 위해 환상
적인 크리스마스를 세심하게 계획했다. 매년 그 전년도의 들뜬 분위
기를 뛰어넘기 위해 몇 달씩 계획을 세웠고, 우리 최고의 크리스마스
가 되기를 바랐다. 가족에게 보낼 카드를 직접 만들기 위해 미술용
품점에서 예쁜 종이와 스크랩북 재료를 모아들이는 것으로 늘 크리

스마스 시즌을 시작하곤 했다. 뛰어난 디자인으로 작년에 내가 만든 것을 넘어서야 했다. 카드 40장을 만드는 데 일주일이 걸렸고 12월 첫째 주에 발송했다. 시즌 준비에는 또한 작년의 크리스마스 장식을 손보고 우리 집이 이웃집보다 더 환하게 빛나도록 이미 있는 분량에 전구를 더 보태는 일이 포함되었다. 매년 우리 크리스마스트리의 크기는 커져갔다. 매년 나는 트리를 꾸밀 새 장식을 사들였다. 한해 내내 나는 세일 중인 다양한 선물들을 사서 정해놓은 벽장에 쟁였다.

하지만 크리스마스가 가까워질수록 나는 지출을 늘려가며 더 많이 찾아 돌아다녔고, 거기엔 1달러숍에서 구입한 양말에 넣어줄 작은 선물들도 포함되어 있었다. 내가 추구하는 것은 질이 아닌 양이었다. 몇 시간씩 걸려 셀 수 없이 많은 여러 모양의 선물들을 포장했다. 크리스마스이브와 크리스마스 당일을 위한 만찬과 차림새를 계획했다. 달력에는 기본적으로 '그날'을 위한 마음의 준비를 하기 위한 활동들이 들어차 있었다. 비할 데 없이 근사한 크리스마스를 계획하는 일은 내게 많은 스트레스의 근원이 되었다. 그래도 나는 스스로를 꿈을 이루어주는 사람으로 여겼고 기대치에 맞추지 못할까 걱정했다. 내 자신이 만들어낸 기대치임을 이제는 안다.

오랫동안 기다려온 순간은 순식간에 지나갔다. 그날은 추억으로 사라지는 사이 우리는 버린 포장지나 리본과 씨름하고, 가게에 가서 반품 줄을 서고, 새로 받은 물건들을 보관할 자리를 찾고, 산처럼 쌓인 크리스마스 후의 쓰레기를 처리했다. 우리는 240리터들이 쓰레기통에 최대한 꼭꼭 채워넣으며 쓰레기가 얼른 집 앞에서 사라지기를 바랐으나, 보통은 청소차가 몇 번을 돌아야 했다.

그럼에도 불구하고, 시즌 후의 세일이 시작되자 우리는 그 불편을 금방 까먹었다. 나는 트리 장식을 세일가에 사들이고 내년도의 크리스마스를 기대하며 카드 아이디어를 모아두었다. 손수 붙인 가족사진으로 장식된 팝업 트리 카드라면 분명히 그 해에 친구와 가족들에게 보낸 구슬 장식 카드를 뛰어넘을 것이다. 다른 이들보다 한 걸음 앞서려는 발버둥은 우리가 빠져든 중독적인 소비주의의 증상이었다.

생활을 간소화하면서 우리는 소비 습관을 평가하고 우리의 크리스마스 준비가 얼마나 어마어마한 낭비였는지 직시하게 되었다. 그리고 뒤돌아보게 되었다. 내가 만족시키려 노력했던 건 아이들인가, 아니면 자신의 승부욕인가? 나는 아이들에게 어떤 원칙을 심어주고 있었던가? 아이들에게 무얼 가르쳤나? 매년 더 크게, 더 좋게? 나는 확실히 그런 식으로 자라지 않았다. 어렸을 때 나는 선물을 고대했고 산타할아버지는 우리 집에 들르셨지만 절제되고 일관성이 있었다. 아기 인형, 바비 인형 그리고 내가 몇 년간 쓴 시크릿터리 데스크^{앞판을 경첩으로} 접을 수 있게 한 간이책상 겸 수납장-옮긴이 외에는 뭘 가져다주셨는지 잊어버렸지만, 결코 분에 넘치는 걸 기대하지 않았다는 사실만은 기억한다. 그저 산타할아버지가 다시 와주기만을 바랐을 뿐이었다. 가장 생생하게 떠오르는 건 소박한 전통들이다. 작은 트리 장식하기^{크리스마스 2~3일 전}, '고요한 밤 거룩한 밤'을 부르는 미사, 아름답게 꾸민 식탁에 차려진 조개 요리, 푸아그라 토스트, 할머니의 팬케이크, 샴페인 잔으로 건배하는 짤그랑 소리, 어머니가 그 특별한 밤을 위해 아껴둔 양초의 일렁이는 불빛을 매년 고대했다.

구두 속에 들어 있는 선물보다는(프랑스에선 양말 대신 구두를 쓴다) 전통이 더 기억에 남았다. 나는 아이들에게 그런 소박한 기념일의 기쁨을 만들어주고 싶어졌다. 하지만 내가 만들어온 전통을 어떻게 되돌릴 수 있을까? 내가 세운 기대치는 어떻게 낮출 수 있을까? 이웃들과의 경쟁을 이젠 신경 쓰지 말아야 하는 것과 마찬가지로, 우리 방식을 바꾸기란 불가능한 일처럼 여겨졌다. 간소한 크리스마스를 시도한 첫해에는 내가 그린치^{닥터 수스의 동화책에 나오는 상상 속 괴물로 크리스마스를 싫어서 마을 사람들에게서 크리스마스를 빼앗으려고 함-옮긴이}를 우리 집에 들인 기분이었다. 내가 아이들에게 심어주었던 환상을 점차 줄이기까지는 몇 년이 걸렸지만 결국 아이들은 규모를 줄인 행사에 익숙해졌고, 변화의 결과로 우리 모두 기념일의 진정한 의미를 되새기게 되었다. 가족과 함께하는 순수한 즐거움을.

쓰레기 제로 규칙을 도입함으로써 나의 분주한 기념일 준비^{음식, 쇼핑, 주차, 카드 발송 등}는 자연히 줄어들었다. 낭비적이고 스트레스 쌓이며 복잡한 일들을 포기하니 '우리 자신과 남에게 친절하자'는 한 가지의 단순한 지침에 기초한 좀 더 의미 깊은 전통을 위한 시간이 생겼다.

• 쇼핑몰을 피하고, 블랙 프라이데이 세일에 참여하지 말자('아무것도 사지 않는 날'로 정하고 대신 하이킹을 가자). 모두의 스트레스 레벨을 낮출 뿐 아니라, 탄소 발자국 발생(덜 운전하고 새로운 상품 수요를 줄임), 지갑, 창의력에 좋다.

- 기념일 스케줄에 '자선 활동'을 포함한다. 무료급식소 일 돕기나 지역 푸드뱅크 자원봉사, 서비스나 노력이 고마웠던 상대에게(예를 들자면 상냥한 빵집 주인) 보내는 감사 카드, 동네나 양로원에서 캐롤 부르기, 불우이웃 선물 나눠주기 참여, 오퍼레이션 크리스마스 차일드에 보낼 선물 상자 마련하기 등은 주변에 정을 전달할 수 있다.
- 소박하게 크리스마스 맞이 모임을 치른다. 오후에 한번 날 잡아 과자만 구워도 여러 가지에 쓸 수 있다. 여러 종류의 쿠키를 구워서 남편 직장에 나눠 먹게 보내고, 아이들 선생님에게 선물로 들려 보내고, 친구들과의 오후 칵테일 모임이나 산책 모임 사람들과의 커피 타임, 이웃들과 와인을 함께 하는 저녁, 아이들 놀이 친구들과 향신료 넣은 따뜻한 애플 사이더를 마실 때 곁들여 낼 수 있다. 최소의 노력으로 거두는 최대의 효과다. 밀가루가 낭비될 여지는 없다.
- 전통은 소박하게 이어간다. 음식과 쇼핑, 장식 그리고 카드 만들기를 줄이면 모두의 스트레스를 없앨 수 있다. 느긋하게 기념일을 즐기자.

: :장식하기

예상할 수 있겠지만, 우리의 크리스마스 장식은 다른 모든 것과 마찬가지로 감축 과정을 거쳤다. 우리의 크리스마스 분위기는 그럼에도 수그러들지 않고 오히려 그 덕을 보았으니 노력할 만한 가치가 있었다. 그 분야에서의 간소화를 생각한다면 고려해보아야 할 질문들이 있다.

쓸 만한 상태인가?

예를 들어 고장난 장식전구 줄은 장식용품 보관함 자리를 차지하고
있어선 안 된다. 수리하자(키트를 쓰면 고장난 전구를 가려내고 교체하기
쉽다). 아니면, 공구 상점에서 오래되거나 고장나거나 사용한 크리스
마스 장식전구 줄을 수거하여 재활용한다.

정기적으로 사용하는가?

크리스마스 장식용품은(다른 기념일 장식과 마찬가지로) 일 년에 딱 한
번만 사용한다는 사실을 고려하자. 해가 지나도 구조상 쓰게 되지 않
는 장식은 처분하자. 무엇이든 지난 한두 해 동안 쓰지 않은 건 기증
을 고려하자.

중복되는 제품이 이미 있는가?

한 집에 진짜로 필요한 크리스마스 트리나 장식은 얼마나 될까? 트
리 하나와 그 트리의 아름다움을 빛내줄 장식 몇 개면 충분할 것이다.

내 가족의 건강에 위험할 수 있는가?

인조 트리는 대체로 PVC로 만들어졌고, 향초는 일반적으로 프탈레
이트 계열의 향이 함유되어 있으며 둘 다 유해 화학성분을 공기 중에
배출한다. 이런 안전하지 못한 물품들은 버리고 건강에 나은 대체품
으로 교체하는 것을 고려해보자.

죄책감 때문에 갖고 있는가?

언젠가부터 어느 마케팅 천재가 '나의 첫 번째 크리스마스 기념품이'라는 아이디어를 생각해냈다. 나는 맥스가 태어났을 때 선물로 하나 받았고 비록 내 돈 주고 살 만한 종류는 아니었지만 포장에 '기념품'이라고 쓰여 있어서 아이를 위해 보관해두어야겠단 생각이 들었다. 생활을 간소화할 때 나는 기념품 죄책감을 젖혀두는 방법을 익혔다. 아끼는 트리 장식용품만 남겨두고, 당신이 직접 사지 않을 만한 장식용품은 처분한다. 그리고 명심하자. 오로지 당신만이(친구도, 친척도, 성공적인 마케팅 캠페인도 아니다) 당신 가족의 보물을 결정해야 한다.

다들 갖고 있어서 두고 있는 물건인가?

여러 해 동안 우리는 다른 사람들처럼 크리스마스 트리를 구입했다. 하지만 또 한 그루의 나무가 베어지는 것을 견딜 수 없게 되자, 생각하게 되었다. 다른 물건을 같은 용도에 쓸 수 있는가? 그후로 우리는 180센티미터 높이의 관목을 쓰고 있다. 다른 곳에서는 보지 못한 일이라 처음에는 트리 대신 관목을 장식하려니 이상하게 여겨졌다. 하지만 요즘은 달리 하는 건 상상도 되지 않는다. 이미 갖고 있는 관상용 나무 화분을 이용하거나 크리스마스 트리 대용으로 매년 쓸 수 있는 것을 하나 구입하는 방향을 고려해보자.

내 소중한 시간을 먼지 털고 닦느라 보낼 만큼 가치가 있는가?

일 년 내내 크리스마스 마을에 사는 게 아니라면, 크리스마스 식기는 겨우 몇 시간 쓰자고 소중한 자리를 연중 차지한다. 또한 쓰기 전 그리고 나중에 보관할 때 설거지하고 닦느라 시간이 든다. 기념일 때의 시간은 소중하니 현명하게 사용하자. 시즌마다 특별한 관리가 필요한 이런 물품들은 기증하는 것을 고려해보자.

이 공간을 다르게 쓸 수 있을까?
크리스마스용 가정용품접시, 잔, 수건 등과 다락방에 묵히고 있는 순록을 기증하면 공간이 생기고 일상용품이나 기능용품의 보관, 꺼내기, 찾기가 더 쉬워진다.

재사용 가능한가?
일회용 테마 종이 냅킨, 접시, 포장지는 돈 낭비이며 재사용 가능한 대체품이 훨씬 더 예쁘다.

차고 안 커다란 선반을 차지하고 매년 늘어만 가던 우리 크리스마스 용품은 이제 통 하나에 깔끔하게 다 정리되고 시간이 지나도 늘어나지 않는다. 늘리고 싶은 마음을 억누르기란 어렵지 않았다. 매년 뚜껑을 열고 우리 크리스마스 장식용품들을 재발견할 때마다, 충분히 있다는 것을 알게 된다.
우리는 오일 보티브와 식용 장식을 더해서 우리만의 장식을 완성했다. 생강 쿠키 집을 손수 만들고, 팝콘을 실에 꿰고(크리스마스 후엔 새들이 먹을 수 있게), 테이블을 계절 농산물로 꾸미는 일은 간단하고

즐겁다. 이러한 장식을 함께 만드는 일은 여유를 갖고 가족들과 유대
감을 키울 기회가 된다.

: : 인사 카드

나는 매년 카드 보내기에 너무 익숙해져 있어서 상대의 기대치에 미
치지 못한다는 두려움을 극복하는 데 시간이 좀 걸렸다.

　카드 교환은 시간이 흐르면서 소홀해진 관계를 다시 잇는 구실을
마련해준다. 나이 드신 분들의 하루를 밝게 해줄 기회를 제공한다. 그
리고 매년 친척들이 어떻게 변했는지 알게 되어 내 호기심을 충족시
킨다. 카드 제작에 일반적으로 쓰이는 재료와 발송이 탄소 발자국을
상당량 늘릴 수 있다. 그리고 불행히도, 현재로선 사진용지는 재활용
이 불가능하기 때문에 사진용지에 프린트한 카드는 결국엔 매립 쓰
레기가 되고 만다.

　전자카드 발송은 환경에 미치는 영향을 줄이는 훌륭한 대안이다.
그러나 특히 대량으로 발송할 경우 이 방법은 그 매력을 잃어버리는
것이 사실이다. 사려 깊은 인사 카드는 환경보호와 인간적 요소를 둘
다 고려해야 한다고 본다. 제대로 한다면 전자 발송은 실물 카드를
대신할 수 있다.

　발송 방법과 상관없이, 인사 카드를 특별하게 하는 것은 개인적
요소다. 받을 사람 명단이 길면 카드마다 특별하게 만들기가 어렵다.
나는 좁고 깊은 관계가 얕고 넓은 관계보다 더 우리 삶을 풍요롭게

한다고 믿는다. 명단을 보고 당신 삶에 긍정적 기운을 가져다주지 못하는 지인들을 지우는 게 낫다. 받을 사람 명단이 간소하다면 개별적인 내용을 쓸 만하다. 이메일이든 진짜 카드를 보내든 당신에게 달린 일이지만, 개인적인 내용(왜 상대와의 우정을 소중히 여기는지 설명한다거나)을 담으면 틀림없이 의미 있는 인사가 될 것이다. 만약 이메일로 보내기로 했다면, 이메일 본문에 내용을 담고(짜증나는 링크가 아니라) 각 메시지마다 하나씩 따로 보내도록 한다(단체메일이나 참고가 아니라).

생태 발자국한 인간이 살기 위해 필요로 하는 지구의 면적. 자원 제공만이 아니라 소비의 결과물인 쓰레기와 공해까지 감당하는 데 필요한 면적이다-옮긴이을 최소화하기 위해 나는 혼자 몇 주씩 카드를 만들던 것을 아이들과 함께 디지털 비디오나 이미지를 디자인하는 것으로 바꾸었고, 각자 개인 메시지를 담아 이메일로 보낸다. 하지만 이 방법은 모두 가능한 것은 아니다. 만약 이메일 카드로 바꾸기 어렵고 실물 카드를 고수하고 싶다면, 아래의 선택안들을 고려해보자.

소재 고르기

- 받은 카드를 재사용해서 새 카드를 만든다.
- 폐지로 카드를 만들고, 종이 펄프에 씨앗을 더해 '심을 수 있는 카드'를 만드는 것을 고려해본다.
- 새 카드를 살 때는 재생지를 고르고, 100퍼센트 폐지로 만든 것으로 한다.

• 작은 크기의 우표를 고른다.

봉투 필요성 없애기
• 엽서 타입 카드를 고르거나 만들자. 우편 비용도 절감된다.
• 작은 종이테이프를 쓰거나 풀을 찍어서 일반적인 2단 카드를 봉한
다. 뒷면에 주소를 쓰고 우표를 붙인다.
• 3단 봉함엽서 형태를 이용한다. 접어 붙이고 빈 면에 주소를 쓰고
우표를 붙인다.

받은 카드의 처리
• 다음 해에 카드를 보낼 계획이면 보관해 두었다가 재사용한다.
• 사진용지는 전부 떼어내어 분리수거한다.
• 학대받는 아이들을 구출하는 기구인 세인트 주드 랜치에 보낸다.
사용한 카드를 리폼하여 얻은 수익으로 아이들을 돕는다.

배려 깊은 인사는 한 가지에 국한되지 않는다. 예를 들어 우리 집
안 어르신들은 직접 목소리를 듣는 쪽을 좋아하신다. 이메일이나 카
드보다 오래 걸리기야 하겠지만, 쇼핑몰에 안 가면 그런 여유 시간
이 생긴다.

카드나 이메일 대안
• 전화 통화

- 인터넷 화상통화
- 깜짝 방문

선물

우리는 가끔 의무감에, 가끔은 순수한 마음에서 우러난 선의로 선물을 준다. 하지만 동기와 상관없이, 우리가 주는 것은 생각과 배려에서 나온 결과여야 한다. 쓰레기 제로 생활방식에서 선물은 당신의 가치를 반영해야만 한다. 쓰레기 제로 선물은 친구들에게 당신의 쓰레기 줄이기 노력을 알리고 친구들도 따를 수 있도록 영감을 줄 훌륭한 기회이다. 여기에 쓰레기 제로 원칙을 따른 선물 아이디어 몇 가지를 실었다.

: : 체험

쓰레기 제로 생활방식은 물건보다 체험으로 삶을 채우는 것이다. 체험을 선물하는 것은 남들에게 보관해야 할 기념품도 잡동사니의 원인도 되지 않을 것이다. 체험 선물은 환경에 더 친화적일 뿐만 아니라 거기에 따른 기억은 더 오래 갈 가능성이 높다. 매년 크리스마스마다 우리 아이들은 깜짝 가족 활동 월간 이용권을 받는다. 일 년 사이 우리는 전에 시도해보지 않은 활동 열두 가지를 실행한다. 몇 가

지는 돈이 들고 나머지는 공짜지만, 남편과 나는 늘 목적지에 도착할 때까지는 비밀로 해두고 있다. 아이들의 황당하기 짝이 없는 추측을 듣는 것은 값진 경험이다. 우리가 가족으로 함께 즐긴 활동 중에, 소비가 관련되지 않으며 상품권이나 실물 입장권 형태로 줄 수 있는 것들의 예를 소개한다.

체험 선물하기

- 발레, 오페라, 콘서트, 코미디 쇼, 스포츠 경기, TV 쇼 녹화현장 관람
- 1박 배낭여행, 타격연습장, 근처 시내까지 자전거로 가서 점심 먹기, 볼링, 보트 타기, 번지점프, 새 관찰
- 게잡이
- 독특한 식당에서 외식하기 : 철판요리 일식당, 한국 불고기 식당, 스위스 퐁듀
- 박물관(지역 도서관에서 공짜 표 얻을 수 있는지 확인), 테마파크, 아쿠아리움, 동물원 견학, 벌레 먹기(우리가 먹은 것은 초콜릿이 씌워져 있었다)
- 낚시
- 골프, 영화
- 승마
- 스케이트 타기
- 클럽 가입
- 카트카 몰기, 카약, 연날리기

- 서바이벌 게임
- 원가 만들기, 모터사이클, 개썰매, 버섯 채집(지역 버섯 모임에 연락하여 채집 스케줄을 알아본다)
- 나이트클럽
- 수영장 딸린 호텔, 배 위의 집, 나무 위의 집에서의 1박
- 노 젓는 보트 타기, 패러세일링, 과일 따기, 오락실에서 놀기, 독특한 장소에 소풍가기
- 시원한 펍에서 갈증 풀기
- 롤러블레이드 타기, 회전관람차 타기
- 썰매타기, 스키, 항해
- 바닷가 클럽에서 연주하기, 외륜자전거 타기
- 농장, 관광 목장, 재활용 시설, 공장 방문
- 자동차극장에서 영화 보기
- 실내 암벽등반, 스카이다이빙

: : 당신의 시간

시간은 돈이며 인정받는 선물이 된다. 쿠폰 형식 아니면 깜짝 방문의 형태로 줄 수 있다.

- 전문 기술 : 배관공은 물 새는 수도꼭지를, 전기기술자는 단선된 것을 고쳐주겠다고 할 수 있다. 나는 잡동사니 정리와 쓰레기 제로 상담을 선물할 수 있다.
- 단순 노동 : 나무 심기, 아기방 페인트 칠하기, 데크 고치기, 낙엽 쓸기, 잔디 깎기, 아기 봐주기. 이런 것들은 특히 아이들이 주기에 좋다. 예를 들어, 형제간에 심부름을 일정 기간 해주겠다고 할 수 있다.
- 방문 : 거리 때문에 부모나 조부모님과 멀리 지냈다면, 틀림없이 깜짝 방문에 기뻐하실 것이다. 찾아뵙는 것으로 선물을 하면 어떨까?

: : 서비스

전문 서비스는 상품권 형태로 선물할 수 있으며 누군가를 기분 좋게 하기에 좋은 방법이다. 네일 관리, 얼굴 관리, 마사지, 헬스클럽 이용권 등이 있다.

: : 디지털 선물

현명하게 사용한다면 디지털 선물은 쓰레기를 줄이고, 귀중한 추억을 안전하게 보관하며, 장거리 커뮤니케이션을 가능하게 해준다. 게임 이용권, 잡지 정기구독, 신문 구독, 동영상 스트리밍넷플릭스나 훌루, 전자책, 아이튠즈, 클라우드 저장 이용권, 사진 스캔이나 비디오 디지털화(예를 들어 VHS비디오테이프를 디지털 파일로 변환하는 것), 스카이프 이용권 등을 선물로 고려해보자.

: : 소모품

재사용 가능한 유리병에 넣어 리본, 나뭇가지, 장보기 키트의 수용성 펜으로 꾸미면 대체적으로 고마워한다. 이 책에 실린 만드는 법에서 영감을 얻자. 무한한 가능성 중에서 몇 가지 예를 실었다.

먹거리
- 홈메이드 : 쿠키, 잼, 머스터드, 피클, 모과 잼, 설탕꽃식용 꽃에 설탕을 입힌 것-옮긴이, 향료, 레드 와인 식초, 핫초콜릿 믹스, 술, 향을 낸 오일
- 벌크·비포장 : 꿀, 오이피클, 올리브, 메이플 시럽, 토피 피칸, 초콜릿 쿠키 볼, 거미베어

미용용품

- 홈메이드 : 비누, 스크럽, 밤, 치약가루, 마스카라, 아이라이너
- 벌크·비포장 : 진흙팩, 비누, 로션, 배스솔트, 마사지 오일

가정용품

- 홈메이드 : 종이, 남은 토막을 이용한 양초, 집에서 말린 씨앗, 집에서 키운 식물

현금

- 늘 고마워하고 온전히 재사용 가능한 선물은 현금이다. 온라인에서 종이 접기 방법을 찾아보면 지폐를 각종 모양으로 접는 방법을 배울 수 있고, 돈을 어떻게 썼으면 좋겠다는 힌트를 줄 수도 있다. '반지 안의 동전'다이아몬드 반지, 고양이, 드레스, 셔츠, 비행기, 또는 화장실 등등. 이런 종이접기 기술은 분명 받는 사람을 감탄하게 할 것이다.
- 사람들이 뿌듯해하는 선물은 기부금 카드다. 주는 사람이 원하는 액수의 전자 상품권을 구매하고, 받은 사람이 자선단체를(선택할 수 있는 단체는 많다) 골라 기부할 수 있는 곳 JustGive.org도 있다.

: : 중고품

받는 이에게 중고품 선물이라고 말하기 부끄럽다면, 그냥 '빈티지'라

는 표현을 쓰자. 본질적으로는 같은 뜻이지만, '빈티지'는 좀 더 매력적인 어감이 있다.

집에서 찾기

터부를 극복하자. 선물을 재포장하거나 이미 갖고 있던 물건을 선물하는 것은 받을 사람에게 그 물건이 필요하고 고마워할 것이 확실하다면 전혀 잘못된 일이 아니다. 당신이 사용하지 않거나 기증하려고 빼둔 물건을 자원으로 여기자. 집에서 찾기는 시간과 돈을 절약할 뿐만 아니라 생태학적으로 건전한(그리고 세계 많은 곳에서 인정되는) 관행이다.

중고품 구매

중고 가게, 차고 세일, 벼룩시장, 위탁판매점, 크레이그리스트, 프리사이클, 플레이 잇 어게인 스포츠, 이베이 등은 책이나 운동용품 같은 특정 물품을 찾기에 좋은 곳이다. 이베이 상품을 검색할 때는 검색 옵션에서 '중고'에 체크하고, 구매할 때 종이나 마분지 포장을 요청하고, 가능하다면 일반 배송으로 받는다.

: : 새것 사기

새것을 사는 것은 쓰레기 제로를 실천하는 중 가장 마지막 선택안이지만, 가끔 중고품을 구할 수 없을 때는 달리 어쩔 수 없다. 내구성이 좋고, 재사용 가능하며, 지속가능한 소재로 지속가능한 방법을 통해 지역에서 만들어졌고, 최소한으로 포장했거나 가능하면 아예 비포장인 제품을 찾자면(으악. 규칙이 너무 많다) 중고품을 사는 게 훨씬 더 쉽다. 환경친화적인 상품이 요즘 엄청 유행이고 괜찮은 선물이지만, 그 선물이 정말로 필요하고 원할 때에만 해당된다. 아니라면 잡동사니와 자원 낭비가 될 뿐이다. 이미 스테인리스 보온병을 갖고 있는 사람에게 다시 그걸 선물하거나, 받는 이가 이미 갖고 있는 물품과 같은 종류의 재활용 소재 제품을 선물해봐야 소용없다. 재사용 보온병이나 장바구니 같은 뻔한 선택안을 제외하고, 가족간의 유대감을 키우는 보드게임, 채집 안내서, 천으로 만든 선물 봉지, 건전지 충전기 등을 선물해보자.

: : 사전 방지

쓰레기 제로는 집 밖에서 시작하며 사전 방지에 많이 의존한다. 선물받는 문제에 대해선 여기 가이드라인이 있다.

• 선물을 주고받는 대상에게 당신은 쓰레기 제로 원칙을 따르고 있으며 물건보다 체험을 선호한다고 알린다.
• 타이밍이 관건이다. 상대가 힘들여 당신 선물을 구입하거나 모으기 전에 알리자. 아이들에게는 파티 기념품을 그 자리에서 거절하기보단 앞서 주최 측에 알려두는 것이 편하다.

- 선물 주는 사람들^{조부모, 친구 부모}에게 위에 언급된 것 같은 구체적인 선물의 예를 알려준다. 극장, 지역 아이스크림 가게, 아이튠즈, 디지털 (플라스틱 카드가 아니라) 등의 쉽고 저렴한 상품권은 늘 환영이다.

: : 선물 포장

쓰레기 제로 선물은 제대로 된 포장 없이는 완성되지 않는다. 당연히, 가장 쓰레기 적은 포장은 전혀 하지 않는 것이지만, 깜짝 선물을 하고 싶다면 일반적인 선물 포장지 대신 이러한 대안을 고려해보자.

- 재사용 가능한 선물 봉투를 구입하거나 천조각^{시트, 셔츠, 청바지, 주머니 등}으로 만든다. 짝 없는 양말을 상품권 파우치로, 베개 커버를 커다란 선물 포장으로 쓸 수도 있다. 이런 포장은 받는 이로 하여금 당신의 선물 봉투를 재사용하고 기성품 포장지를 사지 않도록 이끌 것이다. 끈이나 리본이 달린 것으로 고르거나 만들어 따로 리본이 돌아다닐 일이 없도록 하자.
- 보자기(나는 가로세로 70센티미터가 제일 다양하게 쓸 수 있었다)를 구입하거나 사서 선물을 솜씨좋게 포장한다. 시트, 커튼, 사리^{인도 전통 의상-옮긴이}는 직접 보자기를 만들기에 훌륭한 소재다. 아래는 내가 제일 좋아하는 병 포장법이다. 이 포장 기술은 정교한 매듭과 말아넣기 덕분에 따로 리본으로 묶을 필요가 없다. 포장법을 넣은 종이를 동봉하거나 받는 이에게 시범을 보여주어 재사용할 수 있게 하자.

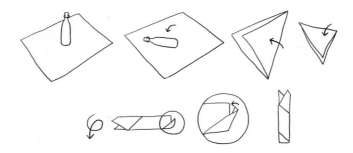

- 선물로 선물을 포장한다. 티셔츠, 스웨터, 주방타월은 거의 무엇이든 쌀 수 있으며 선물과 포장 두 가지 구실을 한다. 쓰기엔 너무 예뻐서 빼놓은 주방타월을 쓰는 것을 고려해보자.

- 앞서 실은 포장 대체품이 없다면 이미 갖고 있는 것을 재사용하자. 받은 선물을 쌌던 포장지, 재활용품함에서 꺼낸 종이(아이들이 거기에 그림을 그려줄 수 있을 것이다), 아이들 그림, 신문 오려낸 것(아직 신문 구독을 한다면), 발송 용품상자, 갈색 종이, 또는 뒤집은 봉투. 포장만 제대로 한다면 테이프는 필요없다. 노끈, 실, 천연 소재 천조각은 포장지를 고정시키는 데 쓸 수 있으며, 받은 사람이 다시 사용할 수도 있고 더 이상 쓸 수 없게 되면 퇴비화할 수도 있다.

- 꼭 필요할 때만 선물에 라벨을 붙인다. 생일파티나 결혼식에 간다면, 받는 이의 이름을 쓸 필요가 없다. 크리스마스에는 라벨이 선물이 엉뚱한 사람에게 가지 않도록 막아준다. 이 경우엔, 받는 이의 이름을 수용성 펜으로 포장 위에 곧장 쓴다. 그 외엔 나뭇잎 또는 무엇이든 재활용함에 든 것을 작은 직사각형 모양으로 잘라 선물용 꼬리표를 만든다.

chapter
09

외식과
외출에서의
쓰레기 제로는
사회를 서서히
바꿀 수 있다

쓰레기 제로 생활방식은 집 바깥까지 확장될 수 있고, 또한 그래야만 한다. 금방 깨닫게 되겠지만, 집 밖에서 쓰레기를 방지하는 방법은 집 안에서 적용되는 규칙과 매우 유사하다. 결국은 한 가지의 흔한 원칙으로 집약된다. 사전 예방 조치.

물론 인생은 놀라움으로 가득하며, 쓰레기 제로 원칙으로 분위기 깨고 싶지 않은 예측 못한 일들과 예정에는 없던 사건들이 벌어지곤 한다. 하지만 미리 어떤 활동을 할지 인지하고 있다면, 그 정보를 이용하여 쓰레기 가능성을 가늠하고 그에 따라 행동할 수 있다. 집을 나서기 전에 하루 일정을 고려해보자.

카페 가는 길에 커피 텀블러를 챙기고, 하이킹 갈 때는 재사용 가능한 물통을, 미술·맥주·거리 축제에는 마실 잔을 가지고 간다. 지역 포트럭 파티나 팬케이크 자선 모임에 참석할 계획이라면 접시를 챙겨가자. 마트나 직거래 장터에서 시식을 할 참이라면 재사용 가능한 이쑤시개를 가져간다. 자기 것 챙겨오기는 미리 생각을 해야 하고, 간혹 괜한 수고를 한 셈이 될 수도 있다. 예를 들어, 몇몇 커피숍은 도자기 잔을 내준다. 하지만 대부분의 경우, 이러한 사소한 행동으로 소중한 자원이 버려지지 않게 방지할 수 있다. 짜증내고 실망하기보다는 준비해두었다가 허탕 치는 의외의 반전이 낫다.

자원 절약 노력의 연장 외에, 쓰레기 제로를 집 밖에서 실천하는 것은 당신의 지식을 식구들 외의 사람들과 나누고 어쩌면 남들에게 동기를 부여하는 값진 기회가 될 수도 있다.

외식

쓰레기 제로 생활방식은 슬로푸드 운동과 많은 가치를 공유한다. 가
정식을 요리하고 가능하게 하는 방법들을 환영하며, 가정식은 대부
분의 식당보다 들어가는 재료가 더 건강에 좋고 덜 낭비가 된다(원산
지, 포장, 분량 조절, 남은 음식 면에서). 그러므로 식당에서 먹는 횟수는
줄어들겠지만 밖에서 먹는 횟수가 줄어든다는 뜻은 아니다. 좀 더 자
주 소풍을 갈 수도 있으니까.

: : 식당과 포장

작년에 가족 비밀 활동의 일환으로 우리는 아이들이 아직 경험해보
지 않은 외식 스타일인 한국식 바비큐 식당에 갔다. 우리 네 명은 불
판 식탁에 둘러앉아 긴 메뉴를 들여다보며, 결정을 내리지 못하고 있
었다. 상냥한 직원의 조언을 따라 우리는 4인분 정도라는 '디너 스
페셜'을 골랐다. 식탁에 채 놓지도 못할 만큼 넘쳐나는 고기와 생선
그리고 채소가 나오자, 우리가 한 자리에서 먹을 수 있는 양 이상으
로 시킨 것이 분명해졌다. 식당에서 남은 음식을 싸주는 플라스틱 통
을 쓰지 않으려고, 우리는 앞에 놓인 음식이 버려지지 않게 다 뱃속
에 쑤셔 넣으려고 했다. 퇴비화 가능한 물품음식이 버려지지 않게 막
겠다고 일회용 용기를 받아든다는 건 말도 안 되는 일이었다. 그런
다고 우리의 판단 착오나 재사용 용기를 가져오지 않은 실수를 만회

할 순 없었다.

　양념 돼지고기를 한입 떠먹는 사이 내 머릿속엔 복잡한 생각이 소용돌이쳤다. 만족스러운 정도를 넘어 무리하는 게 정말로 '음식 절약'이라고 할 수 있을까? 용기를 집에 가져가지 않겠다고 체하도록 먹는 게 가치 있는 행동일까? 완전히 배가 빵빵하게 차자, 나는 나머지는 포장해주겠다는 여직원의 제의에 넘어가고 말았다. 생태학 논의를 벌이기엔 속이 너무 거북해서 나는 그냥 "플라스틱은 말고요. 알레르기가 있어요."라고 해버렸다. 비록 그런 알레르기는 전혀 들어보지 못했겠지만, 직원은 선선히 받아들이고(아마 자원 보존에 대한 설명보다 이쪽을 더 잘 납득했을 것이다) 대신 호일을 집어들었다. 이상적이진 않지만 플라스틱보단 낫다. 어쩌면 좀 더 솔직히 플라스틱 용기를 원하지 않는 이유를 설명했어야 했는지도 모른다. 그럼 식당 주인이 식당 관행을 바꿀 수도 혹은 아닐 수도 있겠지. 아무튼 간에, 효과적인 방책이었다. 뭐니 뭐니 해도 식당에서 손님의 건강 상태에 대해 반박하기란 사실상 불가능하니까. 여기에 식당에서 외식을 할 경우 고려해볼 만한 사항들이 있다.

• 쇼핑은 투표이며 외식 역시 투표이다. 지속가능성을 염두에 둔 행동을 실천하고, 지역에서 재배된 유기농 재료를 쓰는 식당을 이용하자. 쓰레기 줄이기 노력을 지지하는 식당을 자주 가고, 그러지 않은 곳은 불매하자. 서두르면 쓰레기가 생긴다. 일반적으로 패스트 푸드점이 더 많은 쓰레기를 만들어낸다.

- 음식 남기기를 삼간다. 먹을 수 있는 만큼만 시키자. 양이 많이 나온 걸 나눠먹거나, 프랑스식 분량의 사람 수대로 시킨다. 프랑스에선 1인분 양이 먹고 남을 만큼이 아니기 때문에 남은 음식 싸가는 일이 없다. 해피 아워, 타파스 스페인 요리에서의 에피타이저 개념-옮긴이, 일식은 같은 식의 쓰레기 줄이기 전략을 쓴다. 개별 요리의 분량이 적고, 일반적으로 나눠 먹게 나오며, 필요한 만큼 주문할 수 있다.
- 소스나 조미료도 필요한 것만 쓴다. 공짜라고 해서 생산에 자원이 소모되지 않는다는 뜻은 아니다.
- 물이 필요하지 않으면 잔을 뒤집어놓는다. 그리하여 공연히 다시 물을 채우지 않게끔 하자.

식당에서 남은 음식을 싸가게 되었거나 포장 주문할 때는 이런 방법을 고려해보자.

- 집에서 그릇을 가져간다. 우리는 이럴 경우를 위해 차에 유리병을 두고 있다.
- 혹시 그릇을 깜박했을 경우 파라핀지, 마분지, 알루미늄을 쓰자. 종종 그냥 종이냅킨이나 깨끗한 손수건으로도 가능하다.
- 스티로폼은 절대 거절한다. 알레르기가 있다고 설명할 수도 있다. 스티로폼의 제조와 폐기는 환경에 해로울 뿐만 아니라, 화학물질이 우리 음식에 들어가 건강에 악영향을 미친다.

식당에서 고객들은 과도한 음식과 용기 쓰레기뿐만 아니라 낭비되는 식당 용품도 접하게 된다. 이러한 지속가능성을 염두에 두지 않은 관행은 요식 업계 전반에 퍼져 있다. 누구나 예측 가능한 패스트푸드점에만 국한되어 있지 않다. 비록 인류는 최근까지 이런 일회용품을 쓰지 않았으나, 오늘날 우리 대부분은 믹스된 음료에 젓는 플라스틱 막대와 종이냅킨, 피자 상자에는 고정핀, 샌드위치에는 깃발 이쑤시개, 아이스크림콘은 겉포장지, 카페테리아 쟁반에는 위에 까는 광고지, 조개 요리에는 일회용 물티슈, 포장 샌드위치에는 냅킨 한 묶음과 소스 봉지들이 당연히 딸려오리라 여기게 되었다. 이러한 추가 물품들이 식사 기분을 더욱 좋게 할까? 환경 면에서의 영향을 생각하면 난 슬픔이 밀려온다.

주문할 때면 요리에 무슨 재료가 들어갔는지 흔히 묻는다. 이런 질문도 말이 되지 않는 것은 아니다. 어떤 식으로 나오나요? 일회용품은 무엇을 쓰지요? 물잔에 빨대 꽂아서 나와요? 전 필요 없거든요.

사전에 생각하여 주문할 때 이러한 일회용품을 미리 거절하여 우리의 영향력을 극대화하고 쓰레기를 줄일 수 있다. 하지만 그래도 일회용품이 외식 때 파고 들어온다면, 식당 주인에게 재사용 가능한 대체품 사용이나 그냥 사용하지 않는 쪽을 제안하고 경제적으로 이득임을 알려준다. 우리 소비자들이 행동에 더 많이 나설수록, 더 빨리 이런 일회용품을 단계적으로 몰아낼 수 있다.

: : 소풍

쓰레기 제로 생활방식에서 영감을 얻어 우리는 밖에서 시간을 보내며 자연과 교감하게 되었고, 자연스럽게 자주 소풍을 가게 되었다. 소풍은 우리에게 비할 데 없는 기회가 된다. 집의 압박에서 벗어나 맑은 공기를 마시고, 비타민 D를 흡수한다. 주중에는 기분 전환 휴식이 되고, 주말에는 친구들과 어울릴 핑계가 된다. 손님맞이를 위해 청소할 필요가 없다. 자연은 놀기에 완벽한 곳이다. 아이들은 전자기기 놀이에서 벗어나 뛰어다닐 수 있고 창의적인 방법을 궁리하여 시간을 보낼 수 있다.

소풍은 저렴하며 건강에 좋고 쓰레기 제로 원칙을 실행하기 쉽다. 이 책의 전반부에서 다룬 장보기 방법을 적용하고 있다면 말이다. 언제든지 짐을 꾸려 나설 수 있게 우리는 소풍 가방에다 다음 물품들을 넣어 찬장에 두고 있다. 식구 수대로 깨지지 않는 접시, 컵, 냅킨으로 싼 대나무 수저. 우리는 이 소풍 세트를 뷔페나 캠핑 여행 그리고 비행기 탈 때도 가져간다.

음식을 준비해서 가져간다면, 보자기로 다음과 같은 방법으로 싼다(나는 포트럭 파티에 음식을 가져갈 때도 이 방법을 쓴다).

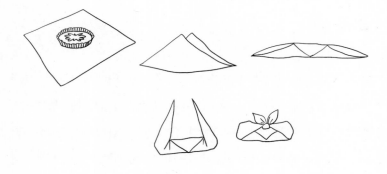

캠핑

...

우리는 자연을 우리에게 속한 소유물로 여기고 함부로 한다. 우리가 자연에 속해 있다고 여긴다면 사랑과 존중을 갖고 대하게 될 것이다.

_알도 레오폴드의 「모래 군의 열두 달」에서

캠핑이 누구에게나 맞는 것은 아니다. 불편함과 흙먼지는 많은 이들에게 큰 장벽이고, 내 시어머니와 할머니에게도 그렇다. 하지만 약간의 불편함을 넘길 수 있는 사람들에게 야외 모험은 많은 장점이 있다.

경제적, 생태학적, 아니면 간소함 중 어느 면에서 쓰레기 제로에 끌렸든 간에, 캠핑은 이 생활방식의 많은 측면을 예시로 보여주며 실행으로 옮긴다.

캠핑은 생활 리듬의 변화와 덜 소유한 삶을 경험할 기회를 제공한다. 현대적 편의시설을 빼앗아가고 진짜 필수품은 전부 합해봐야 자동차 트렁크나 배낭에 다 들어간다는 사실을 분명하게 보여준다. 물건이나 습관에 대한 우리의 집착을 재평가해볼 시험 무대이다. 위대한 대자연 속에서 청결에 대한 기준을 느슨하게 하고 흙먼지도 자연의 일부이며, 물을 아껴야 하고, 샤워, 이닦기, 화장은 생존이라는 넓은 관점에서 보면 필수적이지 않다는 사실을 받아들이게 된다. 일시적으로 이러한 사치를 포기함으로써 문명 세계로 돌아왔을 때 더욱 그 고마움을 느낀다.

캠핑은 또한 단란함을 이끌어내고 가족의 유대감을 높이는 멋진 활동이다. 텐트를 세우고, 물을 가져오고, 음식을 장만하고, 설거지를 하다 보면 종종 협동의 기회가 생긴다. 그리고 축구, 음악, 카드, 수수께끼 등을 할 시간이 생긴다. 우리의 일상생활에서 이렇게 팀을 짜서 놀 기회는 드물다. 캠핑을 하는 동안 가족 사이를 갈라놓던 벽이 사라지고, 단란함이 깃들 자리가 생겨난다. 캠핑은 부모가 아이들에게 자연에 대한 존중과 불 피우기, 낚시, 채집, 목공 같은 생존기술을 가르칠 이상적인 방법이다.

캠핑의 가장 중요한 측면은 우리가 환경과 직접 접할 수 있게 된다는 것이다. 너구리와 토끼들의 세계에 합류하게 되어 땅다람쥐가 굴을 파는 것을 지켜보고, 밤에 코요테 울부짖는 소리를 듣고, 흉내지빠귀 지저귀는 소리에 깨어나면, '우리가 자연에 속해 있음을' 알 수 있게 된다.

안타깝게도 캠핑은 바뀌었다. 얼마 전까지만 해도 캠핑지 개수대에는 저녁식사를 마친 사람들이 설거지를 하려고 줄을 서곤 했다. 나는 다른 사람들보다 앞서 개수대에 가려고 안달복달했던 기억이 난다. 하지만 요즘엔 일회용 그릇과 물통이 재사용 가능한 물품을 대체했다. 개수대에서의 대화 대신에 넘쳐나는 쓰레기통이 그 자리에 들어섰다. 캠핑은 자연환경을 즐기는 근사한 활동이지만, 쓰레기를 마구 만들어내는 캠핑은 자연을 존중할 줄 모르고 비상식적이며 모순적이다. 우리를 고맙게 받아들여준 자연의 중요성을 무시하는 것이다. 사랑과 존중을 갖고 대하도록 하자.

캠핑이 꼭 쓰레기를 마구 만들어내기만 하는 건 아니다. 간단한 예비조치를 통해 지속가능한 활동으로 만들 수 있다. 여기에 고려해볼 만한 아이디어 몇 가지가 있다.

: : 쓰레기 없는 캠핑 방법

• 음식 : 쇼핑용 재사용 용기잔, 병, 입구 넓은 병, 천 주머니에 넣어 와서 쓰레기를 줄인다. 소풍 도시락도 벌크 코너에서 구입할 수 있다. 트레일 믹스, 견과류, 육포(주류점에서 비포장으로 판다)는 천 주머니에 넣을 수 있고, 오트밀과 커리 렌틸콩 수프, 옥수수 차우더 수프, 칠리, 리프라이드 빈, 쪼갠 콩과 블랙빈 수프처럼 뜨거운 물을 넣으면 되는 건조 믹스도 마찬가지다.

• 물 : 일회용 마시는 샘물을 구매하기보다는 리필할 수 있는 용기를 가져간다. 배낭을 메고 떠나는 거라면 호수, 강, 눈을 녹인 물을 정

화할 수 있는 정수 필터를 가져간다.

- 닦기 : (그릇, 몸, 머리 등등을 닦을) 카스티야 비누 하나, 금속 수세미, 물기 닦을 행주 그리고 수건 하나면 사람과 그릇을 깨끗하게 하기에 충분하다. 또한 기름 묻은 그릇을 재로(재와 기름이 결합하면 원시적 비누가 만들어진다) 씻고 모래나 흙으로 문질러 닦을 수도 있다.

- 가스 : 비록 재생 불가능한 자원이기는 해도 가스는 나무나 석탄보다 깨끗하게 탄다. 그러나 빈 통이 남는다. 일회용 가스통을 쓰게 되어 있는 프로판 캠핑 스토브를 리필 가능한 가스 탱크(가스 바비큐에 쓰는 것 같은)에 적절한 연결 호스와 어댑터를 달아 쓸 수 있다. 또한 특수한 구리 연결기를 이용해 탱크 가스를 휴대용 가스통에 채울 수 있다.

- 나무 : 많은 공원이 땔감 모으는 것을 제한하고 있으니 집을 나서기 전에 장작을 구매한다. 미국에서는 많은 주립·국립 공원에서 랩 포장한 장작을 팔고 있으나, 공원 바깥 편의점에서는 종이상자나 노끈으로 묶어 팔고 있으며 더 저렴하다.

- 재활용 : 가끔은 아무리 자연보호를 위해 애써도 재활용품 몇 개가 남을 수 있다(와인이나 맥주병). 캠핑지에서 재활용하거나 집으로 가져오자. 휴대용 프로판 가스통은 재활용이 되지 않지만(안전상의 이유로 가져온다), 부탄 가스통은 가능하다. 빈 가스통은 재활용 전에 깡통따개를 이용해 바닥에 구멍을 뚫어 안전하게 만들어야 한다(부디 조심해서 실행하자. 통이 완전히 비었는지 확인한다).

- 퇴비화 : 가끔은 아무리 자연보호를 위해 애써도 퇴비화할 쓰레기

몇 개가 남을 수 있다^{달걀 껍질이나 오렌지 껍질 등}. 구덩이 묻기는 음식찌꺼기를 자연으로 돌려보내는 쉽고 편리한 방법이다. 그냥 30센티미터쯤 땅을 파서 분해되는 쓰레기들을 묻는다. 또한 여행 중에 퇴비함을 찾을 수 없을 때도 이 방법을 쓴다.

• 수리 : 폴대 하나 부러졌다고 텐트를 버리진 말자. 수리하거나 텐트 제조사에서 새 부품을 구할 수 있다.

: : 캠핑 용품 대체품

• 모기 기피제 : 식초를 스프레이로 뿌리거나 라벤더 꽃을 피부에 문지른다.

• 테이블 조명 : 태양열 램프는 훌륭하지만 중고품을 찾기 힘들다. 오래된 오일 램프에 식용유(올리브 오일이 악취가 없다)를 넣고 집에서 면 조각을 이용해 만든 심지를 꽂아 쓸 수도 있다.

• 불쏘시개 : 건조기 보푸라기^{또는 톱밥}를 달걀판 자른 컵에 채워넣고 녹인 밀랍, 남은 양초, 치즈 왁스로 봉해서 직접 만들어 쓴다.

• 방수 성냥 : 종이성냥 머리를 하나씩 녹인 왁스에 담근다(라이터 연료는 석유 기반 제품이니 리필 가능한 라이터보다 종이성냥이 더 낫다).

여행

내가 열여섯 살 때 저녁 모임에서 막 세계여행을 마치고 돌아온 커플을 만났다. 나는 귀를 쫑긋하고 그들의 이야기를 집중해 듣고 그들 마음에 들었던 나라, 음식, 사람들에 대해 물었다. 그날 밤, 나는 침대에 누워 천장을 올려다보며 그들의 이야기를 떠올리고 이국적인 곳을 배경으로 한 나의 모습을 상상했다. 사바나를 탐험하고 정글을 헤치는 나를. 코끼리를 토닥이고, 낙타를 타고, 상어와 다이빙하는 꿈을 꾸었다. 여행광의 탄생이었다.

　다행히 나는 세상을 발견하고자 하는 내 열망을 함께하는 남자와 결혼했고, 우리는 함께 여행에 대한 환상을 현실로 옮겼다. 우리의 어마어마한 꿈을 적은 예산에 맞게 다듬고 6개월간 세계를 여행했다. 우리는 짐을 꽉꽉 눌러 담은 커다란 배낭을 메고 떠났다. 더운 기후와 추운 기후에 맞는 옷들, 신발 여러 켤레, 책, 기타 잡다한 물품들이 우리의 어깨를 짓눌렀다. 인도에 들어서자 배낭은 우리의 양심도 짓눌렀다. 가혹한 가난 속에서 우리의 짐은 균형이 맞지 않고 장소에 어울리지 않아 보였다. 여분의 짐은 남 보기 민망한 사치품이 되었다. 우리는 가진 물건들 중 필수품만 남기고(입고 있는 옷, 갈아입을 옷, 수영복, 모자) 나머지는 감사에 찬 미소와 맞바꾸었다. 인생을 흥미롭게 하는 것은 소유가 아니라 경험임을 우리는 배웠다. 그 여행을 통해 우리는 눈을 떴고 전반적인 지식을 넓혔다. 먼 나라의 문화에 대한 선입견이 바뀌었고 인생에 대한 새로운 시각을 얻었다. 이후의 미술 작품과 쓰레기 제로 대

안 찾기에서 여행은 영감의 근원이 되었다.

비행기 여행의 생태학적 영향에 대해 무지할 때는 그것이 얼마나 즐겁고 마음 편한지 미처 의식하지 못했다.

: : 탄소 발자국

쓰레기 제로 생활방식은 긍정적인 측면이 가득하다. 금전적 절약, 시간 여유, 건강, 다용도 사용. 하지만 환경에 대한 의식이 깨어나면서, 여행을 좋아하는 사람이라면 큰 실망을 얻게 되는 부분이 하나 있을 것이다. 비행으로 인한 탄소 발자국.

항공 여행은 일상적이 되었고 점차 세계화되는 우리 사회에서 많은 인간관계가 거기에 의지하고 있다. 비행기를 타느냐 마느냐, 이건 개인에 달린 일이다. 내 경우에는, 외국 남자와 결혼하고 조국을 떠나 살고 있으며 그 결과를 받아들였다. 미국에서 살기로 정했을 때, 내 가족과 연락하기 위한 국제전화와 고국을 찾기 위한 항공 여행이라는 생활을 택한 것이다. 전화 통화만으로는 내 아이들이 프랑스어에 젖어들 수도, 우리 어머니가 손자들을 안아보고 뽀뽀해줄 수도 없었다. 내가 사는 동안 쓰레기 제로 생활방식을 고수해야겠지만, 또한 나도 내 가족을 만나야 하지 않은가. 항공 여행은 내 다문화 생활의 피할 수 없는 일부였다.

우리 모두는 지역적 한계와 개인의 필요 사이에서 지속가능한 균형을 찾아 실행할 책임이 있다. 탄소 상쇄carbon offset, 개인이나 기업이 이산화탄소 등의 온실가스 배출량을 줄이기 위해 노력하고 그 영향을 상쇄하기 위해 온실가스 절감 활동에 투자하는 등의 활동 – 옮긴이

는 환경에 해가 되는 여행의 영향을 보상하는 대안이 되지만, 근본적으로 여행 계획 전반에 탄소 절감이 적용되어야 한다.

- 여행 횟수를 줄인다. 화상 회의로 출장을 대체할 수 있다.
- 여행 거리를 줄인다. 근처 지역에 머물 수 있는가?
- 목적지까지 다른 교통수단을 고려해본다. 많은 나라에서 기차 여행이 항공 여행보다 더 빠르다.
- 꼭 비행기를 타야 한다면 직항을 택한다.
- 짐을 가볍게 싼다. 쓰레기 제로 옷장에서 다룬 요령을 이용하면 쉬울 것이다.
- 각종 편의시설에 걸어갈 수 있는 거리에 있는 중심 지역에 머무른다.

탄소 제로 비행이란 없지만, 여객기에서 나오는 쓰레기를 줄이기 위해 우리가 취할 수 있는 조치들은 있다.

: : 여객기 일회용품

여행의 흥분이나 출장의 스트레스가 우리의 에너지를 독점하는 사이("나는 달리 걱정할 일들이 많아"), 자원을 보존하자는 이상은 공항에서 뒤로 밀려나기 일쑤이다. 우리는 일회용품을 여행의 당연한 현실

로 받아들인다. 체크인하기 전 산 물통은 공항 보안검색대에서 버리고, 몇 분 후에 다시 샀다가, 탑승 직후 또 다른 걸로 교체하게 된다. 한 시간가량 동안 많은 물과 많은 플라스틱, 많은 쓰레기가 버려지는 것이다. 또 있다. 게이트의 넘쳐나는 쓰레기통, 화장실 카운터에 놓고 간 빈 음료수 통 그리고 대기하는 라운지 좌석에 버려진 신문과 잡지들. 항공기 승무원은 당신에게 음료수를 권하고, 1회 분량을 개봉하여 얼음 담은 플라스틱 컵에 따라서 종이냅킨과 함께 건네준다. 잠시 후 돌아와서는, 새로 주문을 받아 새 플라스틱 컵에 새 얼음을 넣고 따라서 새 종이냅킨과 준다. 비행하는 동안 당신이 쓴 컵들은 먹다 버린 스낵, 더러운 냅킨, 음식 포장지들과 합해진다.

집에서라면 재활용품의 운명은 많은 다양한 요소에 좌우된다. 제조업체, 소비자, 지자체, 수거업체, 재활용 업체의 열성과 연계 노력에 달려 있다. 하지만 항공기 도착지에서의 음식과 음료 용기, 손대지 않은 음식, 담요, 베개, 헤드폰, 잡지, 양말, 그리고 안대의 운명은 항공사, 공항, 세관 그리고 보건 및 보안국의 규칙과 규정에 따라 더욱 복잡해진다. 결국 재활용되는 것은 극소수다. 미국가자원보호위원회의 보고서에 따르면 "미국 항공산업은 매년 보잉 747기 쉰여덟 대를 만들 수 있는 분량의 알루미늄 캔과, 미식축구 경기장 넓이에 70미터 깊이의 구덩이를 채울 만큼의 신문과 잡지를 폐기한다."라고 한다. 불행히도, 쓰레기 문제는 많은 독립기관과 뒤얽히고 연관되어 있으며, 자원 보존 해결책을 고안해낼 협력은 거의 이루어지지 않고 있다. 하지만 기업과 정부 차원의 변화가 일어나기를 인내심을 갖고 기다리는 동안 소비자 즉 승객이 약간의 준비로 할 수 있는 일들이 많이 있다. 다음은 여객기의 쓰레기를 최소화하기 위해 챙겨갈 물품들이다.

- 재사용 가능한 스테인리스 스틸 휴대용 물통(뜨거운 음료를 마실 예정이라면 보온되는 것으로)
- 휴대폰에 딸린 이어폰
- 담요나 베개로 사용 가능한 어깨에 두르는 랩
- 천 주머니에 넣은 마른 간식
- 읽을거리 : 도서관에서 빌린 책, 전자책, 또는 지역 중고품 가게에서 사온 중고 잡지
- 검색대를 통과할 수 있도록 재사용 가능한 투명 방수 파우치에 넣은 세면도구(얇은 지퍼락 봉지보다 튼튼한 대체품을 구할 수 있다)

  장거리 비행이라면 다음 물품을 더한다.

- 병이나 스테인리스 스틸 용기에 든 요깃거리(또는 주방타월에 싼 샌드위치)
- 천 냅킨에 싼 소풍용 대나무 수저
- 선택안 : 베개(깔끔하게 말은 재킷을 대용으로 쓸 수 있다)

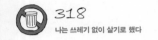

: : 여행 중의 장보기

일단 목적지에 도착하면, 집에서 실행하던 2장에 실린 원칙대로 쓰레기 제로 장보기를 할 수 있다. 어디로 여행을 가든 간에 다음 사항을 챙기자.

- 그 지역의 재활용과 퇴비화 가이드라인을 숙지한다.
- 지역 농산품을 사들일 수 있도록 직거래 장터 위치를 알아둔다.
- 미국과 캐나다 내에선 스마트폰 앱 '벌크'를 이용해 비포장 제품 판매처 위치를 파악한다.
- 농산품이나 번 빵처럼 마트에서 비포장으로 파는 상품을 찾아보자.
- 빵집이나 정육점처럼 한 품목만 다루는 가게를 찾아보자.
- 비행기에 갖고 탄 천 주머니와 유리병을 이용한다. 기본적으로 유리병에 담긴 물품을 사고 그 병을 비포장 상품을 사는 데 재사용한다.

그리고 가장 중요한 것, 여행을 즐기자.

: : 공동 소비에 동참하기

내 마음속 한구석에서는 비행의 영향에 대해 여전히 몰랐으면 싶긴 해도(모르는 게 약이다), 남편과 내가 진즉 알았더라면 좋았겠다 싶은 쓰레기 제로 여행의 한 가지 측면이 있다. 우리가 떠난 사이 집을 임

대해주는 것이다.

공동 소비 동참은 환경 면에서 그리고 금전 면에서 지극히 합리적이다. 한동안 사용하지 않고 두는 부동산을 다른 이들이 이용 가능하게 하는 것이다. 여행이란 측면에서, 이러한 '공유' 원칙은 자동차 렌트비와 집 맞바꾸기, 단기 임대비용을 뽑아낼 수 있다. 그리고 여행 계획에 사치스런 여유까지는 아니더라도 상당한 금전적 도움이 될 수 있다.

집 바꾸기가 공동 소비에 동참하는 쉬운 방법이기도 하지만, 우리는 단기로 집을 임대하면 바꿀 상대가 살고 있는 곳으로 여행지가 한정되지 않기 때문에 우리에게 더 많은 선택의 자유가 생긴다는 것을 알게 되었다. 이러한 단기 임대는 또한 호텔이나 당신 집보다 더 비용이 저렴한 다른 집을 임대할 경우 금전적 이득을 얻는다는 장점이 있다. 예를 들어, 당신이 캠핑을 한다면 짭짤한 대가를 챙길 수 있다.

우리 집을 임대한다는 아이디어는 남편이 낸 것이다. 그때 나는 천재적인 아이디어라고만 여겼지만, 이제와 보니 남편 나름의 물질로부터의 자유, 그것을 향한 의식이었던 모양이다. 세계여행과 이 책에 실은 많은 대안을 적용하면서, 우리는 물질적 소유와 거리를 두고 물건을 그냥 실용품으로 보는 방법을 천천히 익혀갔다. 이제 우리는 가구를 오래 쓰고 싶으니까 아끼기는 하지만, "내 침대가 좋아." 대신 "내 침대를 임대할 수 있어." 같은 표현이 자리잡았으며 우리 집을 '알지도 못하는 사람들'에게 개방한다는 것과 관련된 금기를 떨쳐버렸다. 우리에게는 임대 보증금이면 충분한 보장이 된다.

　　단기 임대에서 미니멀리즘이 결정적 요소는 아니지만, 자발적 간소함을 통해 우리는 자연스럽게 그 길을 향하게 되었고 집을 비우기가 쉬워졌다. 예를 들어, 얼마 안 되는 우리 개인 물품을 치우는 데는 15분밖에 걸리지 않는다. 우리 식구 각자의 작은 옷장 안에는 기내용 수트케이스가 포함되어 있다. 임대 일정이 잡히면, 우리는 가방을 꺼내 옷과 세면도구를 넣고 지퍼를 잠근 다음 문을 나선다. 그렇게 간단하다.

　　만약 이 책에 제시된 요령을 충실히 따른다면 당신 역시 집을 비울 때 쉽게 임대할 수 있을 것이다. 물론 준비가 필요하지만, 그런 노력을 할 만한 가치가 있다. 다음은 집을 비운 사이 임대하여 이윤을 얻기 위해 밟아야 할 열 가지 단계.

1. 우리 집에 올 다양한 사람들을 위해 라벨을 만든다. 예를 들어, 우리는 쓰레기통과 혼동되지 않도록 '퇴비용' 통에 라벨을 붙였다.
2. 당신의 '집 사용 안내서'를 타자 쳐서 인쇄한다. 냉난방, TV나 오디오 등의 전자기기 사용법에 대한 상세 설명, 연락처, 지역 지도 등. 우리는 쓰레기 제로 운영 조언을 안내서에 추가했다.
3. 관리인이나 친구에게 당신이 없는 동안 임대인을 환영해주고 혹시 발생할 수 있는 상황을 살펴 달라고 부탁한다.
4. 가사 관리 서비스에 의뢰하여 임대인이 바뀌면 (1)집을 청소하고 (2)침구 세탁을 해달라고 한다.
5. 집 열쇠를 복사한다.

6. 환한 햇빛에서 집 사진을 찍는다.

7. 임대 서비스를 하는 온라인 사이트^{VRBO.com이나 airbnb.com}에 등록한다.

8. 당신 집에 대한 매력적인 묘사를 쓰고 사진을 업로드한다.

9. 계약 양식을 작성한다.

10. 임대인들을 받는다. 어쩌면 당신 집의 소박함이 임대인들이 삶을
    바꾸게 되는 계기가 될 수도 있다.

　　참고로 관리업체에서 4~10까지의 단계를 관리비를 받고 대행해
주기도 한다.

외출을 위한 다섯 가지 R

• 거절하기 : 피자 고정핀, 식당 빨대 그리고 비행기 이어폰은 먼저
  나서서 거절한다.

• 줄이기 : 다른 선택안이 없을 때만 비행기를 이용한다.

• 재사용하기 : 호텔에 머물 때는 개인 샴푸와 컨디셔너를 가져간다.

• 재활용하기 : 캠핑 스토브의 부탄가스 통이 완전히 비면 구멍을 뚫
  어서 재활용할 수 있게 한다.

• 썩히기 : 캠핑이나 여행할 때 음식찌꺼기는 구덩이에 묻어서 퇴비
  화한다.

:

쓰레기 제로를 향한
사회적 참여는
환경 문제를
해결할 수 있다

이 책에서 다룬 요령들은 가정 전반의 쓰레기를 줄이고 나아가 쓰레기 제로로 향하는 것을 돕는 것을 목적으로 하고 있다. 아직 거기까진 가지 못했다 해도 좌절하진 말자. 쓰레기 제로 대안 도입이 하룻밤에 이루어지지는 않는다. 사실, 전체 과정은 이런 단계를 따를 가능성이 높다.

1단계 무지

환경 문제에 대해 아무런 의식 없이 과정을 시작한다. 마치 지구가 무한정한 자원을 내줄 것처럼, 당신 시간은 중요하지 않은 것처럼 살아가는 것이다. 나도 쓰레기봉투를 씌운 부엌 쓰레기통에 장봐온 비닐봉지를 막 쑤셔넣고, 나중에 집앞 쓰레기통에 갖다 던지던 때가 있었다. 지금 생각해보면 바보스럽지만, 그때는 다 정상적으로만 여겨졌다. 내 행동의 결과에 대해 전혀 생각하지 않았다.

2단계 인식

미디어나 본인의 개인적 관심을 통해 어느 정도의 환경 지식을 얻게 된다. 플라스틱이 건강과 환경에 미치는 영향을 의식하게 된다. 파라벤이나 BPA 같은 단어가 익숙해진다. 종이타월이 나무로 만들어진다는 것을 깨닫는다. 그리고 태평양의 거대 쓰레기 섬에 대해 듣게 될 수도 있다. '세상에! 어떻게 이런 일이 벌어질 수 있지?' 하고 생각한다. 새로 얻은 지식으로 인한 결과로는 세 가지 가능성이 있다. (1)현실부정에 이어 미래 세대에 미치는 영향 외면 (2)행동하지 않는 데 따른

환경 우울(말은 할지 몰라도 실천에 옮기지 않는다) (3)동기 부여를 얻어 실천에 옮김(변화를 가져오기로 결심한다). 당신이 이 책을 읽고 있다는 사실이 제일 마지막 길을 택했다는 의미이기를 바란다.

3단계 행동

행동에 나선다. 당신 자신을 위해서는 늦었을지 몰라도, 최소한 미래 세대를 위해서라도 환경 문제에 대해 뭔가 행동에 옮긴다. 당신 스케줄에 맞는 속도로, 한 번에 방 하나씩, 하루, 한 주, 한 달에 하나씩 이 책에 소개된 많은 대안들을 시험해본다. 재사용품을 쓰고, 벌크 제품 판매처를 찾고, 재료로 직접 음식을 만든다. 유리병에 든 음식이 비닐 포장된 것보다 더 근사하게 보이고 잡동사니를 줄이면 부엌이 치우기 쉬워진다는 사실을 알게 된다. 가끔은 장애물에 맞닥뜨리기도 하지만(예를 들어 비포장 제품을 찾을 수 없거나 상점에서 상품을 가져간 병에 담아주지 않으려 할 때), 어떤 변화든 환경과 건강, 당신 경제에 보탬이 된다는 사실을 기억하자. 자신의 페이스에 맞게 쓰레기 제로를 실행에 옮기는 것이 중요하다. 오늘은 그러기 위해 따로 시간을 내야 할지도 모르지만, 당신의 노력이 장래에 이득으로 돌아오리라는 것을 안다. 훌륭하게 시간을 투자한 셈이다.

4단계 고립

의식을 갖고 동기를 얻으면서 혼자 동떨어진 기분이 든다. 다른 사람들의 무심함이 곪은 상처처럼 신경에 거슬린다. 일회용 커피컵을 들고 다니는 사람들, 음식을 플라스틱 통에 담은 채 전자레인지에 돌리는 친구들, 종이냅킨에 돈을 낭비하는 식구가 눈에 들어온다. 왜 그들은 바뀌지 않는지 이해가 되지 않는다. 그들 역시 이 생활방식을 따랐으면 하고 바라게 된다. 그들에게 조언을 할지, 걱정되는 마음을 억눌러야 할지 매번 갈등이 된다. 보 베넷이 "좌절감은 때로 꽤나 고통스럽기는 하지만, 성공으로 나아가는 데 매우 긍정적이고 본질적인 요소이다."라고 현명하게 말했듯이, 당신이 견뎌내고 있는 비판에 대한 위안은 친구나 나의 홈페이지 포럼처럼 온라인상의 쓰레기 제로 커뮤니티에서 얻을 수 있다. 하지만 시간이 지나면서 세상에는 많은 선택이 있으며 나 자신이 무엇을 하는지가 중요하다는 것을 깨닫게 된다. 고개를 내젓는 사람들은 늘 있을 것이다. 예를 들어 어떤 사람들은 우리가 고기를 먹고 프랑스로 여행을 간다고 우리 가족의 노력이 충분하지 못하다고 한다. 또 어떤 사람들은 우리가 너무 지나치다고, 우리 생활방식이 비현실적이라거나 극단적이라고 한다. 내가 실제로 그렇게 살고 있는데 어떻게 비현실적이라고 할 수 있을까? 우리는 이렇게 하고 있는 것이 우리에게는 딱 적당하다고 믿음으로써 그러한 비판을 이겨내고 있다.

5단계 자신감

인내하는 자가 이긴다. 가족과 친구들이 점차 당신의 생활방식 변화를 받아들이면서 좌절감을 넘어서게 된다. 시간이 지남에 따라 당신 생활방식에서 지속가능한 방법은 수용하고, 아닌 것은 포기한다. 당신 가정에 맞는 전반적인 시스템을, 장기적으로 유지하기에 쉽고 간단한 시스템을 시행한다. 다섯 가지 R을 기준으로 결정을 내린다. 순서대로 거절하기, 줄이기, 재사용하기, 재활용하기, 썩히기가 습관이 될 것이다. 그러면 쓰레기 제로가 자동적으로 행해진다.

6단계 참여

이제 쓰레기 제로를 완전히 이해하고 당신 가정에 최적화시켰으니, 그 생활방식의 이점을 온전히 누릴 수 있다. 건강한 식생활, 금전 절약 그리고 환경 보호 노력에 대한 뿌듯함. 여유 시간에는 친구들과 모임을 갖고, 채소밭을 시작하고, 채집 수업을 들을 수 있다. 하지만 뭔가 더 하고 싶다는 갈망, 속한 커뮤니티에 보답하고, 개인을 넘어서 당신 노력을 좀 더 넓게 펼치고 싶고, 당신의 전문성을 더 넓은 사회에 베풀고 싶다고 갈망하게 될 것이다. (1)쓰레기 제로 생활방식의 홍보대사 되기 (2)당신의 의견을 전달하기 (3)솔선수범하기에 당신의 노력을 집중할 수 있다.

쓰레기 제로 홍보대사 되기

...

악이 승리하기 위해 필요한 것은 선한 사람들이 아무 일도 하지 않는 것이다.

_에드먼드 버크

일단 쓰레기 제로 생활방식을 도입하고 나면, 긍정적 시각을 통해 다른 이들에게 영감을 불어넣고 쓰레기 없는 대안을 받아들이도록 용기를 북돋아줄 수 있다. 쓰레기 제로 생활방식의 대사가 되려면, 그저 이 책에 소개된 제안들을 많이 받아들이기만 하면 된다. 또한 다음 것들을 고려해보자.

- 나의 '벌크' 앱에 장소를 추가한다.
- 소풍에 다른 사람들이 쓸 재사용품을 가져간다.
- 공동 소비에 동참한다. 다른 사람들이 내 자산을 사용할 수 있게 한다.
- 이 책을 친구나 지역 도서관에 기증한다.
- 쓰레기 문제에 대해 염려하는 지자체장에 투표한다.
- 쓰레기 제로 계획을 후원하는 자선단체에 기부금을 낸다.
- 시의회의 기후 변화 대책회의 등 쓰레기 관련 토론회에 참여한다.
- 쓰레기 제로를 지지하는 서비스 업체를 이용한다. 의류 커버를 재사용하는 세탁소, 천과 식초를 써서 청소하는 청소업체, 자연 방제를 하는 해충퇴치업체 등.
- 쓰레기 제로 계획을 지지하는 뮤추얼 펀드에 투자한다.
- 커뮤니티 내의 지속가능성 단체에 가입하여, 쓰레기 위원회에 들어간다.
- 긍정적 태도를 유지하고 쓰레기 제로 생활방식에 대해 좋은 유머 감각을 갖추도록 한다. 그 이점을 자랑하자.

- 머무른 곳은 왔을 때보다 깨끗하게 하고 떠나자. 캠핑, 하이킹, 해변, 개 산책 등지에서 주우면서 가도록 한다.
- 남는 것은 남들이 쓸 수 있게 한다. 중고 시장의 활성화에 기여한다.
- 같은 생각을 지닌 이들과 교류한다.
- 당신 집을 친환경 견학장으로 공개한다.
- 좋은 관행과 좋은 상품을 칭찬한다.
- 친구들 집의 잡동사니 정리를 도와주고, 동료들이 종이를 사용하지 않는 방법을 수용하도록 도와주자.
- 쓰레기 제로 계획을 지지하는 청원에 서명한다.
- 자녀 학교에 축하 관행 대안을 건의한다.
- 이미 자리잡은 환경친화적 프로그램을 이용한다. 대중교통수단, 도서관, 연장 대여 센터, 정원 교환종자나 묘목 등.
- 쓰레기 수거 등의 쓰레기 관련 이벤트에 자원봉사한다(지구의 날 등 환경단체가 연중 내내 계획을 짜고 있다).
- 장바구니나 유리병을 이용해 장을 보고, 증정품을 거절하고, 광고물 주소 목록에서 당신 이름을 빼고, 보자기로 싼 선물을 줄 때마다, 당신의 행동을 통해 쓰레기 제로에 대한 말이 퍼져나가고 다른 사람들이 당신의 본보기를 따르게 된다.
- 간디의 말을 인용 : "당신이 세상에서 보기를 바라는 변화, 스스로가 그 변화가 되어야 한다."

당신의 의견을 전달하기

...

시스템이 변화하기를 기다릴 수는 없다. 우리 개개인이 바로 시스템이다.

_콜린 베번의 「노 임팩트 맨」

쓰레기 제로 과정이 늘 순조롭기만 한 것은 아니다. 현재 자리잡은 관행을 고려하면, 중간중간 장벽에 부딪히고 지속불가능한 방식을 따르도록 강요당할 수 있다. 이러한 장애물이 짜증스럽긴 해도 공무원, 제조사, 공급자, 단체에 우리의 기분과 원하는 바를 알릴 꽝장한 기회가 된다. 이메일, 전화, 손편지를 통해 효율적으로 지속가능한 관행 도입이나 낭비적인 관행의 수정을 건의할 수 있다. 우리의 염려를 전달하는 것은 쓰레기 제로를 예방적 측면에서 지원할 뿐만 아니라 또한 우리 사회의 친환경화 진도에 적극적으로 참여하고 가속화시키는 일이다.

　동네에 벌크 판매점이 없다면? 일단 이 책에서 소개된 벌크와 무관한 많은 대안을 실천에 옮기면(불필요한 물건 거절하기, 소유물 줄이기, 재사용품 쓰기, 재활용, 퇴비화 등), 식품 가게에 비포장 제품을 팔라고 설득하는 데 당신의 에너지를 집중할 수 있다. 변화를 기다리지 말자. 변화를 요구하자. 지역 매장 주인에게 연락해서 현실에 옮겨보자. 벌크 제품을 안 판다는 핑계로 쓰레기 제로 생활방식을 외면하지 말자. 그것을 행동에 나설 이유로 삼자.

직거래 장터에서 비닐로 싸서 파는 꽃에 낙담했다면? 플로리스트에게 말하거나 코너 주인에게 연락하자. 많은 플로리스트들이 비닐 없이 꽃을 판매하고 있고, 꽃은 있는 그대로가 훨씬 더 아름다우며 판매량 증가와 비용 절감으로(포장지를 사지 않아도 되니까) 이어질 수 있다는 사실을 언급한다.

지역 식당을 좋아하지만 그곳의 일회용품이 마음에 들지 않는다면? 식당 주인에게 플라스틱 식기를 재사용 가능한 것으로, 종이냅킨을 천으로 된 것으로 바꾸자고 해보자. 식당이 더욱 근사해 보이고 그 결과 단골이 늘어나리라는 점을 강조한다.

: : 행동적 쓰레기 버리기

고객이 되느냐 마느냐는 현재 제조 관행에 대해 우리의 지지 또는 거부 의사를 밝히는 가장 훌륭한 수단이다. 하지만 단순히 구매나 실현이 가능한 다른 대체품이 없다는 이유로 자원 낭비나 포장이 심한 제품을 살 수밖에 없을 때에는 커뮤니케이션이 효율적인 대비책이다. 확실한 통계 자료가 있는 건 아니지만, 우리가 쓰레기 하나에 대해 행동에 나서 그 제조사로 돌려보낸다면 그것이 환경에 미치는 부정적 영향을 상쇄할 수 있다고 나는 믿는다. 무대응이 쓰레기를 허용하고 지속되게 만든다면, 행동은 변화를 이끌어낼 수 있다. 건의 편지와 함께 그것을 되돌려 보낸다면 제조사에 당신의 열의를 보이고 그냥 편지만 보내는 것보다 당신 의사를 더 강하게 전달하는 방법이

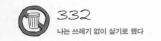
된다. 그런 쓰레기 처리가 바로 내가 '행동적 쓰레기 버리기'라고 하는 것이다.

예전이라면 우리는 같은 쓰레기를 번번이 '버리고' 말았겠지만, 이제는 1리터들이 쓰레기통이나 재활용함에 들어가는 것이라면 무엇이든 이후 행동 대상이다. 예를 들어, 나는 플라스틱 뚜껑을 우유 회사에 보내며 우유 병에 젖히는 뚜껑을 달자고 제안했고, 플라스틱 코르크는 질 좋은 적정 가격대의 와이너리에 돌려보내며 다른 코르크 대체품을 쓰자고 건의했다. 이 행동적 쓰레기 버리기를 실행하기 위해 든 추가 연료는 그만한 가치가 있었다고 생각한다. 내 자동차 보험사는 코팅 명함을 판지로 교체했으며, 아이들 학교는 연락처 명단을 종이에서 디지털로 바꾸었고, 세계적 화장품 브랜드는 플라스틱 포장재를 종이로 바꾸었다.

:: 건의 편지 쓰는 방법

환경에 대한 당신의 염려나 생활방식 신념을 주절주절 나열할 필요는 없다. 편지는 짧고 간결하게, 표현은 요령 있고 예의바르게, 내용은 외교적이고 희망적으로 쓴다. 간단히 말하자면, 당신 자신이 받고 마음에 들 만한 편지를 쓴다.

• 감사 인사로 시작한다. 해당 기업에 대한 감사의 뜻을 표명한다. 제품 또는 서비스의 효율성, 적정 가격, 또는 구하기 쉽다는 점 등.

- 현재 채택한 관행을 이해한다는 것을 보여준다.
- 문제를 명시한다.
- 건설적 해결책을 세 가지 정도까지 제시한다.
- 당신의 해결책을 실제 예를 들어 보강한다. 다른 기업들이 같은 문제를 어떻게 처리하는가 하는 식으로.
- 변화가 어떻게 그 기업에 이익이 될지를 언급하고, 경제적 이익에 집중한다.
- 긍정적인 표현으로 품위 있게 마무리 짓는다.

솔선수범하기

우리 사회가 쓰레기 제로를 수용하기까지는 갈 길이 멀다. 하지만 그때까지 당신은 새로운 인식을 하면서 조직 면에서의 결함, 교육적 필요 또는 지자체 규정 차이 등에 시선이 가게 될지도 모른다. 당신의 전문 지식과 개인적 신념이 더 큰 공공의 이익을 가져올 수 있다. 비영리적 수고란 형태이든 영리적이든 간에 미래는 많은 기회를 품고 있다. 가능성을 제한하는 것은 오직 당신의 상상력뿐이다. 만약 마음을 먹는다면 무엇이든 이룰 수 있다! 여기에 생각해볼 몇몇 아이디어가 있다.

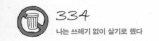
당신의 조직화 기술을 발휘한다

거리 청소, 할로윈 의상 교환, 또는 전자폐기물 수집 이벤트 같은 쓰레기 제로 활동을 조직화한다. 만약 지역에 공동구매 클럽이나 지속가능성 모임이 없다면 당신이 직접 시작하자. 이미 성공적임이 증명된 단체의 지역 지부를 만들자. 이러한 비영리조직으로부터 배움을 얻자. 학년말 대학 캠퍼스에서 값나가는 물품을 모아들여, 가을에 팔고 그 수익을 자선단체에 기부하는 덤프&런Dump&Run, 재활용품을 모아들여 건진 이윤으로 장학금을 대는 캔즈 포 키즈Cans for Kids, 일반 원예가들이 서로 과일과 씨앗을 교환하고 어려운 사람들을 위해 남는 농작물을 수확하는 활동을 하는 마린 오픈 가든 프로젝트Marin Open Garden Project 등.

당신의 살림 기술을 알려준다

이 책에 소개된 쓰레기 제로 대안이나 당신만의 채집, 퇴비화, 목공, 병조림, 바느질, 남은 음식으로 요리하기 등에 관해 워크숍을 열어 가르칠 수 있다. 만약 성인을 가르친다는 게 겁이 난다면 학교나 방과 후 학교 프로그램에서 아이들부터 가르쳐본다.

민주적 절차에 참여한다

문제에 대한 의식을 고조시키자. 낭비 심한 관행이나 법에 반대하는 청원을 시작하자. 법을 바꾸기 위해선 당신이 바꾸고 싶은 법률 적용 실제 사례를 찾고, 비슷한 생각을 가진 개인이나 단체의 협력을 구해, 체인지Change.org 같은 웹사이트에서 서명을 받은 뒤, 관계 기관에 연

락을 취한다. 지방 시의회의원, 카운티 감독관, 주의회의원, 국회의원
등. 꼭 해야 한다면 사무실로 달려간다.

당신 내면의 사업가 기질을 활용한다

쓰레기 제로 사업 계획을 회사에 건의하거나 커리어를 바꿔 작은 사
업을 시작한다. 거절하기, 줄이기, 재사용하기, 재활용하기 또는 썩히
기를 촉진하거나 시행하는 상업 프로그램이나 상품을 만든다.

　각 개인의 행로가 그 현실 적용에서 다를 수는 있겠지만, 이 의미
있는 변화를 만들기 위해선 우리 모두의 능력과 힘이 필요하다. 쓰레
기 제로는 우리에게 놀라움을 가져다준다. 이 생활방식을 통해 자신
의 어떤 점을 발견하게 될지는 아무도 모른다.

　내 경우에는, 건강한 식생활을 시작했고, 금전 면에서 절약하였으
며, 가족과 자원봉사할 시간을 얻게 되고, 기념일의 의미를 더 느끼
고, 다른 이들에 대해 관대해졌으며, 사는 지역의 식품점에서 벌크 상
품을 구매하여 살림을 꾸려가고, 여행하는 동안 우리 집을 임대하면
서, 블로그를 통해 환상적이고 따뜻한 커뮤니티를 꾸려가게 될 줄은
전혀 예상치 못했다.

　쓰레기 제로 생활방식은 남편과 나를 변화시켜 집 밖으로 노력을
넓히고 커리어를 바꾸게 했다. 남편이 일을 통해 비즈니스 세계를 변
화시키는 데 초점을 맞춘 반면, 나는 생활방식에 대한 의식 고취와 컨
설팅 사업을 통해 쓰레기 제로 실천을 한 가정씩 전파하는 것을 목적

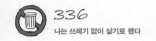
으로 했다. 그리고 이 책을 통해서! 아직 배우고 찾아봐야 할 것이 많
지만, 쓰레기 제로는 당신의 인생을 더 근사하게 바꿔놓을 수 있다고
나는 단언할 수 있다.

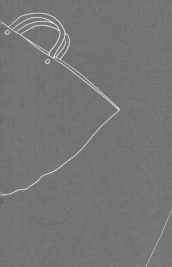

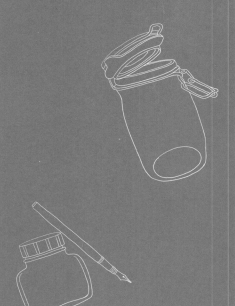

Chapter
11

⋮

쓰레기 제로의 미래는 어떨까?

...

심지 깊은 소수의 열성 시민들이 세상을 바꿀 수 있다는 사실을 결코 의심하지 말라. 그것이야말로 지금까지 세계를 바꿔온 힘이다.

_마거릿 미드

쓰레기 제로가 삶의 즐거움을 빼앗아가는 것이 아니라 진정 중요한 것들을 위한 자리를 만들어준다는 사실을 사람들이 이해하기까지는 시간이 걸린다. 작은 가정 하나조차 쓰레기 제로 방법을 실천에 옮기는 데 시간이 걸린다면, 사회 전체적으로 받아들이기까지는, 혹은 선입견을 뛰어넘고 그 경제적 가능성을 깨닫기까지는 꽤 시간이 걸릴 것이다.

오늘날 쓰레기 제로는 쓰레기 관리 전략으로 여겨진다. 미래에는 경제적 기회로 대우받을 것이다. 폐기물은 혐오와 죄책감, 망설임을 불러일으키지 않고, 마땅히 대접받아야 하는 값진 자원으로 여겨질 것이다. 오늘날 쓰레기는 계획, 의도, 사회기반시설의 부족을 뜻한다. 하지만 미래에는 명료한 처분이 따르고 지혜로운 자원 관리 능력을 반영할 것이다.

나는 가끔 이런 말을 듣는다.

"모두 당신처럼 살았다가는 우리 경제는 붕괴할 거예요."

하지만 실은 현재의 진로를 바꾸지 않는다면 우리는 완전한 붕괴를 향해 치달을 것이다. 만약 우리 모두가 진심으로 쓰레기 제로 대안을 수용한다면 세상은 정말 어떻게 변할까?

모든 가정이 천 주머니, 유리병, 장바구니를 들고 장을 보러 갈 것이다. 슈퍼마켓에선 통이나 디스펜서에 든 비포장 상품만을 팔 것이며, 와인도 마찬가지일 것이다. 집의 식품 선반, 냉장고, 냉동고에는 유리병이 들어찰 테고, 투명하게 들여다보이는 그 내용물이 퇴비함으로 들어갈 일은 드물 것이다. 화장실 변기에는 다이슨 기술을 이용한 건조기가 딸린 비데가 설치될 것이다. 물질적 과잉은 부의 상징이 아니라 생각 없는 행동의 표시로 여겨질 것이다. 물질적 증정은 자원 낭비로 여겨지고, 고로 윤리적으로 수용할 수 없는 행위로 여겨질 테니 애초에 거절할 필요도 없을 것이다. 튼튼한 중고 물건들이 자리 잡아, 사람들은 자신의 물건을 함께 쓰고 덜 소유하는 삶을 배울 것이다.

우리의 건강 또한 개선될 것이다. 전반적으로 합성물질과 정크푸드 소비를 줄이고 먼지를 발생시키는 물품을 덜 소유하게 됨에 따라 암, 당뇨병, 천식 환자 비율이 줄어들 것이다. 덜 소유하는 삶은 성인 만성 피로를 덜어주고(고생하던 이들이 내 블로그에서 증언했듯이), 주의력 부족, 수면 장애, 각종 스트레스 관련 감정 증상을 지니고 있던 아이들에게 도움이 될 것이다. 킴 존 페인은 이러한 문제를 그의 책 『내 아이를 망치는 과잉육아』에서 잘 다루었다.

쓰레기 제로는 학교 커리큘럼에 포함될 것이다. 초등학교에선 어디에서 재료가 나오며, 버려졌을 때 어떻게 되는지가 교육될 것이다. 지역 재활용·퇴비화 시설 견학도 즐겨 갈지 모른다. 가정 경제학(요즘에는 '가족과 소비자학'이라고 불린다)이 제자리를 찾고 중고등교육 과

정에 포함될 것이다. 수업에는 요리와 함께 지속가능성과 간단한 바
느질 수선 같은 생존기술이 포함되고 교사들은 공통 문구 세트를 정
해 학년이 지나도 그대로 사용하게 만들 것이다. 레오는 말한다.

"선생님들은 홈메이드 물풀을 허락할 거고, 학교 통신문과 숙제는
전부 컴퓨터로 하게 될 거예요."

쓰레기 제로가 완전히 도입된 세상을 그려보자. 쓰레기 제로는 모
든 전문 교육기관을 비롯 대학 프로그램에도 도입이 되어, 그저 환경
과학이나 지속가능성 과목의 영역으로 밀려나지 않는다. 그리고 모든
단계의 학교 캠퍼스 운영 규칙에도 적용된다. 예를 들어, 모든 학교에
선 후배들이 사용할 수 있게 물품을 모아놓는 통이 마련되는 것이다.

모든 커뮤니티에는 공구 대여소와 남은 텃밭 채소, 책, 옷을 나눌
수 있는 나눔 장터가 열린다. 우리는 채집에 기여하고 다른 이들에게
우리 나무에서 딴 과일을 나눠준다. 식당에서는 깜빡 두고 온 사람들
을 위해 재사용 가능한 용기를 판다. 자가용을 둘 필요가 없어진다.
전기자동차 이용 서비스에 가입하여, 필요에 맞춰 다양한 모델 중에
서 선택할 수 있다. 태양에너지 차량 충전소가 점점 눈에 띈다. 자전
거도 굳이 소유할 필요가 없다. 여러 곳에 셀프서비스 대여소가 들어
선다. 도로는 잘 표시된 자전거 도로를 따라 달리는 사람들로 가득하
다. 공항을 포함하여 공공장소에는 급수대와 물병을 채울 수 있는 장
소가 마련되고 재활용·퇴비용 수집함이 놓인다. 별도의 수집함에는
개 대변을 퇴비용으로 모은다.

모든 지역에서 집 앞에 퇴비화할 유기물 수집함고기와 생선뼈 포함, 재사

용이 불가능한 재활용품^{낡은 직물, 신발, 깨진 거울처럼 재활용하기 힘든 물품 포함} 그리고 새
주인을 찾아갈 재사용품 수집함을 두고 있다. 위생·기획·환경국 같은
정부기관에서는 함께 협력하며 공동의 쓰레기 제로 목표를 향해 나
아간다. 쓰레기 매립에는 높은 세금을 물린다. 나라 전체에 걸쳐 그
요금은 종량제로 매겨지겠지만, 시간이 지나면서 생산자들이 진정으
로 재사용이나 재활용되는 상품을 만들어간다. 디자인 단계에서부터
쓰레기라는 개념을 배제한다. 생산자 책임 확대 법규로 인해 생산자
들은 제품의 안전한 처리 문제에 대해 책임을 갖는다. 재활용과 퇴비
화는 가정과 기업에게 의무화된다. 폐기 규제가 시행된다. 예를 들어,
미용실은 자른 머리를 퇴비화한다. 장의업체는 녹색장<sup>수목장이나 빙장 등 환
경에 미치는 영향을 최소화한 장례 방법 – 옮긴이</sup>을 도입한다. 공사업체는 재사용 출로가
생겨난 것을 이용하여 건축 폐자재를 적절하게 처리한다. 재사용·재
활용·퇴비화 시장은 경영자에게 매립이나 소각보다 더 저렴한 쓰레
기 처리 대안을 제공하며 비용 절감으로 이어진다. 바이백^{buy-back} 센
터가 다시 들어서고 모든 자재에 대해 높은 보상금을 제시한다. 그때
가 되면 사람들이 자재를 자원으로서의 가치와 금전적 중요성과 바
로 연결짓기에 쓰레기통이란 아예 존재하지 않는다. 자원 복원 시설
에서는 유해폐기물과 의료폐기물을 처리하고, 무료 종이 분쇄 서비
스를 제공하고, 완전 퇴비화를 마친 상품, 남은 페인트, 가정수리용
품, 가정용품은 시민들이 가져갈 수 있게 하거나 중고품 처리 기업
에 기증된다.

쓰레기 제로의 미래에는 자선 중고품 판매점 이용 확대도 포함된

다. 자원 복원 시설과 협력하고 커뮤니티의 선행에 의존하여, 이러한
가게 상품의 다양함은 오늘날 자선 중고품 매장의 그것을 뛰어넘는
다. 현재 고객들을 새로운 상품으로 유인하는 데 쓰이는 마케팅 전략
과 미적 기준이 중고품에 적용이 되어 눈길을 끄는 상품 진열, 위생,
체계화, 품질 기준 준수를 통해 소비자들의 신뢰를 되찾고 중고 시장
을 활성화시킨다. 중고품 판매점들은 일반 소매점 모델을 따라 전문
화된다. 사무용품, 미술 및 공작 용품, 스포츠용품, 가전제품, 옷, 신
발, 가구, 가정용품은 각각 별도의 매장에서 판매되어, 공간 계획과
선택의 폭을 최대화하는 것이 가능하게 된다. 자잘한 상품들의 중고
판매도 가능하게 되어, 현재의 중고품 매장처럼 공간이 없다는 이유
로 밀려나는 물품은 없다. 리퍼비시나 수리할 수 없는 상품은 분해되
어 부품이 된다. 예를 들어, 수예점은 단추, 리본, 실패, 천조각, 편물
재료를 색, 크기, 소재별로 체계화하여 제공한다. 필요하다면 1센티
미터 크기의 진주 단추 한 개를 쉽게 찾아서 구매할 수 있다. 현재 소
매점에서는 단추를 대체로 대량으로 판매하기에 이는 따를 수밖에
없는 편리함이다. 이러한 전문 상점들은 한 지역에 모여 있거나 각자
한 블록 안에 있어 자재 교환을 손쉽게 하고 구매자들에게 편의를 제
공하게 된다. 이런 '중고 몰'에는 수리 센터가 딸려 있다. 제공되는 공
구와 전문가들의 도움을 받아 옷에서부터 가구, 자전거, 가전기기에
이르기까지 거의 무엇이든 수선할 수 있다. 수리용 부품은 중고 철물
점에서 낱개로 구매할 수 있다. 하지만 수리하기 힘들고 특별한 관리
가 필요한 상품은 생산자 책임 확대 프로그램으로 처리되어 생산자

가 도로 수거하게 된다.

이게 전혀 현실 불가능하다고 여겨지는가? 그렇지 않다. 다이슨 변기 시트를 제외하면, 여기 언급된 모든 것들이 이미 존재한다. 불행히도 전국 그리고 세계 곳곳에 흩어져 있다. 몇 가지는 최근 부상했으나 나머지는 꽤 오래 전부터 나와 있었다. 예를 들어, 내가 언급한 교통수단 시나리오는 암스테르담 같은 도시에 지어져 있으며, 나의 쇼핑몰 판타지는 매년 방문하는 프랑스 남부에 있는 재사용품 복합매장을 묘사한 것이다. 프랑스 신부 아베 피에르에 의해 1949년 세워진 엠마우스는 자원 복원의 수익성을 이해하는 훌륭한 자선단체이다. 기증받은 가전제품, 가구, 가정용품을 수집·분류·수리 그리고 재판매함으로써 이런 곳이 아니었다면 사회적으로 배제되었을 전 세계의 개인들에게 일자리와 쉼터를 제공한다. 이 비영리 조직은 쓰레기 제로가 큰 규모로 제시하는 일자리 창출과 경제 성장의 밑그림을 보여준다. 재사용, 재활용 그리고 퇴비화는 매립이나 소각보다 훨씬 더 많은 전문적·경제적 기회를 제공한다.

캐스캐디아 컨설팅 그룹의 2009년 보고서에 따르면, 재활용은 자재 1톤당 수집·처리·분쇄·이동 과정에서 그냥 버리는 것보다 10배 더 많은 일자리를 창출하며 더 이득이 된다. 쓰레기 제로의 미래는 재사용 산업에서 더 많은 고용을 창출할 것이다. 전체 공급사슬(공급자에서부터 소비자까지)에 걸쳐 재사용품의 생산, 시행 그리고 관리 수요는 쓰레기 최소화 영역에서의 일자리 증가로 이어질 것이다. 예를 들면 식품점벌크 상품 전시와 용기 운송, 호텔목욕용품 디스펜서, 항공케이터링 등이 있다. 중고 물품의 시장성을 최대화하면 운송, 분류, 분해, 수리, 세척, 재생, 품질 조절, 가격 책정, 상품화, 재고 관리를 비롯하여 판매에서도 일 자리가 생겨날 것이다. 교육하는 위치에 있는 이들은 사람들의 의식 을 일깨우고 새로운 일자리 시장을 위한 직업 훈련을 목표로 삼을 것이다. 비록 전반적으로 덜 구매하고 제조품에 대한 수요가 급격하게 축소되겠지만, 덜 쓰게 되므로 덜 벌어도 될 것이다. 추가로, 재사용 사업은 일자리를 창출할 뿐만 아니라 돈의 흐름을 커뮤니티 내에 유 지하여 지역 경제를 활성화시킬 것이다.

하지만 가장 큰 일은 사회적 규칙과 규제를 세우고 재활용까지 고 려한 상업적 제조 관행을 확립하는 것이다. 쓰레기가 집에 들어오는 것을 사전 차단하기 위해 절차를 개발했듯이, 우리 사회의 쓰레기 흐 름에 애초부터 쓰레기가 들어오지 않게 법을 제정할 필요가 있다. 제 조업자들이 서로 협력하여 재사용 가능하며 수명이 길고 쓰레기 순 환 고리를 닫아줄 스마트한 디자인 방안을 내놓을 수 있게 하는 정부 를 선출하는 것이 우리의 책임이다. 단순한 폐기 기준을 세우고 그에 순응하는 제품을 디자인하려면 할 일이 무척 많다. 일단 제품이 지켜 야 할 평균 수명 주기를 정하고, 신상품은 재활용이나 생분해 관련 규 정을 통과해야 한다. 제조업자들은 그 제품의 순환 고리가 닫혔는지 증명해야 할 것이다. 이 시스템 내에서는 재활용 시장이 존재하지 않 는 자재는 성공할 수 없다. 제품과 벌크 용기에는 표준화된 재사용, 수리 그리고 (앞서 언급된 계획에 따라) 재활용이나 퇴비화 가이드라인 이 붙을 것이며 탄소 발자국 지표를 통해 소비자들은 환경에 좋은 구매 결정을 내릴 수 있을 것이다. 이러한 단체들의 협력에 생산과 폐기 규정 개발도 포함되어 있을 것이기에, 최종소비자를 혼란스럽게 하는 현재의 인증 표시는 필요 없게 될지 모른다.

쓰레기 제로 사회까지 얼마나 남았을까? 그 모든 것은 당신과 커뮤니티의 힘에, 선출 공직자, 제조사, 교사, 식품가게 주인 등의 공동 노력에 달려 있다. 이러한 변화를 맞이할 생각을 하면 절로 흥분이 된다. 이제 이해하겠지만 쓰레기 제로는 단지 쓰레기 감소에 관한 것이 아니다. 소박한 기쁨을 누리고, 지역에서 생산된 제철 음식을 먹고, 더 건강한 생활을 하고, 좀 더 야외를 즐기며, 커뮤니티에 참여하고, 삶을 단순화하여 중요한 것들을 위한 시간을 내는 일이다. 모두가 이런 생활방식의 이점을 누릴 수 있는 세상을 상상해보자. 물질적 욕망을 끊고 내적 성장으로 대체할 수 있다면 그 문명이 어떻게 발전할 것인지 상상해보자.

우리 모두는 덜 소비하고, 덜 일하고, 더 제대로 살 수 있다.

우리의 유산

과거는 바꿀 수 없지만 미래에 집중할 수는 있다. 쓰레기 제로의 미래는 우리가 아이들에게 무엇을 남겨줄지 계획하고 무엇을 가르치느냐에 달려 있다. 그리고 우리 어른들은 선택을 내려야 한다. 아이들에게 상속 재산을 남길지, 지속가능한 미래를 이루는 데 도움이 될 지식과

기술을 남길지 선택하자.

개인적이고 전문적인 경험에 따르면, 나는 물질적 가보를 처분하는 일에 종종 죄책감이 딸려 있음을 발견했다. 그 물품에 대한 우리의 진정한 감정과 상관없이, 우리는 조상님들을 실망시킬까봐 혹은 잊게 될까봐, 전통을 잇지 못할까봐 혹은 가문의 역사를 지워버리게 될까 두려워서 붙들고 있게 된다. 어떤 면에서는 우리 선조들이 부분적으로 그 가보의 처리 결정권을 쥐고 있는 셈이다. 여러 명의 환자에게서 이런 '가보 죄책감'을 관찰해온 심리학자이자 맨해튼의 행동치료연구소 소장인 배리 루베킨은 「뉴욕타임스」 사설에서 이렇게 말했다.

"이것은 사람들이 생명 없는 물체의 노예가 되는 불건전한 구조이다. (중략) 일단 그걸 처분할 수 없는 물건이라 정의내리고 나면, 당신은 당신 삶이나 가정을 뜻대로 통제하지 못하게 되는 것이다."

나는 내 아이들을 그런 물체의 노예로 전락시키고 싶지 않다. 나는 다른 종류의 가보를, 영구적으로 물려줄 수 있으며 손상되거나 분실되지 않고, 내 자손들을 지탱해줄 만한 가치가 있고, 나의 아이들이 현재 즐길 수 있는 유산을 물려줄 셈이다. 바로 지식과 기술이다. 가재도구나 골동품보다 훨씬 더 가치가 있음은 물론이다. 간소함, 요리, 통조림 만드는 솜씨 그리고 환경에 대한 나의 열의는 아이들과 그 자손들에게 복이 될 것이다.

당신의 유산은 무엇이 될 것인가?

| 감사의 말 |

이들이 없었다면 이 책을 완성하지 못했을 것이기에 감사의 말을 전하고 싶다.

- 내 남편 스콧 : 나를 믿어주고, 초고를 다 읽어주고, 집안일을 맡아준 것
- 우리 어머니, 마망 : 모험을 무릅쓰는 주부이고 그 지식을 물려주신 것(미래의 자손들에게도 전해지기를)
- 편집자 섀넌 웰치 : 활발한 반응, 인내심 그리고 격려
- 에이전트 에이미 윌리엄스 : 내게서 책 아이디어를 찾아준 것
- 친구 로빈과 크레스 : 쓰레기 제로 생활방식을 시작할 때 내 손을 잡아준 로빈, 그리고 내가 글쓰기에서 벗어나 휴식이 필요할 때 곁에 있어준 크레스에게
- 수요 산책 모임 : 매주 나의 수다를 들어주고 필요할 때 조언해준 것
- 그리고 나의 블로그 독자들에게 : 마음을 열고 변화를 받아들이고 쓰레기 제로 이야기를 퍼뜨려주어서

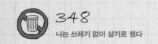

| 참 고 자 료 |

ZeroWasteHome.com을 방문하여 :

방법 안내와 계절 음식 레시피를 찾아본다.

이 책에 언급된 재사용 가능 제품과 책을 비롯한 제품들의 구매처를 알아본다.

커뮤니티 포럼에서 정신적 지원을 받는다.

나의 벌크 제품 판매처 찾기 무료 앱 '벌크'를 다운로드받는다.

※ 자료는 대부분 해외 사이트이지만 국내 지사가 있는 곳도 있고 검색하면 국내에서 유사한 곳을 찾을
   수 있다. - 편집자

1장

- 생산과 소비 패턴에 대한 근사한 애니메이션 영상을 보고 싶다면 : storyofstuff. org/movies-all/story-of-stuff
- 플라스틱 공해에 대해 알고 싶다면 : plasticpollutioncoalition.org
- 남는 물건을 기증하거나 팔고 싶다면 : amazon.com, craigslist.org(커다란 물품 과 공짜 물품), ebay.com(작고 가치 있는 물품), freecycle.org, habitat.org(건축자재, 가 구, 가전제품), salvationarmyusa.org, crossroadstrading.com/used-clothes- store (유행 옷), diggerslist.com(집수리용품), dressforsuccess.org/locations. aspx(출근용 옷), homelessshelterdirectory.org, womenshelters.org, aspca.

org/findashelter, locator.goodwill.org

- 가까운 재활용 업체를 찾고 싶다면 : earth911.com 또는 iRecycle 앱
- 퇴비화의 기초를 배우고 싶다면 : composting101.com
- 퇴비 시스템 수거·시설 전달형의 전달 장소를 찾고 싶다면 : FindAComposter.com

2장

- 내가 사는 지역의 벌크 식품 판매점(가까운 곳에서 먼 곳까지) : wholefoodsmarket. com, rainbow.coop, goodearthnaturalfoods.net, newleaf.com
- 플라스틱을 쓰지 않고 채소 저장하는 방법을 배우려면 : myplasticfreelife.com/ 2010/05/how-to-store-produce-without-plastic
- 가까운 직거래 장터, 생협, 농장, 공동체지업농업을 찾고 싶다면 : localharvest.org
- 직접 생협을 시작하고 싶다면 : coopdirectory.org
- 지역 달걀 생산자를 찾고 싶다면 : eggzy.net
- 미국 내에서 유리병을 사용하는 낙농업체를 찾고 싶다면 : mindfully.org/Plastic/ Dairies-Glass-Bottles-Milk.htm#1
- 벌크 식품을 구매할 때의 준비사항을 알고 싶다면 : wholefoodsmarket.com/ department/bulk
- 레시피를 온라인에 저장하고 어디서든 접속하려면 : drive.google.com/start 또 는 dropbox.com
- 계절 요리 레시피를 찾으려면 : harvesteating.com
- 남은 음식을 처리할 요리법을 찾으려면 : lovefoodhatewaste.com/recipes/list
- 냅킨 접는 방법을 배우려면 : kitchen.robbiehaf.com/NapkinFolds
- 과자 포장이나 플라스틱 와인 코르크를 업사이클하려면 : 과자 포장은 받는 이를 캔 디 부대로, 코르크는 플라스틱 코르크 부대 앞으로 해서, 각각 따로 121 New York

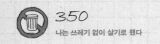

Avenue, Trenton, NJ 08638로 보낸다. 또한 terracycle.com을 찾아볼 수도 있다.

3장

- 오리진스 재활용 프로그램에 대해 좀 더 알고 싶다면 : origins.com/customer_service/aboutus.tmpl#/Commitment
- 오리진스 매장을 찾으려면 : origins.com/locator/index.tmpl
- 오래된 처방약을 처분하려면 : deadiversion.usdoj.gov/drug_disposal/takeback
- 화장품의 유해도 정도를 확인하려면 : ewg.org/skindeep
- 유해한 열두 가지 성분에 대해 좀 더 알아보려면 : davidsuzuki.org/issues/health/science/toxics/dirty-dozen-cosmetic-chemicals
- 일회용 생리용품을 기증할 쉼터를 찾으려면 : homelessshelterdirectory.org 또는 womenshelters.org
- 양날 면도기로 면도하는 방법을 배우려면 : youtube.com/watch?v=qDR_1hg-xNs&feature=related
- 천 생리대 만드는 법을 배우려면 : youtube.com/watch?v=zaRtF0Aafds& feature=related
- 바르는 봉이 딸려 있는 아이라이너 용기를 찾는다면 : ebay.com에서 'kohl container'으로 검색한다.
- 벌크로 파는 헤나 사용법을 알려면 : hennapage.com/henna/how/index.html
- 해군식 샤워하는 방법을 보려면 : wikihow.com/Take-a-Navy-Shower

4장

- 가까운 중고품 자선매장을 찾으려면(구매와 기증을 위해) : salvationarmyusa.org 또

는 locator.goodwill.org

- 옷을 교환하고 싶다면 : clothesswap.meetup.com
- 바느질하지 않고 남자 셔츠를 다른 옷으로 변신시키는 방법에 대한 짧은 영상을 보려면 : youtube.com/watch?v=2JwdZC31nQU
- 파타고니아의 지속가능성을 위한 노력에 대해 더 알려면 : patagonia.com/us/common-threads

5장

- 면 크로셰 청소포를 찾으려면 : etsy.com
- 청소 세제와 정원 도구(식물 포함)를 기증하거나 중고 수리 재료를 찾으려면 : freecycle.org 또는 craigslist.org
- EWG의 청소 세제 유해성 경고에 대해 좀 더 알아보려면 : static.ewg.org/reports/2012/cleaners_hallofshame/cleaners_hallofshame.pdf
- 무언가의 수리법을 알고 싶다면 : ifixit.com
- 개 간식을 벌크로 구매하려면 : petco.com

6장

- 공동 사무실을 찾으려면 : desksnear.me 또는 worksnug.com
- 중고 책을 팔려면 : amazon.com
- ACMI 무독성 인증에 대해 더 알아보려면 : acminet.org/SealText.htm
- 종이 클립을 벌크로 구매하려면 : stores.staples-locator.com/staples
- 잉크 카트리지를 리필하려면 : cartridgeworld.com/StoreFinder.aspx 또는 walgreens.com/topic/inkrefill/printer-cartridge-refills.jsp

- 무료 클라우드 저장 공유 공간을 얻으려면 : drive.google.com/start 또는 dropbox.com

- 타이벡 봉투와 전자제품 포장을 재활용하려면 : plasticbagrecycling.org/plasticbag/s01_consumers.html

- 타이벡 봉투를 재활용하기 위해 보내려면 : dupont.com/Tyvek_Envelopes/en_US/tech_info/tech_environ.html

- 에어캡 비닐, 땅콩 스티로폼, 스티로폼 등을 재사용을 위해 기증하려면 : ups.com/dropoff 플라스틱 루스 필 카운슬 핫라인(1-800-828-2214)으로 전화

- 베스트바이의 재활용 프로그램에 대해 더 알아보려면 : bestbuy.com/site/Global-Promotions/Recycling-Electronics/pcmcat149900050025.c?id= pcmcat149900050025

- 음성메일을 메일함으로 받아보려면 : google.com/voice

- 직접 광고 우편물을 그만 받으려면 : dmachoice.org

- 카탈로그를 그만 받으려면 : catalogchoice.org

- 전화번호부에 실리지 않고 싶다면 : yellowpagesoptout.com

- 대신 광고 우편물 거부 처리를 해주는 서비스를 쓰려면 : 41pounds.org, catalogchoice.org

- 미국 체신청 우편서비스 양식 1500번을 다운로드받으려면 : about.usps.com/forms/ps1500.pdf

- CutePDF Writer 프로그램을 다운로드받으려면 : cutepdf.com/Products/CutePDF/Writer.asp

- 워드 문서에서 페이지 여백을 줄이는 방법을 보려면 : youtube.com/watch?v=1DFK_fOUbJo

- 온라인으로 전자 팩스를 보내려면 : hellofax.com(문서를 이메일 주소나 전화번호로 보낸다)

- 법적 서류를 인쇄하지 않고 서명, 공증, 공유하려면 : signnow.com
- 신용카드를 재활용하려면(PVC, 3번 플라스틱만) : earthworkssystem.com

7장

- 아이와 지오캐싱을 하려면 : geocaching.com
- 가까운 도서관을 찾으려면 : nces.ed.gov/surveys/libraries/librarysearch
- 미술용품의 독성과 인증에 대한 훌륭한 글을 읽으려면 : greenamerica.org/living green/toxicart.cfm
- 중고 장난감을 쉼터에 기증하려면 : homelessshelterdirectory.org 또는 women shelters.org
- 새 장난감을 오퍼레이션 크리스마스 차일드에 기증하려면 : samaritanspurse. org/index.php/OCC
- 특정한 학교 준비물을 찾으려면 : ebay.com
- 아이를 위해 건강한 점심 도시락을 만들려면 : choosemyplate.gov, laptoplunches. com/healthy-lunches-bored.php
- 아이 도시락을 보자기로 싸는 방법을 알아보려면 : furoshiki.com/techniques
- 아이 연령에 적절한 미디어를 선택하려면 : commonsensemedia.org
- 샌프란시스코 베이 지역 내에서 퇴비화 가능 기저귀 서비스를 이용하려면 : earth-baby.com 또는 tinytots.com

8장

- 기념일에 자원봉사 활동을 할 곳을 찾는다면 : volunteermatch.org
- 오퍼레이션 크리스마스 차일드에 참여하려면 : samaritanspurse.org/index.php/

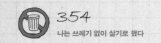

OCC

- 크리스마스 장식 백열전구를 처분하거나 교환하려면(로이스 매장에서 재활용한다) : lowes.com/StoreLocatorDisplayView?storeId=10151&langId=-1&catalogId=10051
- 인사, 생일, 감사 카드를 재활용하려면 : St. Jude's Ranch for Children, Recycled Card Program, 100 St. Jude's Street, Boulder City, NV 89005으로 보내거나 stjudesranch.org/shop/recycled-card-program에 접속하여 더 많은 정보를 찾아본다.
- 디지털 상품권을 선물로 주려면 : netflix.com, hulu.com, itunes.com, skype.com
- 사진 스캔 이용권을 선물로 주려면 : scanmyphotos.com
- 종이접기 지폐 접는 방법을 배우려면 : origami-instructions.com/dollar-bill-origami.html
- 자선단체 기부 상품권을 선물로 주려면 : justgive.org
- 중고 선물을 구매하려면 : craigslist.org, freecycle.org, ebay.com
- 중고 스포츠용품을 구매하려면 : playitagainsports.com/locations
- 수제품 선물을 구매하려면 : etsy.com
- 보자기로 다양한 모양의 물품을 싸는 방법을 배우려면 : furoshiki.com/techniques

9장

- 슬로푸드 운동에 대해 좀 더 알아보려면 : slowfoodusa.org
- 스티로폼이 건강과 환경에 미치는 영향에 대해 좀 더 알아보려면 : earthresource.org/campaigns/capp/capp-styrofoam.html

- 텐트 폴대를 업체에 보내 수리하려면 : tentpoletechnologies.com
- 교통시설을 이용하여 샌프란시스코 베이 지역 여행을 계획하려면 : 511.org
- 탄소 상쇄를 구매하려면 : terrapass.com/individuals-families/carbon-footprint
  -calculator/#air 또는 carbonfund.org/individuals
- 여행 중에 직거래 장터 위치를 찾으려면 : localharvest.org
- 집을 임대하려면 : VRBO.com 또는 airbnb.com(방 하나만 임대하는 것도 가능하다)
- 차를 렌트하려면 : relayrides.com 또는 getaround.com

10장

- 공동구매 모임을 시작하려면 : coopdirectory.org
- 가장 의상 교환 모임을 주최하거나 참가하려면 : greenhalloween.org/Costume
  Swap/index.html
- 자원봉사 기회를 찾는다면 : volunteermatch.org, idealist.org, allforgood.org
- 청원을 시작하거나 서명하려면 : change.org
- 당신만의 프로젝트를 시작할 아이디어를 얻으려면 : dumpandrun.org, cans4kids.
  com, opengardenproject.org
- 온라인 활동에 참여하려면 : credoaction.com(청원에 서명하거나 청원 작성. 선거로 뽑힌
  공직자들에게 전화하기) 또는 oneworldgroup.org(소셜미디어를 통한 인식 환기)

11장

이미 자리잡은 쓰레기 제로 실천안을 확인하자.

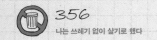

가정

- 비포장 상품만 파는 슈퍼마켓 : beunpackaged.com, in.gredients.com
- 비포장 상품을 파는 전문점 : la-cure-gourmande.fr(쿠키), fionassweetshoppe. com/about.htm(사탕)
- 카운터에서 직원이 물건을 꺼내주는 방식으로만 판매하는 가게 : www.avignon- leshalles.com
- 와인 디스펜서가 있는 슈퍼마켓 : geekosystem.com/diy-wine-pump-france

학교

- 쓰레기 제로가 포함된 초등학교 수업 : zerowasteeducation.co.nz, calepa. ca.gov education/eei/curriculum/Grade12/1231/1231SE.pdf
- 지역 재활용/퇴비화 시설 견학 : dsgardencenter.com/irecycle.asp
- 가정경제학 프로그램 : doe.k12.ga.us/Curriculum-Instruction-and-Assess ment/CTAE/Pages/Family-and-Consumer-Sciences.aspx
- 쓰레기 제로 전문대 프로그램 : ivc.edu/careered/certificates/Pages/zero waste. aspx
- 쓰레기 제로 대학 수업 : sustainable.colorado.edu/index.php?option=com_content &view=article&id=107
- 쓰레기 제로 캠퍼스 : museschool.org, grrn.org/page/zero-waste-campuses
- 학교에 놓인 재사용품 수집함 : montgomeryschoolsmd.org/departments/stu dentaffairs/sao/supplies

커뮤니티

- 공구 대여소 : oaklandlibrary.org/locations/tool-lending-library

- 공짜 나눔터 : reallyreallyfree.org
- 수확 농산물 나눔 : opengardenproject.org
- 책 교환 : bayareafreebookexchange.com
- 옷 교환 : clothesswap.meetup.com
- 교외 채집 지도 : urbanedibles.org
- 식당에서 재사용 용기 쓰기 : nmsu.edu/atnmsu/cur/taostogoprogram.html
- 전기자동차 종류 : bmwusa.com/activee, car2go.com
- 전기자동차 충전소 : plugshare.com
- 자전거 대여 : velib.paris.fr
- 자전거 타는 사람들로 가득한 도로 : amsterdam.info/transport/bikes, thisbig
  city.net/amsterdam-urban-form-created-ideal-cycling-city

공공장소
- 급수대와 물병을 채울 수 있는 장소 : sfwater.org/index.aspx?page=447, tapitw
  ater.com, globaltap.org
- 공항 재활용함과 퇴비화 수집함 : flysfo.com/web/page/index.jsp
- 개똥 퇴비화 : envirowagg.com/englewood.html

도시
- 퇴비용 유기물 쓰레기통(고기와 생선뼈 포함) : sunsetscavenger.com/residential
  Compost.htm
- 재활용하기 힘든 물품 재활용함 : eurekarecycling.com/page.cfm?ContentID =
  4#Clothes(다 낡은 의류직물)
- 깨진 거울 재활용하기 : buildingresources.org/tumbled_glass.html

- 종량제에 기반한 쓰레기 매립 시스템 : epa.gov/epawaste/conserve/tools/payt/index.htm
- 생산자 책임 확대^{폐기 물품의 재활용까지 생산자가 처리 - 옮긴이} : electronicstakeback.com/how-to-recycle-electronics/manufacturer-takeback-programs
- 의무적 재활용과 퇴비화 : sfenvironment.org/zero-waste/overview/zero-waste-faq, environment.westchestergov.com/recycling/recycling-enforcement
- 자른 머리카락을 퇴비화하는 미용실 : barberlounge.com/only-in-san-francisco-green-sf,-eco-411-blog.html
- 녹색장 : greenburialcouncil.org
- 바이백^{Buy-back} 센터 : calrecycle.ca.gov/BevContainer
- 유해폐기물 방문수거 : wmatyourdoor.com/public-access/household-materials-pickup-.aspx
- 의약품 수거 : highlandvillage.org/index.aspx?NID=598
- 주민에게 되돌려주기 : ci.berkeley.ca.us/ContentDisplay.aspx?id=5606(음식쓰레기를 퇴비로 만들어서), recologysf.com/hazardousWastePaintRecycling.htm(남은 페인트), toronto.ca/reuseit/centres.htm(가정수리용품), middlebury.edu/offices/business/recycle/mrf/reuse(가정용품)
- 전문 상점 재사용 예시 : scrap-sf.org(미술용품), playitagainsports.com(스포츠용품), renewcomputers.com(전자제품), buildingresources.org/donations_inventory.html(건축자재), tripsforkids.org/marin/recyclery.htm(자전거)
- 자선단체 중고품 판매점 : emmaus-france.org (프랑스 종쿼에르 지점의 수예 코너가 특히 내 관심을 사로잡았다)
- 수리 센터 : thegoodlifecentre.co.uk/repair-cafe

Zero waste home

the ultimate guide to simplifying your life by reducing your waste

나는 쓰레기 없이 살기로 했다

개정판 1쇄 발행 2019년 5월 28일
개정판 3쇄 발행 2021년 7월 30일

지은이 비 존슨
옮긴이 박미영
펴낸이 고병욱

기획편집 이새봄 이미현
마케팅 이일권 김윤성 김재욱 이애주 오정민 **디자인** 공희 진미나 백은주
외서기획 이슬 **제작** 김기창 **관리** 주동은 조재언 **총무** 문준기 노재경 송민진

펴낸곳 청림출판(주)
등록 제1989-000026호

본사 06048 서울시 강남구 도산대로 38길 11 청림출판(주) (논현동 63)
제2사옥 10881 경기도 파주시 회동길 173 청림아트스페이스 (문발동 518-6)
전화 02-546-4341 **팩스** 02-546-8053
홈페이지 www.chungrim.com **이메일** life@chungrim.com
블로그 blog.naver.com/chungrimlife **페이스북** www.facebook.com/chungrimlife

디자인 [★] 규 **교정교열** 이기홍
ISBN 979-11-88700-41-7 (13320)

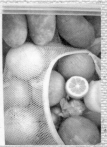

1. 욕실도구
당신이 선택한 것들이 평소 일상과 잘 맞물려야 한다는 점을 명심하자.

2. 바디용품
전체 가족이 샴푸 한 가지, 컨디셔너 한 가지를 쓰는 것을 적극 추천한다.

3. 와인잔과 유리잔
와인잔 한 칸, 유리잔 한 칸. 이 식기장 두 칸으로 파티 용도를 해결하고 일회용품에 의지하지 않을 수 있다.

4. 장보기 용품
오래된 천으로 만들고 앞에다가 무게를 표시해 준다. 그러면 계산대에서 구매한 물품의 전체 무게에서 표시된 무게를 빼고 계산할 수 있다.

5. 냉장고 야채칸
농산물은 그물망 주머니에다 담는다. 집에 가서는 습도가 유지되는 냉장고의 서랍칸으로 물품을 옮긴다.

주방도구
부엌에선 최소한의 장비가 이상적이라고 생각한다.

주방 서랍장
물품 처분을 꺼리지 말자. 덜 소유하는 삶에서 얻게 되는 이득에 집중하자.

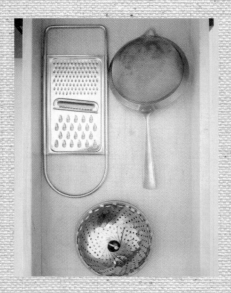

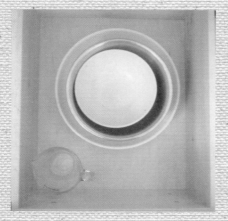

주방 서랍장
덜 갖추고 사는 것이 생활에 결핍을 불러오진 않는다.

유리병
뚜껑 달린 유리병이 좋다. 나는 1리터와 500밀리리터 사이즈 두 가지를 쓴다.

음식물이 담긴 병
꿀, 땅콩버터, 피클 등의 축축한 벌크 상품은 작은 크기의 병에 담고 펜으로 상품의 번호를 병에 쓴다.

유리병에 담은 식품들
병에 올리브오일, 비니거, 메이플시럽 등의 액체를 담는다.

식품 선반
우리 식품 선반은 제한된 일정 숫자의 밀폐 유리병만 놓도록 짜여 있으며, 여기에는 기본 식품과 교체 식품이 들어 있다.

청소용품
청소용품을 정리하면 여러 가지 이점이 있다. 흔하게 사용해왔던 제품의 독성을 파악하고, 진짜로 필요한 것이 무엇인지 평가하고, 간소한 대체품으로 바꾸고, 그럼으로써 상당한 수납 공간을 확보할 수 있다.